計量経済学

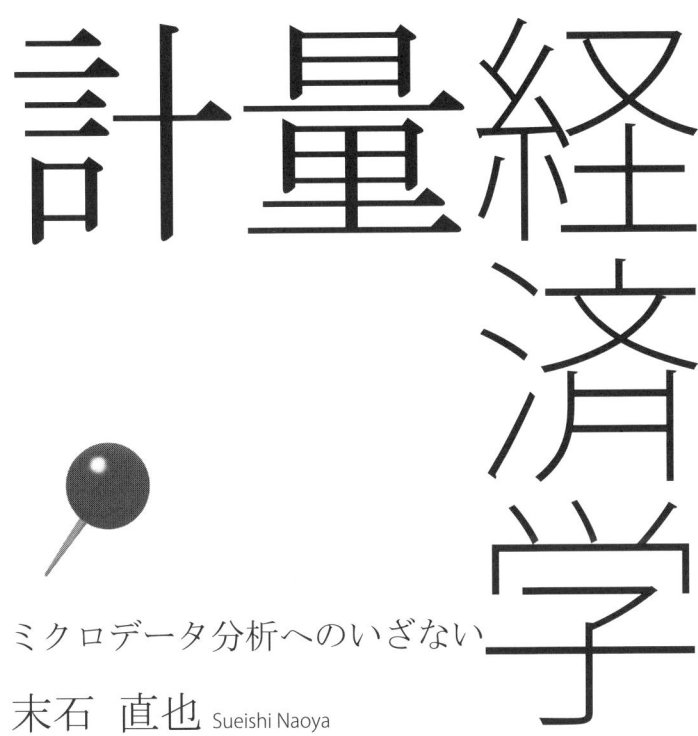

ミクロデータ分析へのいざない

末石　直也 Sueishi Naoya

日本評論社

● はしがき

本書は、2013年度に『経済セミナー』誌で連載した「中級計量経済学：現代的手法へのいざない」を加筆修正したものです。想定する読者は、すでに確率・統計と計量経済学の基礎的な内容を習得している学部上級の学生や実証分析を行う修士課程の学生、シンクタンクのエコノミストなどです。そのため、入門レベルの教科書で扱われている内容は思い切って省略し、最初から中級レベルの内容を論じています。

計量経済学は使われてこその学問ですので、入手可能なデータの拡充やコンピュータの性能の向上、あるいは、経済理論の発展に伴って、教科書で扱う内容も時代とともに変化していくことは自然なことです。そこで本書も、最前線とはいきませんが、できる限り実証研究の実情を反映した形で、「使える」ことを意識して書きました。ただし、著者は理論研究が専門ですので、直感的な理解だけでなく、理論的な厳密性との両立を目指しました。

トピックは、いわゆるミクロ計量経済学的なものに限定し、クロスセクションデータの分析方法のみを扱っています。章立ては以下のとおりです。1章では、古典的な線形回帰モデルについて、識別に焦点を当てつつ論じます。識別という概念は、本書の中心概念になります。厳密な意味については本書を読み進めながら理解してもらうことにして、識別とは何かを直感的に述べると、自分が知ろうとしていること、あるいは、自分が持っているデータから知りうることを明らかにすることです。まず、ターゲットを明らかにしたうえで、そのための推定方法や検定方法について議論していきます。こんなことは当たり前のように思われるかもしれませんが、入門レベルの教科書では意外となおざりにされているところです。2章では、内生性があるときの識別問題を考察します。内生性は数理統計学ではあまり考察されることのない社会科学固有の問題で、古くから計量経済学のメインテーマのひとつです。3章で扱うプログラム評価は、比較的新しい分野ですが、これも識別という概念を理解してもらうことを意図してトピックに選びました。4章は大学院のコアコースで扱うような内容で、OLS 推定量の行列表記や漸近理論を中心に、学部レベルから大学院レベルへの橋渡しということを意識して書いています。5章の GMM も大学院の標準的なトピックですが、セミパラメトリック効率性など、一部高度な内容についても触れています。6章は主としてサンプルセレクションについて論じます。サンプルセレクションとは、興味のある母集団から無作為標本が得られない問題であり、内生性とともに経済データを扱ううえでは非常に重要な問題です。内生性やサンプルセレクションへの対処法に関する研究は、単なる統計学の一分野ではない、独立した学問分野としての計量経済学の存在意義に関わるものといっても過言ではないでしょう。

7章から9章は発展的な内容で、標準的な教科書ではあまり扱われていないものです。しかし、どれも近年の実証研究において、重要性を増してきているものばかりです。7章の分位点回帰は、ミクロ計量だけでなく、計量ファイナンスなど幅広い分野で用いられている手法です。8章のブートストラップと9章のノンパラメトリック法は、一昔前までは理論研究のための研究という印象でしたが、近年のコンピュータの発達やデータ環境の整備により、実証研究でも当たり前のように用いられるようになってきました。

全体を通じて、単なる手法の羅列にならぬよう、なぜその手法を用いるのかというモチベーションの部分を丁寧に説明することを心掛けました。すべての内容を詳細に解説することは不可能ですので、アイデアを理解してもらうことを優先し、より詳しい専門書や論文を読む際の手助けにしてほしいと考えました。もちろん、その試みが成功しているかどうかは、読者の皆様の判断に委ねますが。私のような比較的キャリアの浅い研究者が教科書を執筆することについては、やや躊躇する気持ちもあったのですが、学習のレベルから研究のレベルへとステップアップする取っ掛かりとして、本書が少しでも役に立てば幸いです。

本書の執筆にあたり、多くの方々にお世話になりました。京都大学の奥井亮氏と東京大学の菅原慎矢氏には草稿に目を通していただき、多くの有益なコメントをいただきました。ここに記して感謝いたします。また、『経済セミナー』連載時の原稿や本書の草稿をチェックしてくれた、稲田光朗君、岩倉相雄君、柳貴英君、岩澤政宗君、坂口翔政君にも感謝します。そして最後に、連載の段階から本書の出版まで終始お世話になりました日本評論社の吉田素規氏に感謝いたします。

2015 年 5 月

末石　直也

●目　次

第1章 線形回帰と OLS

本章では、計量経済学で最も基本となる**線形回帰モデル**（linear regression model）について、多くの入門書で採られているアプローチと本書のアプローチの差異に焦点をあてながら解説する。確率・統計の基本事項はある程度知っていることを前提として話を進めるが、必要な結果は巻末の付録Aにまとめてある。

本書を通じて重要となるのは、**識別**（identification）という概念である。母集団を特徴づけるθというパラメータに興味があるとしよう。観測されるデータの分布が既知のとき、θの値が一意に定まるならば、θは識別されるという[1)]。別の言い方をすれば、推定誤差がなければ、真のパラメータの値を確実に知ることができるとき、パラメータは識別されるという。パラメータが識別されないならば、観測されるデータと整合的なθの値が複数個（あるいは無数に）存在することになり、そのようなパラメータはどれだけ大きな標本を用いようとも推定できない。

このように述べても、おそらく識別の意味するところがよくわからないと思うが、現時点では気にしなくてかまわない。本書を読み進めていくうちに、徐々に理解できるようになるだろう。

1）本書でいう識別とは、正確には点識別（point identification）のことである。識別には、集合識別（set identification）と呼ばれる概念も存在するが、これは本書の対象外である。集合識別については、Manski（2007）などを参照してほしい。

1.1 単回帰モデル

1.1.1 モデルの仮定

次のようなモデルを考えよう。

$$Y_i = \beta_0 + \beta_1 X_i + u_i, \quad i = 1, \ldots, n \tag{1.1}$$

ここで、Y_i は**被説明変数**（explained variable）や**従属変数**（dependent variable）などと呼ばれ、X_i は**説明変数**（explanatory variable）、**独立変数**（independent variable）、**回帰変数**（regressor）などと呼ばれる。u_i は**誤差項**（error term）と呼ばれ、これはデータの分析者には観測されない。誤差項は文字通り誤差と考えるよりも、X_i 以外で Y_i に影響を与える要因をひとまとめにしたものと解釈したほうがよい。n は**サンプルサイズ**（sample size）を表している。

はじめに、説明変数と誤差項に関して次のような仮定を考え、「古典的仮定」と呼ぶことにする。

古典的仮定

1. X_i は非確率的である。
2. すべての i について $u_i \sim N(0, \sigma^2)$ で、$i \neq j$ について $\mathrm{Cov}[u_i, u_j] = 0$ である。

ただし、$N(0, \sigma^2)$ は期待値 0 、分散 σ^2 の正規分布を表す。

これは多くの入門的な教科書で最初に設定される仮定であり、標準的仮定と呼ばれることもある。自然科学のデータを分析するうえでは、確かに標準的と言えなくもないかもしれない。しかし、計量経済学が対象とする社会科学のデータの特徴をとらえているとは言い難い。それでは、古典的仮定のどこが問題なのだろうか。

1番目の説明変数が非確率的である（確率変数ではない）という仮定は、説明変数の取る値をデータの分析者が事前に決定できることを意味している。自然科学の実験データを分析するような場合には、説明変数は非確率的であると考えるほうが妥当であることもあるが、経済データの分析においては通常当てはまらない仮定である。例えば、説明変数を個人の受けた教育年数、被説明変数を賃金として、教育年数が賃金に与える影響を分析したいとしよう。このとき、分析者が個人の教育水準を決めることができるなどということはありえない。したがって、説明変数が非確率的であるという仮定は、実際のデータの取得方法を必ずしも反映していない。

2番目の仮定のうち、正規性の仮定もかなり制約的であるが、均一分散（誤差項の分散が X_i の取る値によらず一定）の仮定も気になる。実際のデータの分析においては、不均一分散であると考えるほうが自然であることが多い。ちなみに、古典的仮定の下での不均一分散の定義は、我々が以後採用する不均一分散の定義とは少し異なるので、注意が必要である。均一分散と不均一分散に関しては、後ほど改めて考察する。

上記のような問題点を踏まえ、古典的仮定を次のように置き換えて、これを「単回帰モデルの仮定」と呼ぶことにする。

単回帰モデルの仮定

1. (Y_i, X_i), $i = 1, \ldots, n$ は i.i.d.
2. $E[u_i | X_i] = 0$
3. $E[Y_i^4] < \infty$, $E[X_i^4] < \infty$

1番目の仮定の i.i.d.は independently and identically distributed の頭文字で、(Y_i, X_i) が異なる i について独立で、かつ、同一の同時分布に従うことを意味している。標本が同一の母集団からの**無作為抽出**（random sampling）によって得られたのならば、この仮定は満たされる。明らかなことであるが、X_i は確率変数として扱われている。

2番目の誤差項に関する仮定は、u_i の条件付期待値が X_i の取る値に依存せずに常に0となるということであり、平均独立（mean independence）の仮定と呼ばれることもある。ただし、平均独立は u_i と X_i の独立性を示唆しないことに注意してほしい。説明変数と誤差項の独立性は仮定しない。

２番目の仮定は、識別に関する仮定でもある。(1.1)より

$$E[Y_i|X_i] = \beta_0 + \beta_1 X_i \tag{1.2}$$

が成り立つので、$\beta_0+\beta_1 X_i$ は Y_i の X_i を条件とした条件付期待値を表している。観測可能な変数(Y_i, X_i)の同時分布がわかれば、$E[Y_i|X_i]$ は一意に定まり、β_0 と β_1 は識別される。(1.2)で与えられるモデルを、**単回帰モデル**（simple regression model）という。

後ほど説明するが、誤差項に関する仮定が異なれば、$\beta_0+\beta_1 X_i$ が表すものも異なる。(1.1)は誤差項の仮定とセットになって、初めて意味をなす。なお、$E[u_i|X_i]=0$ が成り立つならば、$\mathrm{Cov}[X_i, u_i]=0$ が成り立つ。なぜなら、**繰り返し期待値の法則**（law of iterated expectations；付録Aの定理A.1.1）と、定理A.1.2より

$$\begin{aligned}\mathrm{Cov}[X_i, u_i] &= E[E[X_i u_i|X_i]]-E[X_i]E[E[u_i|X_i]]\\ &= E[X_i E[u_i|X_i]]-E[X_i]E[E[u_i|X_i]]\\ &= 0\end{aligned}$$

が成り立つためである。そのため、２番目の仮定が満たされるためには、少なくとも説明変数は誤差項と無相関でなければならない。

３番目の仮定は、大標本理論を用いるための技術的な仮定であり、今のところはあまり気にしなくてもよい。直感的には、X_i と Y_i は異常値（絶対値の意味で大きすぎる値）をそれほど頻繁には取らないという仮定である。ちなみに、$E[X^k]$ を X の k 次**モーメント**（k-th moment）といい、$E[|X|^k]$ が有限であれば、$E[X^k]$ も有限の値を取る。X が連続確率変数であれば、密度関数を $f_X(x)$ とすると

$$E[|X|^k] = \int_{-\infty}^{\infty} |x|^k f_X(x)dx$$

なので、分布の裾が厚いときには、積分は有限の値にならず、発散することもあり得る。なお、$E[|X|^k] < \infty$ が成り立っていれば、$s \leq k$ について、$E[|X|^s] < \infty$ も成り立つ。

1.1.2　OLS 推定量と漸近理論

通常、単回帰モデルで興味のあるパラメータは β_1 である。係数 β_1 は X_i を 1 単位変化させたときの Y_i の期待値での変化分を表している。パラメータは**最小 2 乗法**（OLS；ordinary least squares）で推定できる。次のように $S(b_0, b_1)$ を定義する。

$$S(b_0, b_1) = \sum_{i=1}^{n}(Y_i - b_0 - b_1X_i)^2$$

β_0 と β_1 の **OLS 推定量**は、$S(b_0, b_1)$ を最小にするような b_0 と b_1 の値である。$\hat{\beta}_0$ と $\hat{\beta}_1$ をそれぞれ、β_0 と β_1 の OLS 推定量とすれば、最小化の 1 階条件

$$0 = \left.\frac{\partial S(b_0, b_1)}{\partial b_0}\right|_{b_0=\hat{\beta}_0,\, b_1=\hat{\beta}_1} = -2\sum_{i=1}^{n}(Y_i - \hat{\beta}_0 - \hat{\beta}_1X_i)$$

$$0 = \left.\frac{\partial S(b_0, b_1)}{\partial b_1}\right|_{b_0=\hat{\beta}_0,\, b_1=\hat{\beta}_1} = -2\sum_{i=1}^{n}X_i(Y_i - \hat{\beta}_0 - \hat{\beta}_1X_i)$$

を満たす。これは**正規方程式**（normal equation）と呼ばれる。正規方程式を解けば、

$$\hat{\beta}_0 = \bar{Y} - \hat{\beta}_1\bar{X} \tag{1.3}$$

$$\hat{\beta}_1 = \frac{\sum_{i=1}^{n}(X_i - \bar{X})(Y_i - \bar{Y})}{\sum_{i=1}^{n}(X_i - \bar{X})^2} \tag{1.4}$$

が得られる。ただし、$\bar{X} = n^{-1}\sum_{i=1}^{n}X_i$、$\bar{Y} = n^{-1}\sum_{i=1}^{n}Y_i$ である。

(Y_i, X_i) は確率変数のベクトルなので、その関数である OLS 推定量も確率変数であり分布を持つ。OLS 推定量 $\hat{\beta}_1$ は次のような性質を持っている。同様の性質は $\hat{\beta}_0$ についても成り立つ。

OLS 推定量の性質

単回帰モデルの仮定の下、OLS 推定量は以下の性質を満たす。

1. **不偏性**（unbiasedness）：$E[\hat{\beta}_1] = \beta_1$
2. **一致性**（consistency）　：$\hat{\beta}_1 \xrightarrow{p} \beta_1$
3. **漸近正規性**（asymptotic normality）：$\sqrt{n}(\hat{\beta}_1 - \beta_1) \xrightarrow{d} N\left(0, \frac{\mathrm{Var}[(X_i - E[X_i])u_i]}{\mathrm{Var}[X_i]^2}\right)$

$\hat{\beta}_1$の分布はサンプルサイズnに依存するので、$\hat{\beta}_{1n}$と書いたほうが正確かもしれないが、表記の簡略化のため、単に$\hat{\beta}_1$と書くことにする。矢印$\xrightarrow{p}$は**確率収束**（convergence in probability）を表し、$\xrightarrow{d}$は**分布収束**（convergence in distribution）を表す（付録Aの定義A.2.1と定義A.2.2）。3番目の結果の分布を$\hat{\beta}_1$の**漸近分布**（asymptotic distribution）といい、分散$\frac{\mathrm{Var}[(X_i-E[X_i])u_i]}{\mathrm{Var}[X_i]^2}$を$\hat{\beta}_1$の**漸近分散**（asymptotic variance）という[2)]。これらの結果の証明については、4章で解説する。

不偏性はサンプルサイズに依存しない性質で、nが固定されていても成り立つ。このような推定量の性質を、**小標本特性**（small sample property）や**有限標本特性**（finite sample property）という。一方、一致性と漸近正規性は、サンプルサイズが増加していく（$n \to \infty$）ときの推定量の性質を述べたものであり、**大標本特性**（large sample property）や**漸近特性**（asymptotic property）と呼ばれる。大標本特性に関する理論を**漸近理論**（asymptotic theory）ともいい、本書では漸近理論を理論的な拠り所とする。

実際の分析においては、得られるデータの数は常に有限であり、手元のデータがどんどん増えていくようなこともない。ではなぜ、サンプルサイズが無限に大きくなっていくような仮想的状況における理論を考えるのだろうか。ひとつは消極的な理由で、多くの場合において、推定量の有限標本での厳密分布を求めることは不可能だからである。もうひとつの理由は、サンプルサイズが「十分大きい」ときには、大標本特性が推定量の性質の良い「近似」を与えるからである。例えば、一致性の定義より、任意の$\epsilon>0$について、$\lim_{n\to\infty} P(|\hat{\beta}_1-\beta_1|<\epsilon)=1$が成り立つので、$n$が十分大きければ、$P(|\hat{\beta}_1-\beta_1|<\epsilon)$は1に近いはずである。よって、$\hat{\beta}_1$は高い確率で$\beta_1$の近傍に分布することが期待される。また、$\sqrt{n}(\hat{\beta}_1-\beta_1)$の分布は厳密には正規分布ではないが、$n$が十分大きいとき、正規分布は非常に良い近似を与えてくれる。ただし、どれだけサンプルが大きければ満足のいく良い近似が得られるのかという問いに対しては、完全な解答は存在しない。

2）$\sqrt{n}(\hat{\beta}_1-\beta_1)$の漸近分布や$\sqrt{n}(\hat{\beta}_1-\beta_1)$の漸近分散というほうが正確かもしれないが、単に$\hat{\beta}_1$の漸近分布や$\hat{\beta}_1$の漸近分散ということが多い。

1.1.3 均一分散と不均一分散

誤差項の**均一分散**（homoskedasticity）と**不均一分散**（heteroskedasticity）の定義は以下のとおりである。

> **均一分散と不均一分散**
>
> 誤差項の説明変数を条件とする条件付分散 $\mathrm{Var}[u_i|X_i]$ が X_i に依存しない定数であるとき、誤差項は均一分散であるという。一方、$\mathrm{Var}[u_i|X_i]$ が X_i の関数になっているとき、不均一分散であるという。

単回帰モデルの仮定の下、$E[u_i|X_i]=0$ より、$\mathrm{Var}[u_i|X_i]=E[u_i^2|X_i]$ である。また、

$$\mathrm{Var}[Y_i|X_i]=E[(Y_i-E[Y_i|X_i])^2|X_i]=E[u_i^2|X_i]$$

が成り立つ。単回帰モデルの仮定では、誤差項の条件付分散には特に何も条件を課していないので、不均一分散を許容している。

多くの入門書では、均一分散を標準的な仮定として、不均一分散を例外的なケースとして扱っている。一番の理由は、数学的な扱いを容易にするためであろう。しかし、実際に経済データを分析する際には、不均一分散こそが標準的で、均一分散が例外的なケースと考えたほうがよい。例えば、古典的な例ではあるが、Y_i を消費、X_i を所得とする消費関数の推定を考えよう。可処分所得が増えれば、それだけ多様な消費スタイルが可能となるので、消費の期待値が増加するのみならず、同じ所得を持っている人たちの間での消費額のちらばりも大きくなると考えられる。よって、この例では、$\mathrm{Var}[u_i|X_i]$ は X_i の増加関数と考えるのが自然であろう。

それにもかかわらず、均一分散のケースを考察する理由として、Gauss-Markov の定理が挙げられる。Gauss-Markov の定理は、OLS 推定量の小標本特性に関する定理である。均一分散の仮定の下、OLS 推定量は線形不偏推定量の中で最も効率的、つまり、最も分散の小さい β_1 の推定量（best linear unbiased estimator）であることが示される。Gauss-Markov の定理は、OLS に理論的根拠を与える結果であるが、考察されている推定量のクラスが狭いの

で、その意味ではやや限定的な結果である。非線形推定量や不偏性を満たさない推定量を許容すれば、OLSよりも優れた推定量が存在するかもしれない。本書では、大標本理論に基づくセミパラメトリック効率性（semiparametric efficiency）という、Gauss-Markovの定理とは異なる効率性の観点から、OLS推定量を正当化する立場を取る。この点については、5章で触れることにする。

不均一分散の定義に関して、一点注意をしておく。説明変数が非確率的であると想定している教科書では、誤差項の無条件分散（$\mathrm{Var}[u_i]$）が観測値ごとに異なるときに、不均一分散であると定義している。しかし、我々が考えている無作為抽出の仮定の下では、このような定義は意味をなさない。なぜならば、i.i.d.の仮定の下、誤差項の無条件分散はすべてのiについて必ず等しくなるからである。したがって、i.i.d.のフレームワークで不均一分散について議論するときには、常に誤差項の条件付分散（$\mathrm{Var}[u_i|X_i]$）を考えなければならない。

1.1.4 検定と信頼区間

次のような**帰無仮説**（null hypothesis）と**対立仮説**（alternative hypothesis）を考える。

$$H_0 : \beta_1 = \beta_{1,0} \quad \text{vs.} \quad H_1 : \beta_1 \neq \beta_{1,0} \tag{1.5}$$

ただし、$\beta_{1,0}$は既知の定数である。係数が0であるかどうかの検定を行うことが多いが、一般には$\beta_{1,0}$は0以外の値であってもかまわない。

上記の帰無仮説を***t*統計量**（t-statistic）を用いて検定することにする。一般に、t統計量は次の形式で表される。

$$t_n = \frac{\text{推定量}-\text{帰無仮説の下での値}}{\text{標準誤差}}$$

ただし、**標準誤差**（standard error）とは、推定量の標準偏差を推定したものである。古典的仮定の下では、

$$\hat{\beta}_1 \sim N\left(\beta_1, \frac{\sigma^2}{\sum_{i=1}^{n}(X_i - \bar{X})^2}\right)$$

が成り立つ。これは近似ではなく、$\hat{\beta}_1$ の厳密分布である。よって、**残差**（residual）$\hat{u}_i = Y_i - \hat{\beta}_0 - \hat{\beta}_1 X_i$ を用いて、誤差項の分散 σ^2 を $s^2 = (n-2)^{-1}\sum_{i=1}^{n}\hat{u}_i^2$ で推定してやれば、

$$t_n = \frac{\hat{\beta}_1 - \beta_{1,0}}{s/\sqrt{\sum_{i=1}^{n}(X_i - \bar{X})^2}}$$

が得られる。帰無仮説が正しければ、この統計量は自由度 $n-2$ の t 分布に従う。

ところが、単回帰モデルの仮定の下では、上記の議論には少し問題がある。まず、誤差項が不均一分散の場合には、上の方法では $\hat{\beta}_1$ の正しい標準誤差が得られない。また、仮に均一分散が成り立っていたとしても、誤差項の正規性の仮定がなければ、t 統計量の厳密な分布を求めることはできない。そこで、標準誤差を修正したうえで、t 統計量の厳密な分布を求めるのではなく、近似的な分布を求めることにする。

そのために、OLS 推定量の 3 番目の性質を利用する。サンプルサイズが十分に大きければ、$\hat{\beta}_1$ の分布は誤差項の分布や均一分散かどうかによらず、$N\left(\beta_1, \frac{1}{n}\frac{\mathrm{Var}[(X_i - E[X_i])u_i]}{\mathrm{Var}[X_i]^2}\right)$ によって近似することができる[3)]。よって、標準誤差を求めるには、この近似分布の分散を推定してやればよい。漸近分散 $V = \frac{\mathrm{Var}[(X_i - E[X_i])u_i]}{\mathrm{Var}[X_i]^2} = \frac{E[(X_i - E[X_i])^2 u_i^2]}{\mathrm{Var}[X_i]^2}$ は、分子分母をそれぞれ**標本対応**（sample analog）で置き換えて[4)]

$$\hat{V} = \frac{n^{-1}\sum_{i=1}^{n}(X_i - \bar{X})^2 \hat{u}_i^2}{[n^{-1}\sum_{i=1}^{n}(X_i - \bar{X})^2]^2} \tag{1.6}$$

3）$X \sim N(0, \sigma^2)$ ならば、$aX + b \sim N(b, a^2\sigma^2)$ である。

4）母集団において定義されたパラメータと同様の性質を、標本において満たすような統計量のことを、パラメータの標本対応という。例えば、期待値 $E[X_i]$ の標本対応は標本平均 $\bar{X}$、分散 $\mathrm{Var}[X_i]$ の標本対応は標本分散 $n^{-1}\sum_{i=1}^{n}(X_i - \bar{X})^2$ といった具合である。

で推定可能である。よって、標準誤差は

$$SE[\hat{\beta}_1] = \sqrt{\frac{\hat{V}}{n}}$$

で求められる。ただし、SE とは standard error の頭文字である。この標準誤差は、考案者にちなんで **White の標準誤差**（White 1980）と呼ばれたり、不均一分散に頑健な標準誤差と呼ばれたりする。

以上から、t 統計量は

$$t_n = \frac{\hat{\beta}_1 - \beta_{1,0}}{SE[\hat{\beta}_1]}$$

となり、特に β_1 が 0 かどうかを検定したければ

$$t_n = \frac{\hat{\beta}_1}{SE[\hat{\beta}_1]} \tag{1.7}$$

を使えばよい。この統計量はもはや t 分布には従わないが、標準正規分布でその分布を近似することができる。

t 統計量の分布を求めるための上記の 2 つのアプローチを比較すると、前者は、かなり強い仮定の下で、厳密な答え（厳密分布）を求めているのに対し、後者は、比較的妥当と思われる仮定の下で、近似的な答え（近似分布）を求めている。どちらのアプローチが優れていると考えるかは好みの問題もあるだろうが、現在は後者のほうが主流である。その理由としては、実証研究で扱うデータが大規模化し、文字通り、大標本が手に入るようになったことが大きいだろう。

慣例的に、(1.7)の t_n が絶対値で 2 よりも大きいときに、「β_1 は統計的に有意である」ということがある。標準正規分布表より、**有意水準**（significance level）5 %の検定の臨界値は ±1.96 なので、これは $\beta_1 = 0$ という帰無仮説が、有意水準 5 %で棄却されるのとほぼ同じである。係数が有意であるかどうかは重要なことではあるが、単に係数の有意性を調べただけでは、実証研究としては不十分である。係数の推定値と標準誤差のほうが、有意性よりも興味が

ある。β_1 が 0 と有意に異なっていたとしても、$\hat{\beta}_1$ の大きさが経済学的観点からすると取るに足らない値であれば、有意性の議論にはあまり意味がない（やや極端な例ではあるが、賃金を教育年数に回帰して、追加的に 1 年間教育を受けても賃金が 1 %しか上がらないという推定結果が出たとしよう。このようなとき、仮に係数が統計的に有意であろうと、教育年数は賃金の重要な決定要因であるとは言い難いだろう）。

次に、β_1 の**信頼区間**（confidence interval）を求める。信頼区間は推定結果の精度に関する重要な情報を与える。ここでは、両側検定を利用した信頼区間の求め方を紹介する。今、$100\times(1-\alpha)\%$ 信頼区間を求めたいとする。そのためには(1.5)の両側検定で、有意水準 $100\times\alpha\%$ で棄却されない係数 $\beta_{1,0}$ の値の集合を求めてやればよい。95% 信頼区間であれば、$|t_n|\leq 1.96$ のとき、有意水準 5 %で帰無仮説は棄却されないので、信頼区間を C_n で表すことにすれば

$$C_n=\left\{\beta_{1,0}:\left|\frac{\hat{\beta}_1-\beta_{1,0}}{SE[\hat{\beta}_1]}\right|\leq 1.96\right\}$$
$$=[\hat{\beta}_1-1.96\times SE[\hat{\beta}_1],\ \hat{\beta}_1+1.96\times SE[\hat{\beta}_1]]$$

である。n が十分大きいとき、真のパラメータの値 β_1 について、$P(\{\beta_1\in C_n\})\approx 0.95$ となる。

信頼区間の解釈には少し注意が必要である。ランダムに変動するのは信頼区間 C_n であって、β_1 ではない。真のパラメータ β_1 はある決まった定数である。よって、ある標本から 95% 信頼区間が [0.85, 1.29] などのように求まったとしても、これは β_1 が 95% の確率で 0.85 から 1.29 の間にあるということではない。[0.85, 1.29] は信頼区間のひとつの実現値にすぎない。95% 信頼区間の意味するところを大雑把にいえば、同一の母集団から独立な標本が100回得られて、100回信頼区間を計算することが可能であれば、そのうちの95個くらいは真のパラメータを含むということである。

ちなみに、均一分散（$E[u_i^2|X_i]=\sigma^2$）の仮定が満たされるならば、繰り返し期待値の法則と定理A.1.2より $E[(X_i-E[X_i])^2u_i^2]=\sigma^2\mathrm{Var}[X_i]$ なので、単回帰モデルの仮定の下、OLS 推定量の漸近分散は $V=\frac{\sigma^2}{\mathrm{Var}[X_i]}$ となる。よっ

て、例えば

$$\tilde{V} = \frac{s^2}{n^{-1}\sum_{i=1}^{n}(X_i - \bar{X})^2} \tag{1.8}$$

によって、漸近分散を推定できる。

均一分散の仮定が正しいとき、サンプルサイズが小さいならば、(1.8)のほうが(1.6)よりもバイアス（推定量の期待値と真の値の差）が小さい傾向にある。一方、不均一分散の場合には、(1.8)は漸近分散の一致推定量ではないが、(1.6)は不均一分散かどうかにかかわらず、漸近分散の一致推定量になっている。よって、はじめに不均一分散かどうかの検定を行って、検定結果に応じて(1.6)と(1.8)を使い分ければよいと思うかもしれない。ところが、厳密には、そのように検定結果に応じて推定方法を変えることは望ましくない。詳細は本書のレベルを超えるので省略するが、推定方法などを選択するために事前に検定を行うことをプレテスト（pretest）といい、プレテストはその後の統計的推測の結果を歪めてしまうことが知られている。よって、最初から不均一分散に頑健な方法で、つまり(1.6)を用いて、t 検定を行ったり信頼区間を求めたりすべきである。少なくともサンプルサイズが十分大きいときには、(1.6)を用いることで失うことは特にない。不均一分散であるかどうかの検定は、それ自体が経済学的観点から面白い問題であれば行えばよい。

1.2 重回帰モデル

1.2.1 欠落変数バイアス

単回帰モデルは変数間の大まかな傾向を調べるための予備的なモデルとして使われることが多く、単回帰モデルの推定結果が研究の主たる結果として用いられることは稀である。その理由は、多くの場合、単回帰モデルでは我々が知りたいことを識別・推定できないからである。

我々が知りたいこととは何か、具体例で考えよう。再び、教育年数と賃金の関係を例に取り、次のようなストーリーを考える。まず、教育年数の他に個人の賃金を決める要因として、個人の生まれ持った能力が重要であると考えられる。一方で、能力の高い人ほどより高い学歴を求める傾向にあるとしよう。すると、教育年数が長いほど賃金は高くなるというよく知られた関係は見せかけの関係に過ぎず、背後にある個人の能力と賃金の関係を反映したものに過ぎない可能性がある。賃金が教育年数によって決まっているのと個人の能力で決まっているのとでは、政策的なインプリケーションは大きく異なるので、この違いは重要である。したがって、この例において識別・推定したい対象は、個人の能力の影響をコントロールした（能力を一定とした）下で、教育年数が賃金に与える影響である。

そのために、次のようなモデル（賃金方程式）を考えることにする。

$$\begin{aligned} \log W_i &= \beta_0+\beta_1 S_i+\beta_2 A_i+u_i \\ E[u_i|S_i, A_i] &= 0 \end{aligned} \tag{1.9}$$

ただし、W_i は賃金、S_i は教育年数、A_i は能力を表すものとする。A_i を固定した下で、S_i だけを1年増やすと、$\log W_i$ の条件付期待値は β_1 だけ増える。したがって、このモデルにおいては、能力の影響をコントロールした下で、教育年数を1年増やすと、賃金 W_i の期待値は $100\times\beta_1\%$ だけ増加すると解釈することができる[5)]。労働経済学では、β_1 は教育のリターン（returns to schooling）とも呼ばれ、これが知りたいパラメータである。

ところが、今、単回帰モデル

$$\begin{aligned} \log W_i &= \alpha_0+\alpha_1 S_i+v_i \\ E[v_i|S_i] &= 0 \end{aligned} \tag{1.10}$$

を推定したとしよう。すると一般に、(1.10)の α_1 の OLS 推定量は、(1.9)の β_1 の一致推定量にはならない。なぜなら、α_1 と β_1 はともに S_i の係数ではある

5）X_i を X から $X+\varDelta X$ に増やしたとき、$\log Y_i$ の条件付期待値が $\log Y=\beta_0+\beta_1 X$ から $\log(Y+\varDelta Y)=\beta_0+\beta_1(X+\varDelta X)$ へと増えたとする。このとき

$$\log(Y+\varDelta Y)-\log Y=\beta_1\varDelta X$$

が成り立つが、対数関数の性質から、左辺は $\varDelta Y/Y$ で近似される。よって、X_i が1単位増加するとき、つまり、$\varDelta X=1$ のとき

$$\varDelta Y/Y\approx\beta_1$$

が成り立つ。すなわち、β_1 は Y のパーセントでの変化分を表している。

が、互いに異なるパラメータだからである。

$E[v_i|S_i]=0$ ならば、$\mathrm{Cov}[S_i, v_i]=0$ なので、(1.10)の両辺の S_i との共分散を取って整理すれば

$$\alpha_1=\frac{\mathrm{Cov}[\log W_i, S_i]}{\mathrm{Var}[S_i]}$$

となる。ここで、(1.9)の右辺を上式に代入すれば、繰り返し期待値の法則から $E[u_i|S_i]=E[E[u_i|A_i, S_i]|S_i]=0$ が成り立ち、$\mathrm{Cov}[S_i, u_i]=0$ なので

$$\alpha_1=\beta_1+\beta_2\frac{\mathrm{Cov}[S_i, A_i]}{\mathrm{Var}[S_i]} \tag{1.11}$$

となり、α_1 と β_1 は異なるパラメータとして識別されることがわかる。

α_1 の OLS 推定量は(1.11)の右辺に確率収束するため、β_1 の一致推定量ではない。この例では、$\beta_2>0$ かつ $\mathrm{Cov}[S_i, A_i]>0$ が予想されるので、単回帰モデルの OLS 推定量は、教育のリターンを過剰に推定してしまう可能性が高い。

このように、影響をコントロールすべき変数をモデルから省いて推定してしまったがために、OLS 推定量が一致性を持たないとき、**欠落変数バイアス**（omitted variable bias）が生じているという。$\beta_2=0$ または $\mathrm{Cov}[S_i, A_i]=0$ ならば、$\alpha_1=\beta_1$ となるため、欠落変数バイアスは生じない。しかし、$\beta_2=0$ は個人の能力が賃金の決定要因になっていないことを意味し、$\mathrm{Cov}[S_i, A_i]=0$ は個人の能力と学歴が無相関であることを意味するので、どちらも成り立ちそうにない。

1.2.2 重回帰モデル

欠落変数バイアスを回避するためには、影響をコントロールすべき変数が観測可能であるならば、モデルに明示的に取り入れてやればよい。そこで、説明変数を複数個含むモデルを考える。

$$Y_i=\beta_0+\beta_1X_{1i}+\cdots+\beta_kX_{ki}+u_i$$

単回帰の場合と同様に、次のような仮定を置く[6)]。

重回帰モデルの仮定

1 $(Y_i, X_{1i}, \ldots, X_{ki}),\ i=1, \ldots, n$ は i.i.d.

2 $E[u_i | X_{1i}, \ldots, X_{ki}]=0$

3 $E[Y_i^4]<\infty,\ E[X_{1i}^4]<\infty,\ \ldots,\ E[X_{ki}^4]<\infty$

4 完全な多重共線性がない。

1～3番目の仮定は、単回帰モデルの仮定の自然な拡張である。

$$E[Y_i | X_{1i}, \ldots, X_{ki}]=\beta_0+\beta_1 X_{1i}+\cdots+\beta_k X_{ki} \tag{1.12}$$

が成り立つので、$\beta_0+\beta_1 X_{1i}+\cdots+\beta_k X_{ki}$ は Y_i の条件付期待値を表している。(1.12)を**重回帰モデル**（multiple regression model）という。

4番目は新しい仮定である。$X_{3i}=3X_{1i}+2X_{2i}$ のように、すべての i について、ある説明変数が他の説明変数の線形和によって表されるとき、**完全な多重共線性**（perfect multicollinearity）が生じているといい、このようなケースを排除する。なぜなら、OLS 推定量が一意に定まらないからである。重回帰モデルの OLS 推定量は

$$\min_{b_0, b_1, \ldots, b_k} \sum_{i=1}^{n}(Y_i-b_0-b_1 X_{1i}-\cdots-b_k X_{ki})^2$$

を解くことで得られるが、完全な多重共線性の下では、$n>k+1$ のとき、目的関数を最小にするような $b_0, b_1, \ldots, b_k$ の値は無数に存在してしまう[7]。

重回帰モデルにおける係数 β_1 は、$X_{2i}, \ldots, X_{ki}$ の影響をコントロールした（一定に保った）下で、X_{1i} のみを1単位変化させたときの Y_i の期待値での変化分であると解釈される。その他の係数の解釈も同様である。興味のあるパラメータは β_1 だけで、$X_{2i}, \ldots, X_{ki}$ は欠落変数バイアスを回避するためだけにモ

6）厳密には、係数の識別のために追加的な仮定が必要なのだが、それについては4章で説明することにする。

7）単回帰モデルの場合でも、完全な多重共線性を排除しなければならない。単回帰モデルにおいては、X_i がすべての i について一定の定数であるとき、完全な多重共線性が生じる。ただし、通常はこのようなケースを考えることはないので、単回帰モデルの仮定には多重共線性について明示的に書いていない。

デルに入れられているような場合、$X_{2i}, \ldots, X_{ki}$ は特に**コントロール変数**（control variable）と呼ばれることもある。コントロール変数は、それ自体が被説明変数に与える影響には興味がないが、重回帰モデルにおいて重要な役割を果たしている。

1.2.3 冗長なコントロール変数と不適切なコントロール変数

必要なコントロール変数を入れずにモデルを推定すると、OLS 推定量に欠落変数バイアスが生じる。では、コントロール変数を入れすぎることに問題はないだろうか。例えば、次のようなモデルを考える。

$$\begin{aligned} Y_i &= \beta_0 + \beta_1 X_{1i} + \beta_2 X_{2i} + \beta_3 X_{3i} + u_i \\ E[u_i \mid X_{1i}, X_{2i}, X_{3i}] &= 0 \end{aligned} \tag{1.13}$$

興味のあるパラメータは β_1 であるとする。ここで、$\beta_3 = 0$、つまり、X_{3i} はこの回帰式において Y_i と無関係であるとする。よって、「正しい」モデルは

$$\begin{aligned} Y_i &= \beta_0 + \beta_1 X_{1i} + \beta_2 X_{2i} + u_i \\ E[u_i \mid X_{1i}, X_{2i}] &= 0 \end{aligned} \tag{1.14}$$

で、X_{3i} はコントロールする必要のない冗長な変数であるということになる。このとき、(1.13)を OLS で推定すると、どのような問題が起きるのだろうか。基本的には大きな問題は生じない。X_{3i} は冗長な変数ではあるが、間違ったモデルを推定しているわけではない。そのため、β_3 の OLS 推定量は真の値である 0 に確率収束するし、β_1 の OLS 推定量は(1.14)における β_1 の一致推定量になっている。ただし、推定量の分散については、(1.13)を推定するほうが、(1.14)を推定する場合よりも大きくなる場合がある。

このように、コントロール変数を入れすぎてしまうことの弊害はそれほど大きくないが、不適切なコントロール変数を入れてしまうと、論理的な矛盾を引き起こしてしまうことがある。再び、教育年数と賃金の例に戻ろう。賃金の決定要因として、教育年数や能力とともに、職種も重要な役割を果たしているだろう。一般的には、ホワイトカラーの職種のほうが、ブルーカラーの職種よりも高い賃金を得ていると考えられる。そこで、職種の影響をコントロールする

ため、次のような拡張されたモデルを考えることにする。

$$\log W_i = \beta_0 + \beta_1 S_i + \beta_2 A_i + \beta_3 D_i + u_i$$

ただし、D_i はホワイトカラーであれば1、そうでなければ0を取る変数である。このように1か0の2値しか取らない変数は、**ダミー変数**（dummy variable）とも呼ばれる。

上記のモデルは一見もっともらしく見えるが、実は問題がある。個人の職業の選択は、その人の学歴に大きく依存しており、普通は学歴を決定した後に職業が決定されるものである。したがって、「職種をコントロールした（職種を変えない）下で、教育年数だけを増やす」ということは、仮想的にも考えることができない。興味のある変数（教育年数）が決定されたのちに決定される変数（職種ダミー）をコントロール変数として用いることは妥当ではない。

1.2.4　多重共線性

多重共線性には2つのケースがある。

1. 完全な多重共線性
2. （不完全な）多重共線性

完全な多重共線性は先ほど説明したとおりである。（不完全な）**多重共線性**とは、説明変数間に強い相関がある状態を指す。多重共線性が生じていると、推定量の分散が大きくなり、係数の正確な推定が困難になってしまう。

このことを説明するため、次のようなモデルを考える。

$$\begin{aligned} Y_i &= \beta_1 X_{1i} + \beta_2 X_{2i} + u_i \\ E[u_i \mid X_{1i}, X_{2i}] &= 0 \\ E[u_i^2 \mid X_{1i}, X_{2i}] &= \sigma^2 \end{aligned}$$

均一分散は表記を単純にするためで、本質的な仮定ではない。このとき、OLS 推定量 $\hat{\beta}_1$ の分散について

$$\mathrm{Var}[\hat{\beta}_1] \approx \frac{1}{n(1-\rho^2_{X_1,X_2})} \frac{\sigma^2}{\mathrm{Var}[X_{1i}]}$$

が成り立つ。ただし、ρ_{X_1,X_2} は X_{1i} と X_{2i} の相関係数を表す。X_{1i} と X_{2i} の相関が強いと、$1-\rho^2_{X_1,X_2}$ がゼロに近づくため、$\hat{\beta}_1$ の分散が大きくなることがわかる。

$\hat{\beta}_1$ の分散が大きくなる理由をもっと直感的に説明すれば、次のようになる。X_{1i} と X_{2i} の相関が強いと、X_{1i} が Y_i に与える影響と X_{2i} が Y_i に与える影響を区別することが難しくなる。そのため、個別の係数を推定することは難しくなる。

多重共線性には有効な解決策が存在しない。上記の例では、X_{2i} をモデルから外せば、多重共線性は回避できる。しかし、X_{2i} をコントロールした下での X_{1i} の影響が知りたいのであり、コントロール変数を外してしまうと、今度は興味のあるパラメータを一致推定することができなくなってしまう。明らかに不要な説明変数が入っているときは別として、多重共線性をなくそうとあれこれと工夫をするよりも、多くの場合は放置しておくのが無難だろう。

多重共線性はないに越したことはないが、完全な多重共線性とは異なり、論理的な欠陥ではない。自分が持っているデータでは、自分が知りたいことを正確に推定することが難しいというだけのことである。推定量の分散は大きくなるが、それは標準誤差に反映されるので、検定をしたり信頼区間を求める際には、特に問題とならない。また、明らかなことであるが、サンプルサイズが小さくても推定量の分散は大きくなるので、多重共線性の影響だけをことさら強調することもないだろう。

1.3 線形射影

被説明変数の条件付期待値が説明変数の線形関数によって表されるという仮定は、実はかなり強い仮定である。単回帰（あるいは重回帰）モデルの2番目の仮定が満たされないとき、OLS は一体何を推定しているのだろうか。以下では、表記を簡略化するために単回帰モデルを考えることにするが、同様の議論は重回帰モデルでも成り立つ。

まず、次のような最小化問題を考える。

$$\min_{b_0, b_1} E[(Y_i - b_0 - b_1 X_i)^2]$$

最小値を与える b_0 と b_1 の値をそれぞれ β_0 と β_1 で表せば、$\beta_0 + \beta_1 X_i$ は X_i の線形関数の中で、2乗の期待値の意味で、Y_i の最も良い近似（予測）を与えるものとなっている。この最良線形近似のことを、Y_i の X_i への**線形射影**（linear projection）と呼ぶ[8)]。

線形射影係数は最小化問題の1階条件を解けば求めることができる。1階条件は

$$0 = E[Y_i - \beta_0 - \beta_1 X_i]$$
$$0 = E[X_i(Y_i - \beta_0 - \beta_1 X_i)]$$

なので、これを解けば、

$$\beta_0 = E[Y_i] - \beta_1 E[X_i] \tag{1.15}$$

$$\beta_1 = \frac{\mathrm{Cov}[X_i, Y_i]}{\mathrm{Var}[X_i]} \tag{1.16}$$

を得る。また、誤差項を $u_i = Y_i - \beta_0 - \beta_1 X_i$ と定義すれば、1階条件より

$$E[u_i] = 0, \quad E[X_i u_i] = 0 \tag{1.17}$$

が成り立つ。よって、誤差項に関して、$E[u_i | X_i] = 0$ の代わりに(1.17)を仮定するならば、(1.1)による識別・推定の対象は、条件付期待値ではなく線形射影であるということになる。

条件付期待値が X_i の線形関数であるというのは仮定であり、この仮定が満たされるかどうかは、(Y_i, X_i) の同時分布に依存する。一方、線形射影は X_i の線形関数による Y_i の近似に過ぎず、これは常に存在し、識別される。たまた

8）これに対し、条件付期待値 $E[Y_i | X_i]$ は X_i の任意の関数の中で、Y_i の最良近似を与える。付録Aの定理A.1.3を参照。

ま条件付期待値が X_i の線形関数になっていれば、線形射影と条件付期待値は一致する。このように、単に線形モデルと言っても、仮定によって推定する対象の解釈も異なるので、自分が何を識別・推定しようとしているのか、明確にしておく必要がある。

(1.3)と(1.15)、あるいは、(1.4)と(1.16)を比較すればわかるように、OLS推定量は線形射影係数の標本対応になっている。よって、OLS推定量は、常に線形射影係数を一致推定することができる。また、条件付期待値と線形射影係数の間には次のような関係が成立する。

$$(\beta_0, \beta_1) = \arg\min_{b_0, b_1} E[(E[Y_i|X_i] - b_0 - b_1 X_i)^2] \tag{1.18}$$

なぜなら、定理A.1.2と $E[(Y_i - E[Y_i|X_i])|X_i] = 0$ より、

$$\begin{aligned} E[(Y_i - b_0 - b_1 X_i)^2] &= E[\{(Y_i - E[Y_i|X_i]) + (E[Y_i|X_i] - b_0 - b_1 X_i)\}^2] \\ &= E[(Y_i - E[Y_i|X_i])^2] + E[(E[Y_i|X_i] - b_0 - b_1 X_i)^2] \end{aligned}$$

と表されるが、右辺第1項は (b_0, b_1) に依存しないため、左辺を最小にする b_0 と b_1 は、右辺第2項を最小にする b_0 と b_1 に等しいからである。

(1.18)は、線形射影は Y_i の最良線形近似であるのみならず、$E[Y_i|X_i]$ の最良線形近似でもあることを意味している。したがって、$E[u_i|X_i] = 0$ の仮定が満たされなくても、OLSは条件付期待値の最良線形近似を推定していると解釈することもできる。応用上、個別の Y_i の値よりも、Y_i の分布の尺度の一つである $E[Y_i|X_i]$ に興味があることのほうが多い。(1.18)による線形射影係数の解釈は、そのような応用上の興味に対し、線形モデルの正当性を与えるものになっている。

第2章 操作変数法

本章では、OLS では興味のあるパラメータを推定できないような状況において、線形モデルを推定する方法を考察する。そのため、再び(1.9)で与えられる賃金方程式を考察することにする。

$$\begin{aligned} \log W_i &= \beta_0 + \beta_1 S_i + \beta_2 A_i + u_i \\ E[u_i | S_i, A_i] &= 0 \end{aligned} \tag{2.1}$$

教育年数と賃金の関係については、多くの労働経済学者によって推定が試みられてきたが、(2.1)の推定の困難な点は、個人の能力が観測できないところにある。A_i が観測できるなら、重回帰モデルを OLS で推定すればよいのだが、個人の潜在能力はデータの分析者にはわからないので、(1.10)のように欠落変数のある単回帰モデルを推定せざるをえない。ところが、$\alpha_1 \neq \beta_1$ なので、α_1 は興味のあるパラメータではない。

そこで、(2.1)を次のように書き換えることにする。

$$\log W_i = \beta_0 + \beta_1 S_i + e_i \tag{2.2}$$

ここで、誤差項 e_i は $e_i = \beta_2 A_i + u_i$ である。今度は S_i の係数は β_1 となっているが、新たな問題が生じる。能力と学歴には相関があると考えられるので、説明変数 S_i と新たな誤差項 e_i の間には相関が生じ、単回帰モデルの仮定 ($E[e_i | S_i] = 0$) を満たさなくなってしまう。説明変数と誤差項の間に相関が生じるとき、**内生性** (endogeneity) が生じているといい、このとき、パラメー

タを OLS で推定することはできない。(2.2)の β_1 の OLS 推定量を $\hat{\beta}_1$ とすると、結局推定しているものは(1.10)の α_1 と同じになってしまうので、

$$\hat{\beta}_1 \xrightarrow{p} \beta_1 + \beta_2 \frac{\mathrm{Cov}[S_i, A_i]}{\mathrm{Var}[S_i]}$$

となる。そこで本章では、(2.2)の β_1 を一致推定する方法として、**操作変数法**（instrumental variable method）と呼ばれる手法を紹介する。

具体的な方法を述べる前に、以下の議論で必要となる用語の定義を与えておく。誤差項と相関を持つ変数を**内生変数**（endogenous variable）といい、誤差項と相関を持たない変数を**外生変数**（exogenous variable）という。(2.2)のモデルでは、S_i（と $\log W_i$）が内生変数である。なぜ誤差項と相関を持つ変数を内生変数と呼ぶのか、疑問に思う人もいるかもしれないが、これらの用語法は分野の発展の歴史と関わっている。内生性に対処するための手法の研究は、同時方程式モデルと呼ばれる統計モデルの研究のなかで発展してきた[1)]。同時方程式モデルにおいては、内生変数はその名の通りモデルの内部で決定される変数であり、外生変数はモデルの外部で与えられる変数を指していた。モデルの内部で決定される変数は誤差項と相関を持つことから、現在では、単に誤差項と相関を持つ変数を内生変数と呼ぶ。

2.1 説明変数と操作変数がひとつの場合の操作変数法

2.1.1 構造型と識別

次のようなモデルを考えよう。

$$Y_i = \beta_0 + \beta_1 X_i + e_i \tag{2.3}$$

ただし、$\mathrm{Cov}[X_i, e_i] \neq 0$ とする。興味のあるパラメータは β_1 である。ここで注意すべきは、$\beta_0 + \beta_1 X_i$ は「Y_i の X_i を条件とする条件付期待値」ではないし、「Y_i の X_i への線形射影」でもない、何か別のものであるということであ

1）同時方程式モデルに関する統計理論については、森棟（1985）が優れている。ただし、難易度は非常に高い。

る。なぜなら、β_0 と β_1 を線形射影係数として定義すれば、$\mathrm{Cov}[X_i, e_i]=0$ は必然的に満たされるからである。1章の最後で述べたことであるが、線形射影係数は OLS によって推定できる。逆に言えば、OLS が一致性を持たないのは、推定対象が線形射影ではないからである。よって、推定量の一致性がないという問題は、OLS の問題というよりは、識別の問題であると考えたほうがよい。(2.3)のパラメータの解釈は、背後にある経済理論に依っている。経済理論によってパラメータの解釈が与えられるモデル、あるいは、経済主体の行動様式を記述したモデルを、**構造型**（structural form）や**構造方程式**（structural equation）という。

内生性がある場合の識別問題は少々厄介である。例えば、β_1 は教育のリターンであるといったところで、それはあくまで概念的なものに過ぎず、線形射影係数のように (Y_i, X_i) の同時分布から数学的に一意に定まるものではない。内生性があるときに β_1 を識別するためには、(Y_i, X_i) 以外の何らかの追加的な情報が必要である。なぜなら、$e_i = Y_i - \beta_0 - \beta_1 X_i$ とすると、$\mathrm{Cov}[X_i, e_i]=0$ となるような β_1 の値（つまり、線形射影係数）は

$$\beta_1 = \frac{\mathrm{Cov}[X_i, Y_i]}{\mathrm{Var}[X_i]}$$

によって識別されるが、$\mathrm{Cov}[X_i, e_i] \neq 0$ となる β_1 の値は無数に存在するからである。つまり、観測されるデータと整合的なパラメータの値がいくらでも存在してしまう。β_1 の識別には、構造型には現れない別の変数が必要となる。そこで、以下の2つの性質を満たす変数 Z_i の存在を仮定し、Z_i のことを**操作変数**（instrumental variable）と呼ぶ。

操作変数の条件（内生変数と操作変数がひとつの場合）

1. 操作変数の関連性（instrument relevance）：$\mathrm{Cov}[Z_i, X_i] \neq 0$
2. 操作変数の外生性（instrument exogeneity）：$\mathrm{Cov}[Z_i, e_i] = 0$

1番目の条件は、操作変数は内生変数と相関を持つことを要請し、2番目の条件は、操作変数は X_i 以外の Y_i の決定要因とは相関を持たないことを要請する。操作変数は誤差項とは相関を持たないので、誤差項の中には Z_i は含ま

れていない。つまり、Z_i は Y_i の直接的な決定要因となっていてはいけない。操作変数は X_i を通じてしか Y_i に影響を与えてはならず、そのような操作変数についての制約を**除外制約**（exclusion restriction）という。

上記の2つの条件を満たす操作変数 Z_i が存在するとき、(2.3) の両辺と Z_i の共分散を取って整理すれば

$$\beta_1 = \frac{\mathrm{Cov}[Z_i, Y_i]}{\mathrm{Cov}[Z_i, X_i]} \tag{2.4}$$

となり、(Y_i, X_i, Z_i) の同時分布から β_1 は一意に定まる。つまり、β_1 は識別される。

2.1.2　2段階最小2乗法

次に、β_1 の推定方法を考える。(2.4)はその標本対応である

$$\hat{\beta}_1^{IV} = \frac{\sum_{i=1}^{n}(Z_i - \bar{Z})(Y_i - \bar{Y})}{\sum_{i=1}^{n}(Z_i - \bar{Z})(X_i - \bar{X})} \tag{2.5}$$

によって推定可能である。この推定量は**操作変数推定量**（instrumental variable estimator）と呼ばれる。

同様の推定量を別のアプローチによって得ることもできる。アイデアは次のとおりである。OLS推定量が一致性を持たないのは、X_i と e_i が相関を持つためなので、X_i の変動のうち e_i と相関を持たない部分だけを取り出してやれば、内生性を除去できる。そのためにまず、X_i の Z_i への線形射影を考える。

$$X_i = \pi_0 + \pi_1 Z_i + \nu_i \tag{2.6}$$

ただし、誤差項 ν_i は $E[\nu_i] = 0$ と $E[Z_i\nu_i] = 0$ を満たす。このように内生変数を外生変数の関数として表したものを**誘導型**（reduced form）という。構造型が経済理論に基づくモデルであるのに対し、誘導型は経済理論的には特別な意味はないモデルである。線形射影は一意に定まるので、誘導型においては識別の問題は生じない。

(2.6)の右辺は2つの部分に分解される。操作変数の外生性より、$\pi_0 + \pi_1 Z_i$ は X_i の変動のうちで e_i と相関を持たない部分を表していると考えられる。残

りの ν_i が e_i との相関をもたらす部分であると解釈される。したがって、内生性を除去するには、(2.3)の X_i を $\pi_0+\pi_1 Z_i$ で置き換えてやればよい。ただし、π_0 と π_1 は未知なので、推定してやる必要がある。推定手順をまとめると、以下のようになる。

1．(2.6)を OLS で推定し、X_i の予測値 $\hat{X}_i=\hat{\pi}_0+\hat{\pi}_1 Z_i$ を求める。
2．(2.3)の X_i を $\hat{X}_i$ で置き換えて、OLS で β_1 を推定する。

このように2段階の手続きでパラメータを推定するので、この推定方法を**2段階最小2乗法**（TSLS；two-stage least squares）という。(2.3)において、X_i を $\hat{X}_i$ で置き換えた OLS 推定量なので、**TSLS 推定量**は

$$\hat{\beta}_1^{TSLS}=\frac{\sum_{i=1}^n(\hat{X}_i-\bar{\hat{X}})(Y_i-\bar{Y})}{\sum_{i=1}^n(\hat{X}_i-\bar{\hat{X}})^2} \tag{2.7}$$

となる。ただし、$\bar{\hat{X}}=n^{-1}\sum_{i=1}^n\hat{X}_i$ である。2.2節で考察するように、TSLS 推定量は操作変数の数が内生変数の数より多い場合にも用いることができるが、今のように操作変数と内生変数の数が同じ場合には、$\hat{\beta}_1^{TSLS}=\hat{\beta}_1^{IV}$ となる[2)]。

2.1.3　Wald 推定量

TSLS 推定量の特殊ケースとして応用上も重要なのは、操作変数がダミー変数の場合である。$P(Z_i=1)=p$ とすると、繰り返し期待値の法則から、(2.4)の分子は

$$\begin{aligned}\mathrm{Cov}[Z_i,Y_i]&=E[Z_iE[Y_i|Z_i]]-E[Z_i]E[E[Y_i|Z_i]]\\&=pE[Y_i|Z_i=1]-p(pE[Y_i|Z_i=1]+(1-p)E[Y_i|Z_i=0])\\&=(E[Y_i|Z_i=1]-E[Y_i|Z_i=0])p(1-p)\end{aligned}$$

となる。同様に、分母は

$$\mathrm{Cov}[Z_i,X_i]=(E[X_i|Z_i=1]-E[X_i|Z_i=0])p(1-p)$$

2）このことは、4.5節でより一般的な場合で示すことにする。

となるので、操作変数がダミー変数であるときの β_1 は特に

$$\beta_1 = \frac{E[Y_i | Z_i = 1] - E[Y_i | Z_i = 0]}{E[X_i | Z_i = 1] - E[X_i | Z_i = 0]} \tag{2.8}$$

として識別される。

β_1 は標本対応によって推定できる。$Z_i = 1$ となるような観測値を使った Y_i の標本平均を $\bar{Y}_{Z=1}$ と定義する。つまり、$1\{\cdot\}$ を定義関数とすると

$$\bar{Y}_{Z=1} = \frac{\sum_{i=1}^{n} Y_i 1\{Z_i = 1\}}{\sum_{i=1}^{n} 1\{Z_i = 1\}}$$

である。$\bar{Y}_{Z=0}$、$\bar{X}_{Z=1}$、$\bar{X}_{Z=0}$ も同様に定義すれば

$$\hat{\beta}_1 = \frac{\bar{Y}_{Z=1} - \bar{Y}_{Z=0}}{\bar{X}_{Z=1} - \bar{X}_{Z=0}} \tag{2.9}$$

によって β_1 は推定できる。この推定量は **Wald 推定量**（Wald estimator）とも呼ばれる。Wald 推定量と（2.5）の操作変数推定量は、数値的にも全く同じである。

2.2 一般の場合の操作変数法

2.2.1 識別

前節では説明変数も操作変数もひとつだけの単純なモデルを考えたが、通常は構造型にはコントロール変数が含まれるし、内生変数が複数個現れることもある。よって、次のような拡張された構造型を考えることにしよう。

$$Y_i = \beta_0 + \beta_1 X_{1i} + \cdots + \beta_k X_{ki} + \beta_{k+1} W_{1i} + \cdots + \beta_{k+r} W_{ri} + e_i \tag{2.10}$$

ただし、$X_{1i}, \ldots, X_{ki}$ は k 個の内生変数、$W_{1i}, \ldots, W_{ri}$ は r 個の外生変数（コントロール変数）とする。また、m 個の操作変数 $Z_{1i}, \ldots, Z_{mi}$ が存在し、$\mathrm{Cov}[Z_{ji}, e_i] = 0\ (j = 1, \ldots, m)$ を満たすものとする。

複数個の説明変数が構造型に含まれるとき、係数の識別の条件はより複雑に

なる。識別の条件について論じる前に、用語の定義を与えておく。操作変数の数が（Y_iを除く）内生変数の数と等しい（$m=k$）とき、モデルは**丁度識別**（just-identified）されるという。また、操作変数の数が内生変数の数より多い（$m>k$）とき、**過剰識別**（over-identified）されるといい、操作変数の数が内生変数の数より少ない（$m<k$）ときには識別されない（under-identified）。構造型の係数が一意に定まるための必要条件は、$m \geq k$であることが知られており、この条件を**次数条件**（order condition）という。次数条件は識別の十分条件ではないことに注意してほしい。

それでは、構造型の係数が一意に定まるための十分条件は何だろうか。以下では右辺の内生変数がひとつのケース、つまり、構造型が

$$Y_i = \beta_0 + \beta_1 X_i + \beta_2 W_{1i} + \cdots + \beta_{1+r} W_{ri} + e_i \tag{2.11}$$

で与えられる場合について、識別の十分条件を考えよう。

そのためにまず、Y_iとX_iの誘導型を考える。誘導型は内生変数をすべての外生変数への線形射影によって表したものである。それぞれを

$$\begin{aligned} Y_i &= \gamma_0 + \gamma_1 W_{1i} + \cdots + \gamma_r W_{ri} + \gamma_{r+1} Z_{1i} + \cdots + \gamma_{r+m} Z_{mi} + \eta_i \\ X_i &= \pi_0 + \pi_1 W_{1i} + \cdots + \pi_r W_{ri} + \pi_{r+1} Z_{1i} + \cdots + \pi_{r+m} Z_{mi} + \nu_i \end{aligned} \tag{2.12}$$

で表すことにする。線形射影の定義から、$W_{1i}, \ldots, W_{ri}$と$Z_{1i}, \ldots, Z_{mi}$は、η_iとν_iとは無相関である。一方、(2.12) を (2.11) に代入すると

$$\begin{aligned} Y_i = &(\beta_0 + \beta_1 \pi_0) + (\beta_2 + \beta_1 \pi_1) W_{1i} + \cdots + (\beta_{1+r} + \beta_1 \pi_r) W_{ri} \\ &+ \beta_1 \pi_{r+1} Z_{1i} + \cdots + \beta_1 \pi_{r+m} Z_{mi} + \beta_1 \nu_i + e_i \end{aligned} \tag{2.13}$$

となる。$W_{1i}, \ldots, W_{ri}$と$Z_{1i}, \ldots, Z_{mi}$は$\beta_1 \nu_i + e_i$とも無相関になることから、(2.13)もY_iの誘導型になっている。誘導型は一意に定まることから[3]、

3）厳密には、誘導型の係数が識別されるためには、少し条件が必要である。それについては、4章で述べる。

$$\begin{cases} \gamma_0 &= \beta_0 + \beta_1\pi_0 \\ \gamma_1 &= \beta_2 + \beta_1\pi_1 \\ &\cdots \\ \gamma_{r+m} &= \beta_1\pi_{r+m} \end{cases}$$

が満たされなければならない。これを $\beta_0, \beta_1, \ldots, \beta_{1+r}$ を未知変数とする連立方程式としてみたとき、その解が存在し、一意に定まるならば、構造型が識別される。必要十分条件は、$\pi_{r+1}, \ldots, \pi_{r+m}$ のうち少なくともひとつは0ではないことである。

以上から、操作変数やコントロール変数が複数個あるときには、操作変数の満たすべき条件は次のようになる。

操作変数の条件（内生変数がひとつの場合）

1 操作変数の関連性：X_i の誘導型

$$X_i = \pi_0 + \pi_1 W_{1i} + \cdots + \pi_r W_{ri} + \pi_{r+1} Z_{1i} + \cdots + \pi_{r+m} Z_{mi} + \nu_i$$

において、$\pi_{r+1}, \ldots, \pi_{r+m}$ のうち少なくともひとつは0ではない。

2 操作変数の外生性：$\mathrm{Cov}[Z_{1i}, e_i] = \cdots = \mathrm{Cov}[Z_{mi}, e_i] = 0$

操作変数の関連性の条件は、単に「$Z_{1i}, \ldots, Z_{mi}$ のうち少なくともひとつは X_i と相関を持つ」というよりは、少しきつい条件になっている。なぜなら、誘導型には $W_{1i}, \ldots, W_{ri}$ も含まれているからである。関連性の条件は「$W_{1i}, \ldots, W_{ri}$ の影響をコントロールした下でも、$Z_{1i}, \ldots, Z_{mi}$ のうち少なくともひとつは X_i と相関を持つ」ことを要請する。

内生変数が複数あるときの識別についても、考え方は同じである。まず、$X_{1i}, \ldots, X_{ki}$ のそれぞれについて誘導型を考えてやり、それを構造型に代入して、Y_i の2通りの誘導型を求める。2つの誘導型の係数を等しくするような $\beta_0, \beta_1, \ldots, \beta_{k+r}$ が一意に定まれば、構造型は識別される。識別のための必要十分条件はある種の行列のランクに関する条件に帰着され、**階数条件**（rank condition）と呼ばれる。これについては、4章で簡単に触れることにする。

2.2.2　推定

TSLSのアイデアは2.1節で紹介したとおりである。内生変数 $X_{1i}, ..., X_{ki}$ を誘導型の予測値で置き換えたのち、構造型をOLSで推定すればよい。推定手順は次のようにまとめられる。

1. $j=1, ..., k$ について、X_{ji} の誘導型
$$X_{ji}=\pi_{0j}+\pi_{1j}W_{1i}+\cdots+\pi_{rj}W_{ri}+\pi_{r+1,j}Z_{1i}+\cdots+\pi_{r+m,j}Z_{mi}+\nu_{ji}$$
をOLSで推定し、予測値 $\hat{X}_{1i}, ..., \hat{X}_{ki}$ を求める。
2. (2.10)の $X_{1i}, ..., X_{ki}$ を $\hat{X}_{1i}, ..., \hat{X}_{ki}$ で置き換えて、OLSで推定する。

TSLS推定量の明示的な表現は4章で与える。

2.3　操作変数の見つけ方

2.3.1　Angrist and Krueger (1991)

実証研究を行ううえで最も難しい問題は、いかにして操作変数を見つけるかにある。統計理論は実際にどのように操作変数を探せばよいかまでは示唆しないので、経済モデルの解釈に基づいて探し出す必要がある。例えば、(2.2)の操作変数なら、誤差項には個人の能力が含まれるので、教育年数とは相関を持つが、個人の能力とは無関係な変数を探してやる必要がある。本節では、操作変数法を使った実証研究の中でも、とりわけ影響力の大きい研究であるAngrist and Krueger (1991)（以下、AK 1991）を例に、操作変数の見つけ方を考えよう。

AK (1991) はアメリカの教育制度を利用したユニークな操作変数を用いて、賃金方程式を推定している[4)]。教育のリターンの推定のために、彼らは、quarter-of-birth (QOB)、すなわち、1年を四半期に分けた時、どの時期に生まれたかを表すダミー変数を操作変数として用いている。なぜ、QOBは操作変数として有効なのだろうか。それは次のような義務教育制度のためである。

4) AK (1991) では、(2.2)に年齢やいくつかのダミー変数などをコントロール変数として加えたモデルを考えている。

アメリカでは、州によって若干の違いはあるが、6歳になる年に小学校に入学する。そこから義務教育が始まり、16歳の誕生日を迎えるまでは退学できないことになっている。このため、16歳の誕生日で退学する人たちの間では、生まれた時期と受けた教育年数の間に相関が生じることとなる。例えば、次のような2人の人物を考えよう。A君は1989年の12月31日生まれで、1995年の9月に5歳で小学校に入学し、2005年の12月31日に16歳で退学する。一方、B君は1990年の1月1日生まれで、1996年の9月に6歳で小学校に入学し、2006年の1月1日に16歳で退学する。2人の誕生日は1日違うだけだが、A君は第4四半期、B君は第1四半期に生まれたがために、受ける教育年数には1年の違いが生じることとなる。これがQOBと教育年数の間に相関をもたらす理由である。一方、誕生日と個人の能力は無関係であると考えられるため、外生性の条件も満たされる。

図2.1と図2.2は、AK（1991）で得られた結果を著者たちがAngrist and Krueger（2001）で再掲したものである。図2.1は、QOBと平均的な教育年数の関係を示すものである。例えば、一番左の■は1930年の第1四半期に生まれた人たちを表していて、平均教育年数はおよそ12.3年である。図2.1より、同じ年の中では、早く生まれた人たちほど、教育年数は短い傾向にあることが確認され、QOBと教育年数の間には確かに相関があることがわかる。図2.2は、QOBと平均的な賃金（週給の対数値）の関係を示すものである。ここでもやはり、第1四半期に生まれた人たちの平均的な賃金は低くなりがちである。誕生日が直接的に賃金を決定するとは考えにくいので、これは相対的に短い教育年数のためであると考えられる。

この例が示すように、操作変数を用いるときには、その妥当性を主張するための説得力のあるストーリーが必要であり、そこが操作変数探しの最も難しいところでもある。誰もが納得する良い操作変数を新たに見つけることができれば、それだけでも十分に研究上の貢献となる。

AK（1991）はコントロール変数や操作変数の異なるいくつかのモデルをOLSとTSLSで推定し、傾向として、OLSによる教育のリターンの推定値のほうが、TSLSの推定値よりも低くなるという結果を得た（OLSの推定値が7%程度なのに対し、TSLSの推定値は10%程度であった）。しかし、考えてみ

図2.1　QOBと平均教育年数

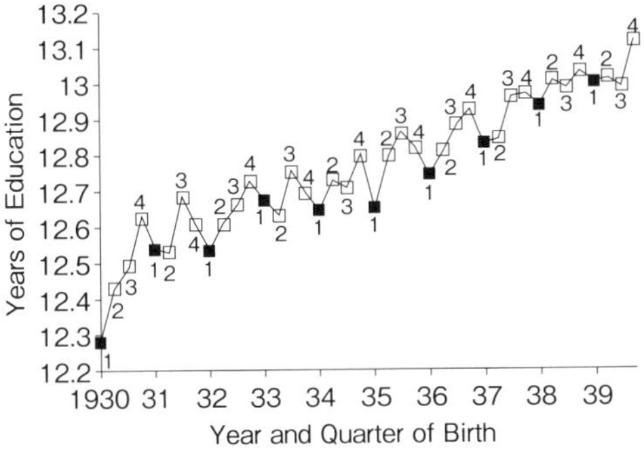

出所）Angrist and Krueger（2001）より引用

図2.2　QOBと平均対数週給

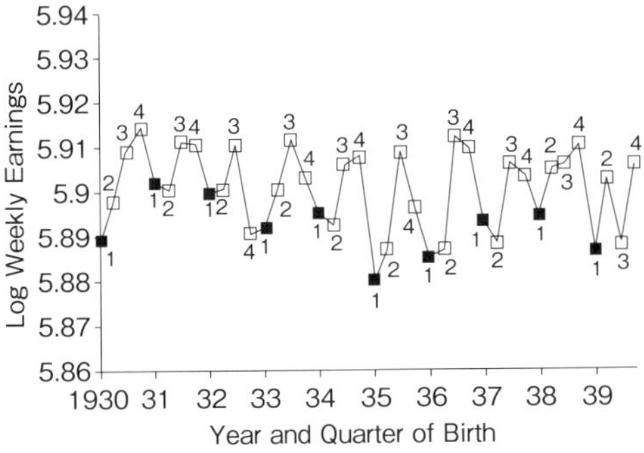

出所）Angrist and Krueger（2001）より引用

ると、この結果は当初の予想と反するものである。個人の能力と教育年数の間に正の相関があるならば、OLSは教育のリターンを過剰に推定するはずである。実はこのような結果はAK（1991）に限らず、多くの実証研究で見られるものである。多くの論文において、異なるデータや操作変数を用いても、TSLSによる教育のリターンの推定値のほうが、OLSの推定値よりも大きくなっている[5)]。

5）具体例については、例えば、Card（1999）のTable 4にまとめられている。

このパズルに対して、様々な原因が考察されているが、ひとつの可能性として考えられるのは、人によって教育のリターンが異なるということである。例えば、同じ1年間追加的な教育を受けるにしても、高校2年生で中退するはずだった人が高校3年生で中退するよりも、高校3年生で中退するはずだった人が高校を卒業するほうが、収入に与える影響は大きいかもしれない。ところが、(2.2)では、すべての人で教育のリターンは等しいと想定している。個人間で説明変数の被説明変数に与える効果が異なるとき、つまり、個人間に異質性が存在するとき、TSLS推定量が何を推定しているのかという問題については、3.4節で考察することにする。

2.3.2 弱操作変数

上記のパズルとは別のAK（1991）の問題点が、Bound, Jaeger and Baker（1995）によって指摘されている。彼らは、AK（1991）のデータを用いて論文の結果を再検証しているうちに、教育のリターンの推定値が操作変数やコントロール変数を変えることによって大きく変化すること、そして、その原因がQOBと教育年数の相関の弱さにあることに気付いた。QOBは確かに教育年数と相関を持つが、その相関は非常に弱いものである。内生変数と相関が弱い操作変数を、**弱操作変数**（weak instrument）と呼ぶ。Bound, Jaeger and Baker（1995）は、弱操作変数が推定に用いられた場合、どんなにサンプルサイズが大きくても、正確な推定結果が得られないことを明らかにした。この結果は、従来考えられていたよりもずっと、良い操作変数を見つけるのは難しいことを示すものである。

弱操作変数の問題点を検証しよう。以下の説明は、Bound, Jaeger and Baker（1995）ではなく、Staiger and Stock（1997）の議論を単純化したものである。次のような単純なモデルを考える[6)]。

6）通常は構造型と誘導型には定数項を入れるべきであるが、以下の議論において表記を単純化するために定数項を除いている。定数項が含まれる場合でも、議論の本質は変わらない。

$$Y_i = \beta_1 X_i + e_i$$
$$X_i = \pi_1 Z_i + \nu_i$$

1番目の式が構造型、2番目の式が誘導型である。構造型が識別されるための十分条件は、$\mathrm{Cov}[Z_i, e_i] = 0$ かつ $\pi_1 \neq 0$ である。このモデルにおける弱操作変数とは、π_1 が非常に0に近い状態を指す。

β_1 の TSLS 推定量は

$$\hat{\beta}_1^{TSLS} = \frac{\sum_{i=1}^n Z_i Y_i}{\sum_{i=1}^n Z_i X_i} = \beta_1 + \frac{\sum_{i=1}^n Z_i e_i}{\sum_{i=1}^n Z_i X_i}$$

となる。よって、単純な計算により

$$\hat{\beta}_1^{TSLS} - \beta_1 = \frac{\frac{1}{\sqrt{n}} \sum_{i=1}^n Z_i e_i}{\frac{1}{\sqrt{n}} \pi_1 \sum_{i=1}^n Z_i^2 + \frac{1}{\sqrt{n}} \sum_{i=1}^n Z_i \nu_i}$$

が成り立つ。$\pi_1 = 0$ のときは、中心極限定理から右辺の分子分母ともに正規分布に分布収束し、

$$\hat{\beta}_1^{TSLS} - \beta_1 \xrightarrow{d} \frac{N(0, E[Z_i^2 e_i^2])}{N(0, E[Z_i^2 \nu_i^2])}$$

となる[7]。よって、$\hat{\beta}_1^{TSLS}$ と β_1 の差は0に確率収束せず（つまり、一致性がなく）、適当な分布に分布収束してしまう。このため、どんなにサンプルサイズが大きくても、β_1 を正確に推定できない[8]。

π_1 が0ではなくとも、非常に小さい値であれば、同様の問題が生じる。ある定数 c について、$\pi_1 = c/\sqrt{n}$ と表されるとする。これは、この関係が厳密に成り立っているというよりは、「π_1 は小さい値である」ということを表す、数学的な表現の一種だと思ってもらえばよい。このとき、大数の法則から

7）この議論は少し不正確であるが、直感的理解のためには十分であろう。

8）$\pi_1 = 0$ のときには、そもそも β_1 は識別されないので、推定できないのは当然ではある。

$$\hat{\beta}_1^{TSLS} - \beta_1 \xrightarrow{d} \frac{N(0, E[Z_i^2 e_i^2])}{cE[Z_i^2] + N(0, E[Z_i^2 \nu_i^2])}$$

となり、やはり推定量は一致性を持たない。β_1 を正確に推定するには、$\pi_1 \sum_{i=1}^{n} Z_i^2 / \sqrt{n}$ は十分に大きく、極限において発散しなければならない。

上記の議論から、操作変数はただ内生変数と相関を持てばよいのではなく、ある程度強い相関を持たねばならないことがわかった。それでは、相関はどれだけ強ければよいのだろうか。これについては、Stock and Yogo（2005）によっておおよその目安が与えられており、4.5節で改めて議論することにする。

第3章 プログラム評価

経済モデルの推定において内生性が問題となるのは、費用や倫理的理由などから、経済学では実験を行うことが困難だからである。再び、2章の(2.2)を例に取ろう。このモデルにおいて内生性が生じるのは、教育年数と個人の能力の間に相関があるためであった。それは言い換えると、個人が自分の意思によって、自分が受ける教育の年数を決めているからである。非現実的な例ではあるが、教育年数をくじなどによってランダムに決める実験が行われたとしよう。ある人は強制的に高校卒業後働かされ、ある人は大学に進学させられるといった具合である。すると、自らの意思で教育年数を決定できないので、教育年数と能力は独立となり、内生性の問題は生じない。そのようなデータを用いて(2.2)をOLSで推定すれば、教育のリターンを一致推定できるはずである。

多くの自然科学のデータのように、実験によって得られたデータを**実験データ**（experimental data）と呼ぶのに対し、実験によらずありのままの状態を観測したデータを**観察データ**（observational data）と呼ぶ。経済学で扱うデータの大半は観察データである。観察データからいかにして経済学的に興味のある対象を識別・推定するかという問題は、計量経済学の黎明期から現在に至るまでメインテーマのひとつであり、そのような問題意識の中で、操作変数を用いた手法は発展してきた。

近年発展が目覚ましい**プログラム評価**（program evaluation）の分野においても、同様の問題が生じる。プログラム評価とは、何らかの介入や処置が行われたときに、それが興味のある結果変数に与える**処置効果**（treatment effect）、または、**因果的効果**（causal effect）を分析する学問分野である。経済学でよく取り上げられる例としては、職業訓練プログラムの賃金への効果の分析がある。ある国の政府が、低スキルの労働者を対象に、職業訓練のプログラムを提供するとしよう。このようなプログラムが役に立つかどうかを調べるには、プログラムの効果を定量的に分析する必要がある。この例で興味があるのは、職業訓練を受けたときと受けなかったときで生じる賃金の差であり、これが処置効果である。

医療統計学などの分野では、処置効果の推定問題は古くから考えられてきた。そこで強調されているのは、**無作為化比較試験**（RCT；randomized controlled trial）の重要性である。RCT については次節で述べることにするが、重要なメッセージは、うまくデザインされた実験なくしては、処置効果は測れないというものである。ところが、先述のとおり、経済学では実験は困難であり、そのような制約の下でどのようにして処置効果を評価するかが本章のテーマである。

本章ではプログラム評価の研究成果を網羅的に取り上げることはしない。本章の意図は、プログラム評価の標準的フレームワークと古典的な回帰モデルとの関係を記述し、1章と2章で学んだモデルと推定方法を用いて何ができ、何ができないかを述べることにある。

3.1 反実仮想フレームワークと実験データ

ひとくちに処置の効果といっても、その意味は曖昧なので、まずは識別・推定する対象を明確に規定する必要がある。そのために、職業訓練プログラムの例を用いながら、プログラム評価の標準的フレームワークである、**反実仮想**（counterfactual）フレームワークを導入する。

Y_i をある個人 i の賃金とする。また、個人 i が職業訓練を受けたときに得られるであろう潜在的な賃金を Y_{1i}、受けなかったときに得られるであろう潜在的な賃金を Y_{0i} で表すことにする。さらに、D_i を職業訓練を受けたときに 1、受けなかったときに 0 を取るダミー変数とする。データの分析者に観測可能な変数は (Y_i, D_i) である。観測可能な Y_i は、潜在的な結果 (Y_{1i}, Y_{0i}) を用いて

$$
\begin{aligned}
Y_i &= D_i Y_{1i} + (1-D_i) Y_{0i} \\
&= \begin{cases} Y_{1i} & D_i = 1 \text{ のとき} \\ Y_{0i} & D_i = 0 \text{ のとき} \end{cases}
\end{aligned}
$$

と表すことができる。個人 i にとっての職業訓練プログラムの処置効果は $Y_{1i}-Y_{0i}$ である。

処置効果は一般には確率変数であると考え、異なる個人は異なる処置効果を持つことを許容する。このように、個人間での異質性を考慮するのが、1、2章で考えてきたモデルとのひとつの違いといえよう[1)]。また、処置効果は、1、2章で用いたようなモデルを経由しなくても、定義可能なものである。ただし、各個人は職業訓練を受けるか受けないかのどちらかで、両方を同時に選択することはできない。よって、観測されるのは Y_{1i} と Y_{0i} の片方のみで、$Y_{1i}-Y_{0i}$ を観測することはできない。

そこで、個人レベルでの処置効果を調べるのは諦めて、次のようなパラメータを推定することを考える。

$$
\text{ATE} \equiv E[Y_{1i}-Y_{0i}] = E[Y_{1i}]-E[Y_{0i}] \tag{3.1}
$$

(3.1) は**平均処置効果**（ATE；average treatment effect）と呼ばれ、母集団全体での平均的な処置の効果を表している[2)]。

ATE の推定方法として、職業訓練を受けた人たちの賃金の標本平均と、受けなかった人たちの賃金の標本平均の差を求めることが考えられる。式で書けば

1）単回帰モデルでは、β_1 は定数であり、X_i が変化したときに Y_i に与える影響は、各個人で共通であった。

2）ATE が本当に興味のあるパラメータであるかどうかについては、様々な考え方がある。職業訓練の効果を計測するのが目的なら、そもそも訓練を受けるつもりのない人たちがどうなろうがあまり興味はないかもしれず、次のようなパラメータのほうが重要かもしれない。

$$
\text{ATT} \equiv E[Y_{1i}-Y_{0i} \mid D_i = 1]
$$

このパラメータは、処置を受けた人たちの平均処置効果（average treatment effect on treated）である。

$$\bar{Y}_1 - \bar{Y}_0 \tag{3.2}$$

である。ただし

$$\bar{Y}_1 = \frac{\sum_{i=1}^{n} D_i Y_i}{\sum_{i=1}^{n} D_i}$$

$$\bar{Y}_0 = \frac{\sum_{i=1}^{n} (1-D_i) Y_i}{\sum_{i=1}^{n} (1-D_i)}$$

である。ところが、(3.2)で推定している対象は（3.1）ではなく、

$$E[Y_i | D_i = 1] - E[Y_i | D_i = 0] = E[Y_{1i} | D_i = 1] - E[Y_{0i} | D_i = 0] \tag{3.3}$$

である。(3.1)と(3.3)が同じであれば、ATE は(3.2)で一致推定できるが、通常は両者は異なる。(3.3)は識別可能だが、何らかの追加的な仮定がなければ、ATE はそもそも識別できない。

ここでもう一度、本書での識別の定義を思い出そう。あるパラメータが識別可能であるとは、「観測可能な」変数の分布が既知であれば、パラメータが一意に定まるということであった。$E[Y_{1i} - Y_{0i}]$ は、Y_{1i} と Y_{0i} の分布（$Y_{1i} - Y_{0i}$ の分布）がわかれば一意に定まる。しかし、Y_{1i} と Y_{0i} は同時に観測できない。観測可能なデータは、職業訓練を受けたという条件の下での Y_{1i} と、職業訓練を受けなかったという条件の下での Y_{0i} である。したがって、観測可能なデータの分布は、条件付分布 $f_{Y_1|D}(y|1)$ と $f_{Y_0|D}(y|0)$ である。これらの分布が既知であれば

$$E[Y_{1i} | D_i = 1] = \int_{-\infty}^{\infty} y f_{Y_1|D}(y|1) dy$$

$$E[Y_{0i} | D_i = 0] = \int_{-\infty}^{\infty} y f_{Y_0|D}(y|0) dy$$

という関係より、$E[Y_{1i} | D_i = 1]$ と $E[Y_{0i} | D_i = 0]$ は一意に定まる。

ATE の構成要素をより詳しく見ていこう。繰り返し期待値の法則より

$$E[Y_{1i}] = P(D_i = 1)E[Y_{1i}|D_i = 1] + P(D_i = 0)E[Y_{1i}|D_i = 0]$$
$$E[Y_{0i}] = P(D_i = 1)E[Y_{0i}|D_i = 1] + P(D_i = 0)E[Y_{0i}|D_i = 0]$$

が成り立つ。ここで問題となるのは、$E[Y_{1i}|D_i = 0]$ と $E[Y_{0i}|D_i = 1]$ である。$E[Y_{1i}|D_i = 0]$ は、職業訓練を受けなかった人たちが、仮に職業訓練を受けていたら得ていたであろう賃金の期待値である。一方、$E[Y_{0i}|D_i = 1]$ は、職業訓練を受けた人たちが、仮に職業訓練を受けていなかったら得ていたであろう賃金の期待値である。このような仮想的状況に対応するデータは入手できないので、2つの条件付期待値は識別できないし、当然推定もできない。

上記の議論から、ATE が識別できるための十分条件は

$$E[Y_{1i}|D_i = 1] = E[Y_{1i}|D_i = 0]$$
$$E[Y_{0i}|D_i = 1] = E[Y_{0i}|D_i = 0]$$

であることがわかる。しかし、今考えている例では、この条件が満たされるとは考えにくい。なぜなら、職業訓練を自ら進んで受けようという人たちは、そうでない人たちと比べて、仕事に対する意欲の高い人たちなのかもしれないからである。あるいは、職業訓練を受ける人たちは、そうでない人たちよりも、職業訓練を受けることのメリットが大きい人たちかもしれない。これが正しいなら、職業訓練を自ら進んで受けるような人たちが実際に職業訓練を受けて得る賃金の期待値（$E[Y_{1i}|D_i = 1]$）は、職業訓練を受けるつもりがないような人たちが職業訓練を受けさせられて得る賃金の期待値（$E[Y_{1i}|D_i = 0]$）とは、おそらく異なるだろう。

ところが、次のような実験が行われたならば、話は違ってくる。実験に参加する人たちを適当に募ってきて、2つのグループにランダムに振りわけることにする。ひとつのグループは**処置群**（treated group）と呼ばれ、このグループに属する人たちは職業訓練を受ける。もうひとつのグループは**対照群**（control group）と呼ばれ、このグループに属する人たちは職業訓練を受けられない。ここで重要なのは、どちらのグループに属するかはランダムに決められて、実験の参加者に選ばせないことにある。この結果、潜在的賃金 (Y_{1i}, Y_{0i}) とプログラムへ参加するかどうかの選択 D_i は独立と考えることができるので、特に

$$E[Y_{1i}|D_i=1]=E[Y_{1i}|D_i=0]=E[Y_{1i}]$$
$$E[Y_{0i}|D_i=1]=E[Y_{0i}|D_i=0]=E[Y_{0i}]$$

が成立する。よって、ATE は識別可能で、(3.2)で推定できる。このように、被験者を 2 つのグループにランダムに割り振って、処置の効果を調べる方法を、無作為化比較試験という。

本章冒頭で、経済学では実験が困難だと述べたが、上記のような実験は実際に行われている。現実社会の中で行われる実験は、**社会実験**（social experiment）と呼ばれる。職業訓練の処置効果を調べるための実験としては、1980年代のアメリカにおいて、職業訓練パートナーシップ法（Job Training Partnership Act）の下で行われた社会実験が有名である。1970年代から90年代に行われた社会実験は、主に政策評価を目的とし、莫大な費用がかかる大規模な実験が多かった。最近は、それらに比べれば小規模な**フィールド実験**（field experiment）が盛んに行われるようになっており、こちらの実験は経済理論の検証を目的とする場合が多いようである[3)]。社会実験にせよ、フィールド実験にせよ、実験データが入手可能ならば、処置効果を調べるうえで非常に有用なものとなる。入手可能なデータによって、識別可能な対象が変わってくるからである。

識別の十分条件が満たされていれば、単回帰モデルを用いて ATE を推定することもできる。そのために、Y_i を次のように書き換える。

$$Y_i=\beta_0+\beta_{1i}D_i+u_i \tag{3.4}$$

ただし、$\beta_0=E[Y_{0i}]$、$\beta_{1i}=Y_{1i}-Y_{0i}$、$u_i=Y_{0i}-E[Y_{0i}]$ である。β_{1i} が各個人の処置効果を表している。また、

$$E[u_i|D_i=1]=E[Y_{0i}-E[Y_{0i}]|D_i=1]=E[Y_{0i}]-E[Y_{0i}]=0$$
$$E[u_i|D_i=0]=E[Y_{0i}-E[Y_{0i}]|D_i=0]=E[Y_{0i}]-E[Y_{0i}]=0$$

3）フィールド実験については、Levitt and List（2009）や List and Rasul（2011）などを参照。

なので、$E[u_i|D_i]=0$ が満たされる。β_{1i} は確率変数であるが、あたかも定数であるかのようにみなせば、その OLS 推定量は

$$\frac{\mathrm{Cov}[D_i, Y_i]}{\mathrm{Var}[D_i]}$$

の一致推定量になっている。ここで、(2.8)を求めたときと同様の計算をすれば

$$\frac{\mathrm{Cov}[D_i, Y_i]}{\mathrm{Var}[D_i]} = E[Y_i|D_i=1]-E[Y_i|D_i=0]$$

となるので、OLS 推定量は ATE の一致推定量になっている。実際、OLS 推定量は(3.2)に一致する。

3.2 無視可能性

前節では実験データが入手可能であるという理想的状況を考えたが、今度は実験データは手に入らないものとする。すると、一般には、単回帰モデルの OLS 推定量は、ATE の一致推定量とはならない。なぜなら、職業訓練を受けるかどうかの選択が、賃金にも影響を与えうる個人の特性に依存するため、D_i と誤差項の相関をもたらすためである。1章では、単回帰モデルにコントロール変数を追加することで、OLS 推定量の欠落変数バイアスを回避することを考えたが、本節でも D_i 以外にコントロール変数が手に入るようなケースを考える。

(Y_i, D_i) の他に、性別、教育年数、年齢などの個人の特性を表す変数が観測可能であるとする。表記の単純化のため、そのような変数をひとつの変数 X_i で表すことにする。また、X_i は離散確率変数で、k 個の値 $x_1, \ldots, x_k$ を取りうるものとする。すると、繰り返し期待値の法則より

$$\begin{aligned}\mathrm{ATE} &= \sum_{j=1}^{k} E[Y_{1i} - Y_{0i} \mid X_i = x_j] P(X_i = x_j) \\ &\equiv \sum_{j=1}^{k} \mathrm{ATE}(x_j) P(X_i = x_j)\end{aligned}$$

が成り立つ。$\mathrm{ATE}(x_j)$ は母集団の中でも特に、$X_i = x_j$ を満たすような人々の平均処置効果を表している。ここで、

$$\begin{aligned}\mathrm{ATE}(x_j) = & P(D_i = 1 \mid X_i = x_j) E[Y_{1i} \mid D_i = 1, X_i = x_j] \\ & + P(D_i = 0 \mid X_i = x_j) E[Y_{1i} \mid D_i = 0, X_i = x_j] \\ & - P(D_i = 1 \mid X_i = x_j) E[Y_{0i} \mid D_i = 1, X_i = x_j] \\ & - P(D_i = 0 \mid X_i = x_j) E[Y_{0i} \mid D_i = 0, X_i = x_j]\end{aligned}$$

と書ける。前節と同様の理由により、追加的な仮定がなければ、$E[Y_{1i} \mid D_i = 0, X_i = x_j]$ と $E[Y_{0i} \mid D_i = 1, X_i = x_j]$ は識別できない。よって、$\mathrm{ATE}(x_j)$ は識別されず、ATE も識別されない。

ところが、X_i に条件付ければ、職業訓練を受けるかどうかの選択と潜在的結果が独立であるとしよう。つまり、

$$(Y_{1i}, Y_{0i}) \perp D_i \mid X_i \tag{3.5}$$

が成り立つとする。$\perp$ は独立を表す記号である。この仮定は、**無視可能性**（ignorability）の仮定と呼ばれたり、**観測可能な変数に基づく選択**（selection on observables）の仮定と呼ばれることもある。仮定の意味は、職業訓練を受けるかどうかの選択は、性別、教育年数などの観測可能な変数に依存してもかまわないが、それらの変数の影響をコントロールすれば、どちらを選ぶかは個人の属性とは無関係で、あたかもランダムに D_i が決められたと考えてもよいということである。

無視可能性の仮定の下で、特に、条件付平均独立（conditional mean independence）の仮定

$$\begin{aligned}E[Y_{1i} \mid D_i = 1, X_i = x_j] = E[Y_{1i} \mid D_i = 0, X_i = x_j] = E[Y_{1i} \mid X_i = x_j] \\ E[Y_{0i} \mid D_i = 1, X_i = x_j] = E[Y_{0i} \mid D_i = 0, X_i = x_j] = E[Y_{0i} \mid X_i = x_j]\end{aligned}$$

が満たされる。このとき、ATE(x_j) は

$$\mathrm{ATE}(x_j) = E[Y_{1i}|D_i = 1, X_i = x_j] - E[Y_{0i}|D_i = 0, X_i = x_j] \tag{3.6}$$

となり、識別可能である。ただし、$X_i = x_j$ となる人の中には、処置を受ける人と受けない人がともに存在しなければならないので、$0 < P(D_i = 1|X_i = x_j) < 1$ が満たされる必要がある。X_i は D_i の値によらず常に観測されるので、$P(X_i = x_j)$ も識別可能で、ATE も識別される。推定は、(3.6) と $P(X_i = x_j)$ の標本対応を求めればよい。X_i が連続確率変数の場合には、別の推定方法を考える必要がある[4)]。

処置効果が定数であるときには、重回帰モデルで処置効果を推定できる場合がある。(3.4) と同じように Y_i を書き換えると、

$$Y_i = \beta_0 + \beta_1 D_i + u_i$$

となる。ただし、$\beta_1 = Y_{1i} - Y_{0i}$ は i によらない定数とする。$E[u_i|D_i] \neq 0$ なので、単回帰モデルを OLS で推定しても、β_1 の一致推定量は得られない。ところが、(3.5) より

$$E[u_i|D_i, X_i] = E[u_i|X_i]$$

が成り立つ。ここで、$E[Y_{0i}|X_i]$ が X_i の線形関数として $E[Y_{0i}|X_i] = \alpha_0 + \alpha_1 X_i$ と書けると仮定しよう。$\eta_i = u_i - E[u_i|X_i]$ と新たに誤差項を定義すると

$$\begin{aligned} Y_i &= (\alpha_0 + \beta_0 - E[Y_{0i}]) + \beta_1 D_i + \alpha_1 X_i + \eta_i \\ &\equiv \gamma_0 + \beta_1 D_i + \alpha_1 X_i + \eta_i \end{aligned}$$

というモデルが得られる。$E[\eta_i|D_i, X_i] = 0$ なので、重回帰モデルの仮定も満たされる。β_1 は OLS で推定可能である。

4）興味のある人は、Wooldridge（2010）の21章などを参照。

3.3 自然実験と操作変数

前節では、観測可能な変数を用いて、職業訓練を受けるかどうかの選択を説明できるケースを考えた。しかし、職業訓練を受けるかどうかの選択は、仕事への意欲など、データの分析者には観測できない個人の特性にも依存している可能性が高い。つまり、**観測されない変数に基づく選択**（selection on unobservables）が起こっていると考えられる。同様の問題は、２章で教育のリターンの推定方法を考えたときにも生じた。そこでの問題は、何年教育を受けるかという選択は、観測できない個人の能力にも影響を受けているとともに、個人の能力が賃金の決定要因にもなっていることであった。そこで、(3.5)が満たされない場合の解決法として思いつくのは、操作変数を用いるアプローチである。その場合、２章でも論じたように、どのようにして妥当な操作変数を見つけるかが問題となる。本節では、**自然実験**（natural experiment）を利用した操作変数の見つけ方の例を紹介するとともに、反実仮想フレームワークと線形モデルの操作変数推定との関係について論じる。

社会実験を行うことは困難であるが、現実社会において、あたかも経済主体の行動を変化させる実験が行われたかのようにみなせる出来事がしばしば見受けられる。そのような状況を利用して、興味のある対象を識別・推定しようとする試みを、自然実験によるアプローチという。ここでは、自然実験を用いた応用例として、兵役に就くことが将来民間で働くときの所得にどのような影響を与えるかを調べたAngrist（1990）を紹介し、いかにして操作変数が選ばれたかを見ることにしよう[5)]。

アメリカの退役軍人は、福利厚生における様々な優遇措置が受けられる。一方で、従軍している間は民間で働く機会を失うため、軍隊に入隊することは将来の所得にマイナスの影響を与える可能性もある。Angrist（1990）では、1950年から1953年に生まれた男性を対象に、ベトナム戦争に徴兵された人とさ

5）２章で紹介したAK（1991）も自然実験アプローチの一種であると考えられるが、より「実験」的なイメージをもってもらうために、Angrist（1990）を例として挙げることにする。その他の応用例については、Angrist and Krueger（2001）などを参照せよ。

れなかった人で、将来的な所得にどのような違いがあったかを分析している。そのため、以下のようなモデルを考える。

$$Y_i = D_i Y_{1i} + (1 - D_i) Y_{0i}$$

ただし、Y_i は終戦後のある年における民間での所得を表し、D_i は個人が退役軍人であれば1、そうでなければ0を取るダミー変数である。また、Y_{1i} は個人が兵役に就いていたら得たであろう所得、Y_{0i} は兵役に就かなかったら得たであろう所得を表す。これを2章の線形モデルの形で書けば、

$$Y_i = \beta_0 + \beta_1 D_i + e_i \tag{3.7}$$

となる。ここで、$\beta_1 = Y_{1i} - Y_{0i}$ は兵役に就くことが所得に与える処置効果を表しており、これがすべての人に共通の定数としておこう。軍隊に入隊するか否かは、個人の様々な特性に基づいて決定されており、またそれらの特性は所得の決定要因にもなっていると考えられるため、(3.7)をOLSで推定するとバイアスが生じる。

Angrist（1990）はベトナム戦争における徴兵制度に自然実験的な状況を見出している。それには以下のような経緯がある。1970年から1972年の間に行われた徴兵では、くじによって徴兵の優先順位が決められていた。19歳の男性に誕生日ごとにランダムに抽選番号を付与し、ある閾値よりも小さい抽選番号の人々に入隊資格が与えられた。ただし、健康上の理由などから、くじによって選ばれても実際には徴兵されなかった人々もおり、また、くじによって選ばれなくても自ら志願して入隊した人々もいた。

この例では、入隊したかどうかそのものが（つまり、D_i が）くじによって完全にランダムに決定されたわけではないので、OLSは使えない。しかし、くじによって入隊資格が与えられた場合に1、そうでない場合に0を取るダミー変数 Z_i を考えよう。すると、Z_i と D_i は少なくとも相関を持っている。一方で、抽選番号は個人の特性とは無関係であるため、Z_i と e_i とは無相関であると考えられる。したがって、Z_i は操作変数の2つの条件を満たしている。よって、(3.7)をTSLSで推定すれば、処置効果が推定できる。

3.4 LATE

前節では処置効果がすべての人で等しい場合を考えたが、本節では異質性を考慮することにする。前節と同様に、D_i は兵役に就いたかどうかを表すダミー変数とし、さらに、くじで選ばれた（$Z_i=1$）ときと選ばれなかった（$Z_i=0$）ときで実現したであろう D_i をそれぞれ、D_{1i} と D_{0i} で表すことにする。すると、観測される変数（Y_i, D_i, Z_i）と潜在的な変数（$Y_{1i}, Y_{0i}, D_{1i}, D_{0i}$）の間には、次のような関係が成立する。

$$Y_i = D_iY_{1i}+(1-D_i)Y_{0i}$$
$$D_i = Z_iD_{1i}+(1-Z_i)D_{0i}$$

このような設定の下、どのようなパラメータが識別可能であろうか。適当な仮定の下で、ATE を識別することもできるが、ここでは取り上げない。その代わり、**局所的平均処置効果**（LATE；local average treatment effect）というパラメータを考える。後ほど説明するが、LATE は TSLS で推定できることから、実証研究者には非常にポピュラーなパラメータとなっている。

LATE の識別のため、操作変数に対して、次のような仮定を置くことにする。

LATE の仮定

[1] 操作変数の外生性：（$Y_{1i}, Y_{0i}, D_{1i}, D_{0i}$）と Z_i は独立。
[2] 操作変数の関連性：$P(D_{1i} \neq D_{0i}) \neq 0$
[3] 単調性：すべての i について、$D_{1i}-D_{0i} \geq 0$ が成り立つ。

最初の 2 つの仮定は、通常の操作変数の仮定に対応するものである。1 番目の仮定は、特定のタイプの人がくじによって選ばれやすいということを排除する。2 番目の仮定は、入隊するかどうかの選択が、くじの結果に左右される人たちが存在することを要請する。D_{1i} も D_{0i} もダミー変数なので、$D_{1i}-D_{0i}$ は $\{0, 1, -1\}$ のいずれかの値しか取りえない。くじで選ばれようが選ばれまいが自分で志願して入隊する人ならば、D_i は Z_i と無関係に1となるので、$D_{1i}=D_{0i}$ である。同様に、健康上の理由などからいずれにせよ入隊しない人についても、$D_{1i}=D_{0i}$ である。3番目の仮定は、単調性の仮定と呼ばれ、Z_i と D_i が逆方向に動くことを排除する。つまり、くじで選ばれたら入隊せず、くじで選ばれなければ入隊する（$D_{1i}-D_{0i}=-1$）というような天邪鬼な人はいないという仮定である。

以上の仮定の下、次のパラメータが識別される。

$$\mathrm{LATE}\equiv E[Y_{1i}-Y_{0i}|D_{1i}>D_{0i}]$$

LATEの解釈は以下のとおりである。$D_{1i}-D_{0i}>0$ となるのは、くじで選ばれた場合には入隊し、くじで選ばれなければ入隊しないような人たち、つまり、操作変数の値によって処置を受けるかどうかの選択を変更する人たちである。LATEは、そのような人たちの間で、入隊することが所得に与える平均的な効果を測っている。別の言い方をすれば、常に志願して入隊する人や、いずれにせよ入隊しない人たちの効果は測られていない。Imbens and Angrist (1994) は、LATEの仮定の下で

$$\mathrm{LATE}=\frac{E[Y_i|Z_i=1]-E[Y_i|Z_i=0]}{E[D_i|Z_i=1]-E[D_i|Z_i=0]} \tag{3.8}$$

として、LATEが識別されることを示している。

LATEはTSLSによって推定することができる。反実仮想フレームワークのモデルを、線形モデルの形で書くと、次のようになる。

$$\begin{aligned} Y_i &= \beta_0+\beta_{1i}D_i+e_i \\ D_i &= \pi_0+\pi_{1i}Z_i+\nu_i \end{aligned} \tag{3.9}$$

ここで、$\beta_0=E[Y_{0i}]$、$\beta_{1i}=Y_{1i}-Y_{0i}$、$e_i=Y_{0i}-E[Y_{0i}]$、かつ、$\pi_0=E[D_{0i}]$、$\pi_{1i}=D_{1i}-D_{0i}$、$\nu_i=D_{0i}-E[D_{0i}]$ である。2章の言葉でいえば、最初の式が構造型で、2番目の式が誘導型である。β_{1i} と π_{1i} は個人 i に依存する確率変数になっている。

(3.9)が真のモデルであるとき、(3.7)を想定してTSLSで β_1 を推定すると

どうなるだろう。操作変数 Z_i はダミー変数なので、TSLS 推定量は Wald 推定量(2.9)と等しい。その推定対象は(2.8)で与えられ、(3.8)の右辺と同じである。よって、TSLS 推定量は LATE の一致推定量になっている。

この節のメッセージは、もし個人間に異質性が存在するならば、異なる操作変数を用いると、識別される対象も異なるということである。なぜなら、異なる操作変数を用いることで、処置を受けるかどうかの選択を変更する人たち、すなわち、$D_{1i} > D_{0i}$ を満たす人たちが変わってくるからである。LATE が有用であるかどうかは興味のある問題に依存するので、有用性を過大に評価すべきではないが、操作変数法の適用範囲を広げる結果であるのは確かである。

3.5 回帰不連続デザイン

本節では、**回帰不連続**（RD；regression discontinuity）デザインと呼ばれる処置効果の識別方法を紹介する。これは、処置を受けるかどうかの選択（の確率）が、ある観測できる変数の値に応じて、不連続に変化する様な状況を利用した識別方法である。

これまでと同様に、次のようなモデルを考える。

$$Y_i = D_i Y_{1i} + (1 - D_i) Y_{0i}$$

ここで、処置を受けるかどうかは、ある観測可能な変数 X_i の値によって完全に決められており、X_i がある閾値 c 以上であれば処置を受け、c 未満であれば処置を受けないとしよう。つまり、

$$D_i = 1\{X_i \geq c\}$$

が成り立っているとする。このような場合、X_i の値が c を跨いで連続的に変化すると、$X_i = c$ のところで Y_i の値にジャンプが生じる（図3.1）。もし、$E[Y_{1i}|X_i]$ と $E[Y_{0i}|X_i]$ が X_i について連続ならば、このジャンプは処置効果を表していると考えられる。よって、X_i が c の近傍にあるような人たちについて、Y_{1i} の平均と Y_{0i} の平均の差を求めれば、平均処置効果（$E[Y_{1i} - Y_{0i}|X_i = c]$）が求められるというのが識別・推定のアイデアである。図3.1のよう

図3.1　シャープなRD

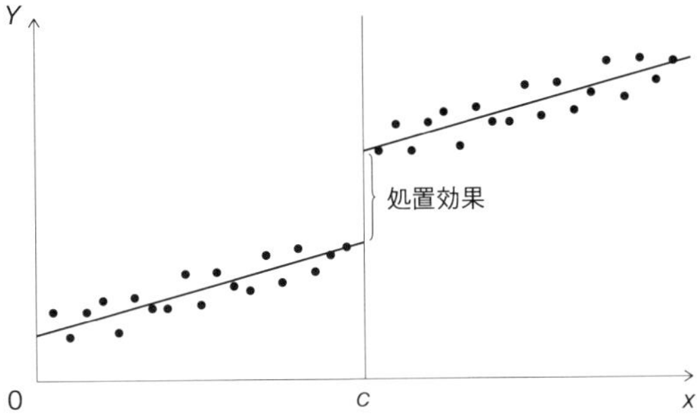

に回帰直線に不連続性が生じることから、回帰不連続と呼ばれる。

このようなアイデアを最初に応用したのは、Thistlethwaite and Campbell (1960) である。彼らは、アメリカの学生が高校生のときに特待生に選ばれることが、その後のキャリア（大学院に進むかどうかなど）にどのような影響を与えるかを調べた。ここで鍵となるのは、特待生に選ばれるという処置が、観測可能なテストの点数がある閾値より高いかどうかによって決定されていたということである。

次に推定方法を考えよう。処置効果はすべての個人について等しい定数とする。D_i は X_i の値によって完全に決定されているので、X_i の影響さえコントロールすれば、D_i は他の要素には依存しない。つまり、3.2節の無視可能性の仮定(3.5)が成り立つ。よって、$E[Y_{0i}|X_i]$ が X_i の線形関数であれば、重回帰モデル

$$Y_i = \beta_0 + \beta_1 D_i + \beta_2 X_i + u_i$$
$$E[u_i|D_i, X_i] = 0$$

を OLS で推定すれば、処置効果 $\beta_1 = Y_{1i} - Y_{0i}$ を推定できる。

上記の例のように、処置を受けるかどうかが観測可能な変数 X_i によって完全に決定される場合を、シャープな（sharp）RD と呼ぶ。それに対して、処置を受けるかどうかは X_i 以外の要素にも依存するが、X_i の値によって処置を受ける確率（$P(D_i = 1|X_i)$）にジャンプが生じる場合を、ファジーな（fuzzy）RD と呼ぶ。ファジーな RD の場合、無視可能性の仮定は必ずしも成り立たな

いので、OLS で処置効果を推定することはできないが、ダミー変数 $Z_i = 1\{X_i \geq c\}$ を操作変数として用いることができる。

例えば、処置を受ける確率について

$$P(D_i = 1 | X_i) = \begin{cases} a & X_i \geq c \text{ のとき} \\ b & X_i < c \text{ のとき} \end{cases}$$

が成り立っているとする。すると、

$$E[D_i | X_i] = P(D_i = 1 | X_i) = b + (a - b)1\{X_i \geq c\}$$

あるいは

$$D_i = \pi_0 + \pi_1 Z_i + \nu_i$$

と書き換えられる。ただし、$\pi_0 = b$、$\pi_1 = a - b$、$\nu_i = D_i - E[D_i | Z_i]$ である。$E[\nu_i | Z_i] = 0$ なので、Z_i を操作変数として、

$$Y_i = \beta_0 + \beta_1 D_i + u_i$$

を TSLS で推定すればよい。

第4章 行列表記と漸近理論

これまでの章では、主として識別の問題に焦点を当てて話を進めてきたため、統計量の性質についてはあまり議論してこなかった。本章では、OLS 推定量と TSLS 推定量の性質を詳しく見ていくことにするとともに、OLS や TSLS にまつわる検定方法を紹介する。また、GLS 推定量を定義し、その漸近的な性質についても考察することにする。ベクトルや行列を用いたほうが表記が簡潔になるので、本章以降はモデルや推定量のベクトル・行列表記を用いることにする。巻末の付録Bに、行列に関する基礎的な事項をまとめてある。

行列表記を用いようが用いまいが、本質的な部分は何も変わらない。しかし、実際にコンピュータを使ってデータを分析するときには、データを行列として扱うので、特に自分でプログラムを書くような場合には、行列を用いた計算に慣れておいたほうがいいだろう。

以下、太字のアルファベットとギリシア文字はベクトルか行列を表すものとする。ベクトルは列ベクトルであるとする。$\mathbf{0}$ はすべての成分が 0 のゼロベクトル（またはゼロ行列）を表す。プライム記号（$'$）は転置を表す。また、$\|\cdot\|$ はフロベニウス（ユークリッド）ノルムを表し、行列 $\boldsymbol{A}$ について、$\|\boldsymbol{A}\| = \sqrt{\mathrm{tr}(\boldsymbol{A}'\boldsymbol{A})}$ で定義される。

4.1 準備

この節では、次節以降で用いる定理を証明なしに列挙する。次の 2 つの定理は、巻末の定理A.2.1と定理A.2.2を確率ベクトル（成分が確率変数のベクトル）のケースへと拡張したものである。

大数の法則 (law of large numbers)

確率ベクトル $\boldsymbol{Y}_1, \ldots, \boldsymbol{Y}_n$ はi.i.d.で、$E[\|\boldsymbol{Y}_i\|] < \infty$ とする。このとき

$$\bar{\boldsymbol{Y}} = \frac{1}{n}\sum_{i=1}^{n}\boldsymbol{Y}_i \xrightarrow{p} E[\boldsymbol{Y}_i] \quad (n \to \infty)$$

が成り立つ。

つまり、任意の $\epsilon > 0$ について、$\lim_{n\to\infty} P(\|\bar{\boldsymbol{Y}} - E[\boldsymbol{Y}_i]\| > \epsilon) = 0$ が成り立つ。

中心極限定理 (central limit theorem)

確率ベクトル $\boldsymbol{Y}_1, \ldots, \boldsymbol{Y}_n$ はi.i.d.で、$E[\|\boldsymbol{Y}_i\|^2] < \infty$ とする。このとき

$$\sqrt{n}(\bar{\boldsymbol{Y}} - \boldsymbol{\mu}) \xrightarrow{d} N(\boldsymbol{0}, \boldsymbol{V}) \quad (n \to \infty)$$

が成り立つ。ただし、$\boldsymbol{\mu} = E[\boldsymbol{Y}_i]$、$\boldsymbol{V} = E[(\boldsymbol{Y}_i - \boldsymbol{\mu})(\boldsymbol{Y}_i - \boldsymbol{\mu})']$ である。

確率ベクトル $\boldsymbol{X}$ について、$E[(\boldsymbol{X} - E[\boldsymbol{X}])(\boldsymbol{X} - E[\boldsymbol{X}])']$ を $\boldsymbol{X}$ の**分散共分散行列** (variance-covariance matrix) という。分散共分散行列の対角成分は $\boldsymbol{X}$ の各成分の分散を、(i, j) 成分は $\boldsymbol{X}$ の第 i 成分と第 j 成分の共分散を表す。分散共分散行列は必ず非負値定符号行列となる。

次の定理は、大数の法則や中心極限定理と組み合わせて用いられることが多い。

定理 4.1.1（連続写像定理）

$\{\boldsymbol{Z}_n\}_{n=1}^{\infty}$ を確率ベクトルの列とし、$\boldsymbol{Z}_n \xrightarrow{p} \boldsymbol{c}$（$\boldsymbol{c}$ は定数のベクトル）とする。ベクトル関数 $\boldsymbol{g}(\cdot)$ が $\boldsymbol{c}$ において連続ならば

$$\boldsymbol{g}(\boldsymbol{Z}_n) \xrightarrow{p} \boldsymbol{g}(\boldsymbol{c})$$

が成り立つ。

定理 4.1.2（Slutsky の定理）

$\{X_n\}_{n=1}^{\infty}$ と $\{Y_n\}_{n=1}^{\infty}$ を確率変数の列とする。$X_n \xrightarrow{d} X$、$Y_n \xrightarrow{p} c$ のとき

$$X_n + Y_n \xrightarrow{d} X + c, \quad X_n Y_n \xrightarrow{d} cX$$

が成り立つ。また、$c \neq 0$ ならば

$$\frac{X_n}{Y_n} \xrightarrow{d} \frac{X}{c}$$

が成り立つ。

Slutsky の定理はベクトルや行列の場合にも拡張できる。

定理 4.1.3（デルタ法）

$\{\boldsymbol{Y}_n\}_{n=1}^{\infty}$ を確率ベクトルの列とし、$\sqrt{n}(\boldsymbol{Y}_n - \boldsymbol{\theta}) \xrightarrow{d} N(\boldsymbol{0}, \boldsymbol{V})$ を満たすものとする。また、$\boldsymbol{h}(\cdot)$ を $\boldsymbol{\theta}$ において微分可能なベクトル関数とする。このとき、$\boldsymbol{H} = \left.\frac{\partial \boldsymbol{h}(\boldsymbol{y})}{\partial \boldsymbol{y}'}\right|_{\boldsymbol{y}=\boldsymbol{\theta}} \neq \boldsymbol{0}$ ならば

$$\sqrt{n}(\boldsymbol{h}(\boldsymbol{Y}_n) - \boldsymbol{h}(\boldsymbol{\theta})) \xrightarrow{d} N(\boldsymbol{0}, \boldsymbol{HVH}')$$

が成り立つ。

大標本理論ではないが、次の不等式はしばしば用いられる。

定理 4.1.4（Cauchy-Schwarz の不等式）

確率変数の行列 $\boldsymbol{X}$ と $\boldsymbol{Y}$ について

$$E[\|\boldsymbol{X}'\boldsymbol{Y}\|] \leq (E[\|\boldsymbol{X}\|^2])^{1/2}(E[\|\boldsymbol{Y}\|^2])^{1/2}$$

が成り立つ。

定理 4.1.5（Minkowski の不等式）

確率変数の行列 $\boldsymbol{X}$ と $\boldsymbol{Y}$ と、$p \geq 1$ について

$$(E[\|\boldsymbol{X}+\boldsymbol{Y}\|^p])^{1/p} \leq (E[\|\boldsymbol{X}\|^p])^{1/p} + (E[\|\boldsymbol{Y}\|^p])^{1/p}$$

が成り立つ。

4.2 OLS 推定量

4.2.1 表記

次のようなモデルを考える。

$$Y_i = \beta_0 + \beta_1 X_{1i} + \cdots + \beta_k X_{ki} + u_i$$

ここで、説明変数と係数のベクトルを

$$\boldsymbol{X}_i = \begin{pmatrix} 1 \\ X_{1i} \\ \vdots \\ X_{ki} \end{pmatrix}, \quad \boldsymbol{\beta} = \begin{pmatrix} \beta_0 \\ \beta_1 \\ \vdots \\ \beta_k \end{pmatrix}$$

と定義すると、上のモデルは

$$Y_i = \boldsymbol{X}_i'\boldsymbol{\beta} + u_i \tag{4.1}$$

と簡潔に表すことができる。(4.1) を $i=1$ から n まで縦に n 個並べると

$$\boldsymbol{Y} = \boldsymbol{X}\boldsymbol{\beta} + \boldsymbol{u}$$

と表すこともできる。ただし

$$\boldsymbol{Y}=\begin{pmatrix}Y_1\\Y_2\\\vdots\\Y_n\end{pmatrix},\ \boldsymbol{X}=\begin{pmatrix}\boldsymbol{X}_1{}'\\\boldsymbol{X}_2{}'\\\vdots\\\boldsymbol{X}_n{}'\end{pmatrix}=\begin{pmatrix}1 & X_{11} & \cdots & X_{k1}\\1 & X_{12} & \cdots & X_{k2}\\\vdots & \vdots & \ddots & \vdots\\1 & X_{1n} & \cdots & X_{kn}\end{pmatrix},\ \boldsymbol{u}=\begin{pmatrix}u_1\\u_2\\\vdots\\u_n\end{pmatrix}$$

である。

1 章と同様に、次のような重回帰モデルの仮定を置く。

重回帰モデルの仮定

1. $(Y_i, \boldsymbol{X}_i),\ i=1,\ldots,n$ は i.i.d.
2. $E[u_i\,|\,\boldsymbol{X}_i]=0$
3. $E[Y_i^4]<\infty,\ E[\|\boldsymbol{X}_i\|^4]<\infty$
4. $\mathrm{rank}(\boldsymbol{X})=k+1$ で、$E[\boldsymbol{X}_i\boldsymbol{X}_i']$ は正則行列である。

4 番目の後半の仮定は、1 章では明示的に書かなかったが、$\boldsymbol{\beta}$ の識別のための仮定である。2 番目の $E[u_i\,|\,\boldsymbol{X}_i]=0$ の仮定より、$E[\boldsymbol{X}_i u_i]=\boldsymbol{0}$ も成り立ち、

$$E[\boldsymbol{X}_i Y_i]=E[\boldsymbol{X}_i\boldsymbol{X}_i']\boldsymbol{\beta} \tag{4.2}$$

なので、$E[\boldsymbol{X}_i\boldsymbol{X}_i']$ が正則ならば

$$\boldsymbol{\beta}=E[\boldsymbol{X}_i\boldsymbol{X}_i']^{-1}E[\boldsymbol{X}_i Y_i]$$

となり、$\boldsymbol{\beta}$ は識別される。一方、$E[\boldsymbol{X}_i\boldsymbol{X}_i']$ が正則ではない場合、(4.2) を満たす $\boldsymbol{\beta}$ は無数に存在するため、$\boldsymbol{\beta}$ は識別されない。ただし、$E[\boldsymbol{X}_i\boldsymbol{X}_i']$ が正則であるかどうかによらず、$\boldsymbol{X}_i'\boldsymbol{\beta}$ は一意に定まる。

3 番目の 4 次モーメントが有限という条件は、OLS 推定量の漸近正規性の証明に使われるが、一致性はもう少し弱い条件（2 次モーメントが有限）でも成り立つ。

4 番目の前半の仮定は、$\boldsymbol{X}$ の $k+1$ 個の列ベクトルが 1 次独立であることを意味し、完全な多重共線性がないということと同義である。また、これより、$\mathrm{rank}(\boldsymbol{X}'\boldsymbol{X})=k+1$ が成り立つので、$k+1$ 次の正方行列 $\boldsymbol{X}'\boldsymbol{X}$ の逆行列の存在

が保障され、OLS 推定量は一意に定まる[1]。

係数ベクトル $\boldsymbol{\beta}$ の OLS 推定量は次のようにして得られる。関数 $S(\boldsymbol{b})$ を

$$S(\boldsymbol{b}) = (\boldsymbol{Y} - \boldsymbol{X}\boldsymbol{b})'(\boldsymbol{Y} - \boldsymbol{X}\boldsymbol{b}) = \sum_{i=1}^{n}(Y_i - \boldsymbol{X}_i'\boldsymbol{b})^2$$

と定義すると、OLS 推定量は $S(\boldsymbol{b})$ を最小にするような $\boldsymbol{b} = (b_0\ b_1 \cdots b_k)'$ の値である。OLS 推定量を $\hat{\boldsymbol{\beta}} = (\hat{\beta}_0\ \hat{\beta}_1 \cdots \hat{\beta}_k)'$ で表すことにすると、これを求めるには、$k+1$ 本の正規方程式（1 階条件）

$$0 = \left.\frac{\partial S(\boldsymbol{b})}{\partial b_j}\right|_{\boldsymbol{b}=\hat{\boldsymbol{\beta}}} = -2\sum_{i=1}^{n} X_{ji}(Y_i - \boldsymbol{X}_i'\hat{\boldsymbol{\beta}}), \quad j = 0, 1, \ldots, k$$

を解けばよい。ただし、$X_{0i} = 1$ とする。$k+1$ 本の式を縦に並べて書けば

$$\boldsymbol{0} = \left.\frac{\partial S(\boldsymbol{b})}{\partial \boldsymbol{b}}\right|_{\boldsymbol{b}=\hat{\boldsymbol{\beta}}} = -2\sum_{i=1}^{n} \boldsymbol{X}_i(Y_i - \boldsymbol{X}_i'\hat{\boldsymbol{\beta}})$$

となり[2]、これを解けば、OLS 推定量

$$\hat{\boldsymbol{\beta}} = \left(\sum_{i=1}^{n} \boldsymbol{X}_i\boldsymbol{X}_i'\right)^{-1} \sum_{i=1}^{n} \boldsymbol{X}_i Y_i \tag{4.3}$$

が得られる。また、

$$\sum_{i=1}^{n} \boldsymbol{X}_i\boldsymbol{X}_i' = \boldsymbol{X}'\boldsymbol{X}, \quad \sum_{i=1}^{n} \boldsymbol{X}_i Y_i = \boldsymbol{X}'\boldsymbol{Y}$$

が成り立つので、

$$\hat{\boldsymbol{\beta}} = (\boldsymbol{X}'\boldsymbol{X})^{-1}\boldsymbol{X}'\boldsymbol{Y}$$

と表すこともできる。

次のような行列 $\boldsymbol{P}_X$ を定義する。

1）$\mathrm{rank}(\boldsymbol{X}) = k+1$ という仮定は、OLS 推定量の漸近的な性質を考えるうえでは冗長な仮定である。というのも、$E[\boldsymbol{X}_i\boldsymbol{X}_i']$ が正則ならば、十分大きな n について、$\boldsymbol{X}'\boldsymbol{X}$ も正則になることが示されるからである。しかし、不偏性を示す際には、サンプルサイズを固定して考えるため、この仮定が必要となる。

2）ベクトルの微分については、付録 B.6を参照。

$$\boldsymbol{P}_X = \boldsymbol{X}(\boldsymbol{X}'\boldsymbol{X})^{-1}\boldsymbol{X}'$$

$\boldsymbol{P}_X$ は**射影行列**（projection matrix）と呼ばれる。簡単な計算により、

$$\boldsymbol{P}_X\boldsymbol{Y} = \boldsymbol{X}\hat{\boldsymbol{\beta}} = \hat{\boldsymbol{Y}}, \quad (\boldsymbol{I}-\boldsymbol{P}_X)\boldsymbol{Y} = \hat{\boldsymbol{u}}$$

が示される。ただし、$\hat{\boldsymbol{Y}}$ と $\hat{\boldsymbol{u}}$ は OLS の予測値と残差のベクトルで

$$\hat{\boldsymbol{Y}} = \begin{pmatrix} \hat{Y}_1 \\ \hat{Y}_2 \\ \vdots \\ \hat{Y}_n \end{pmatrix}, \quad \hat{\boldsymbol{u}} = \begin{pmatrix} \hat{u}_1 \\ \hat{u}_2 \\ \vdots \\ \hat{u}_n \end{pmatrix}$$

である。OLS の予測値は、$\boldsymbol{Y}$ に射影行列をかけることで求めることができる。

4.2.2　推定量の性質

OLS 推定量は次のような性質を満たす。

OLS 推定量の性質

重回帰モデルの仮定の下、OLS 推定量は以下の性質を満たす。

[1] 不偏性：$E[\hat{\boldsymbol{\beta}}] = \boldsymbol{\beta}$

[2] 一致性：$\hat{\boldsymbol{\beta}} \xrightarrow{p} \boldsymbol{\beta}$

[3] 漸近正規性：$\sqrt{n}(\hat{\boldsymbol{\beta}}-\boldsymbol{\beta}) \xrightarrow{d} N(\boldsymbol{0}, E[\boldsymbol{X}_i\boldsymbol{X}_i']^{-1}E[\boldsymbol{X}_i\boldsymbol{X}_i'u_i^2]E[\boldsymbol{X}_i\boldsymbol{X}_i']^{-1})$

以下、それぞれの証明を与える。厳密な証明を与えるのはこれが最初なので、重回帰モデルの仮定のどの条件がどこで使われているか、丁寧に見ていくことにしよう。

(1)　**不偏性**　(4.3)の Y_i を $\boldsymbol{X}_i'\boldsymbol{\beta}+u_i$ で置き換えれば、

$$\hat{\boldsymbol{\beta}} = \boldsymbol{\beta}+\left(\sum_{i=1}^{n}\boldsymbol{X}_i\boldsymbol{X}_i'\right)^{-1}\sum_{i=1}^{n}\boldsymbol{X}_iu_i \tag{4.4}$$

と書ける。よって、重回帰モデルの仮定2と繰り返し期待の法則と定理A.1.2を用いて

$$
\begin{aligned}
E[\hat{\boldsymbol{\beta}}] &= \boldsymbol{\beta} + E\left[E\left[\left(\sum_{i=1}^{n} \boldsymbol{X}_i \boldsymbol{X}_i'\right)^{-1} \sum_{i=1}^{n} \boldsymbol{X}_i u_i \,|\, \boldsymbol{X}\right]\right] \\
&= \boldsymbol{\beta} + E\left[\left(\sum_{i=1}^{n} \boldsymbol{X}_i \boldsymbol{X}_i'\right)^{-1} \sum_{i=1}^{n} \boldsymbol{X}_i E[u_i \,|\, \boldsymbol{X}_i]\right] \\
&= \boldsymbol{\beta}
\end{aligned}
$$

が成り立つ。ただし、i.i.d.の仮定より、u_i と $\boldsymbol{X}_j$ は $i \neq j$ について独立となることから、$E[u_i \,|\, \boldsymbol{X}] = E[u_i \,|\, \boldsymbol{X}_i]$ が成り立つことを利用した。□

上記の証明からわかることは、不偏性には $E[u_i \,|\, \boldsymbol{X}_i] = 0$ が本質的仮定になっている。$E[\boldsymbol{X}_i u_i] = \boldsymbol{0}$ しか満たされない場合には、OLS 推定量は必ずしも線形射影係数の不偏推定量ではない。

(2) 一致性　(4.4)より

$$
\hat{\boldsymbol{\beta}} = \boldsymbol{\beta} + \left(\frac{1}{n} \sum_{i=1}^{n} \boldsymbol{X}_i \boldsymbol{X}_i'\right)^{-1} \frac{1}{n} \sum_{i=1}^{n} \boldsymbol{X}_i u_i
$$

と書ける。i.i.d.の仮定から、$\boldsymbol{X}_1 \boldsymbol{X}_1', \dots, \boldsymbol{X}_n \boldsymbol{X}_n'$ と $\boldsymbol{X}_1 u_1, \dots, \boldsymbol{X}_n u_n$ も i.i.d.である。また、スカラー a について、$a = \mathrm{tr}(a)$ なので、トレースの性質より[3)]

$$
\|\boldsymbol{X}_i \boldsymbol{X}_i'\| = \sqrt{\mathrm{tr}(\boldsymbol{X}_i \boldsymbol{X}_i' \boldsymbol{X}_i \boldsymbol{X}')} = \sqrt{\mathrm{tr}(\boldsymbol{X}_i' \boldsymbol{X}_i \boldsymbol{X}_i' \boldsymbol{X}_i)} = \sqrt{\boldsymbol{X}_i' \boldsymbol{X}_i} \sqrt{\boldsymbol{X}_i' \boldsymbol{X}_i} = \|\boldsymbol{X}_i\|^2
$$

が成り立つ。よって、重回帰モデルの仮定 3 から

$$
E[\|\boldsymbol{X}_i \boldsymbol{X}_i'\|] = E[\|\boldsymbol{X}_i\|^2] < \infty
$$

である。また、Minkowski の不等式より

$$
\begin{aligned}
(E[|u_i|^p])^{1/p} &\leq (E[|Y_i|^p])^{1/p} + (E[|\boldsymbol{X}_i' \boldsymbol{\beta}|^p])^{1/p} \\
&\leq (E[|Y_i|^p])^{1/p} + (E[\|\boldsymbol{X}_i\|^p])^{1/p} \|\boldsymbol{\beta}\|
\end{aligned} \tag{4.5}
$$

なので、重回帰モデルの仮定 3 から $E[u_i^2] < \infty$ である。よって、Cauchy-

3）付録B.3を参照。

Schwarz の不等式から

$$E[\|\boldsymbol{X}_i u_i\|] \le (E[\|\boldsymbol{X}_i\|^2])^{1/2}(E[u_i^2])^{1/2} < \infty$$

が成り立つ。したがって、大数の法則の仮定が満たされ

$$\frac{1}{n}\sum_{i=1}^{n}\boldsymbol{X}_i\boldsymbol{X}_i' \xrightarrow{p} E[\boldsymbol{X}_i\boldsymbol{X}_i']$$
$$\frac{1}{n}\sum_{i=1}^{n}\boldsymbol{X}_i u_i \xrightarrow{p} E[\boldsymbol{X}_i u_i] = \boldsymbol{0}$$

が成り立つ。また、$\boldsymbol{g}(\boldsymbol{A}, \boldsymbol{b}) = \boldsymbol{A}^{-1}\boldsymbol{b}$ と定義すれば、この関数は $\boldsymbol{A}$ が正則であれば $\boldsymbol{A}$ と $\boldsymbol{b}$ について連続な関数である。よって、連続写像定理から

$$\hat{\boldsymbol{\beta}} \xrightarrow{p} \boldsymbol{\beta} + E[\boldsymbol{X}_i\boldsymbol{X}_i']^{-1}\boldsymbol{0} = \boldsymbol{\beta}$$

が成り立つ。□

(3)　**漸近正規性**　(4.4) より

$$\sqrt{n}(\hat{\boldsymbol{\beta}} - \boldsymbol{\beta}) = \left(\frac{1}{n}\sum_{i=1}^{n}\boldsymbol{X}_i\boldsymbol{X}_i'\right)^{-1}\frac{1}{\sqrt{n}}\sum_{i=1}^{n}\boldsymbol{X}_i u_i$$

と書ける。一致性の証明で示したように

$$\frac{1}{n}\sum_{i=1}^{n}\boldsymbol{X}_i\boldsymbol{X}_i' \xrightarrow{p} E[\boldsymbol{X}_i\boldsymbol{X}_i']$$

が成り立つ。また、重回帰モデルの仮定 3 と (4.5) から $E[u_i^4] < \infty$ なので、Cauchy-Schwarz の不等式より

$$E[\|\boldsymbol{X}_i u_i\|^2] = E[\|\boldsymbol{X}_i\|^2 u_i^2] \le (E[\|\boldsymbol{X}_i\|^4])^{1/2}(E[u_i^4])^{1/2} < \infty$$

が成り立つ。よって、中心極限定理より

$$\frac{1}{\sqrt{n}}\sum_{i=1}^{n}\boldsymbol{X}_i u_i \xrightarrow{d} N(\boldsymbol{0}, E[\boldsymbol{X}_i\boldsymbol{X}_i' u_i^2])$$

が得られ、Slutsky の定理から

$$\begin{aligned}\sqrt{n}(\hat{\boldsymbol{\beta}}-\boldsymbol{\beta}) &\xrightarrow{d} E[\boldsymbol{X}_i\boldsymbol{X}_i']^{-1}N(\boldsymbol{0}, E[\boldsymbol{X}_i\boldsymbol{X}_i' u_i^2])\\ &\overset{d}{=} N(\boldsymbol{0}, E[\boldsymbol{X}_i\boldsymbol{X}_i']^{-1}E[\boldsymbol{X}_i\boldsymbol{X}_i' u_i^2]E[\boldsymbol{X}_i\boldsymbol{X}_i']^{-1})\end{aligned}$$

が成り立つ。ただし、$\boldsymbol{Z} \sim N(\boldsymbol{0}, \boldsymbol{\Omega})$ ならば、$\boldsymbol{AZ} \sim N(\boldsymbol{0}, \boldsymbol{A\Omega A}')$ という正規分布の性質を用いた。$\overset{d}{=}$ という記号は、分布が同じという意味である。□

OLS 推定量の漸近分散共分散行列 $\boldsymbol{V} = E[\boldsymbol{X}_i\boldsymbol{X}_i']^{-1}E[\boldsymbol{X}_i\boldsymbol{X}_i' u_i^2]E[\boldsymbol{X}_i\boldsymbol{X}_i']^{-1}$ は、それぞれのパートを標本対応で置き換えて

$$\hat{\boldsymbol{V}} = \left(\frac{1}{n}\sum_{i=1}^{n}\boldsymbol{X}_i\boldsymbol{X}_i'\right)^{-1}\frac{1}{n}\sum_{i=1}^{n}\boldsymbol{X}_i\boldsymbol{X}_i'\hat{u}_i^2\left(\frac{1}{n}\sum_{i=1}^{n}\boldsymbol{X}_i\boldsymbol{X}_i'\right)^{-1} \tag{4.6}$$

で推定できる。これは 1 章で紹介した White の推定量(1.6)の多変量版である。各々の係数の推定量の標準誤差は、$\hat{\boldsymbol{V}}/n$ の対角成分の平方根により求められる。

ちなみに、均一分散（$E[u_i^2|\boldsymbol{X}_i] = \sigma^2$）が成り立つならば、$E[\boldsymbol{X}_i\boldsymbol{X}_i' u_i^2] = \sigma^2 E[\boldsymbol{X}_i\boldsymbol{X}_i']$ となるので、漸近分散共分散行列は $\boldsymbol{V} = \sigma^2 E[\boldsymbol{X}_i\boldsymbol{X}_i']^{-1}$ とシンプルな形で表される。よって、$s^2 = \sum_{i=1}^{n}\hat{u}_i^2/(n-k-1)$ とすれば

$$\tilde{\boldsymbol{V}} = s^2\left(\frac{\boldsymbol{X}'\boldsymbol{X}}{n}\right)^{-1} \tag{4.7}$$

などにより推定可能である。(4.7) は (1.8) に対応する。1 章でも述べたとおり、均一分散は経済データの分析においては例外的なケースと考えたほうがよいので、特別な理由がない限りは (4.6) を使うべきである。

4.3 複合仮説の検定

4.3.1 Wald 検定

t 検定は、$H_0 : \beta_1 = 0$ のように、ひとつの係数に関する仮説の検定方法である。t 検定は重回帰モデルでも行うことができる。$\boldsymbol{\beta}$ の $j+1$ 番目の係数である β_j について、$H_0 : \beta_j = \beta_{j,0}$ という仮説を検定したいならば、t 統計量

$$t_n = \frac{\hat{\beta}_j - \beta_{j,0}}{\sqrt{\hat{V}_{j+1,j+1}/n}}$$

を用いればよい。ただし、$\hat{V}_{j+1,j+1}$ は、(4.6)の $j+1$ 番目の対角成分である。

本節では、$\beta_1 = 0$ かつ $\beta_2 = 0$ のように、複数の係数にまたがる仮説である複合仮説（joint hypothesis）の検定方法を考察する[4)]。はじめに、次のような帰無仮説と対立仮説を考えることにする。

$$H_0 : \boldsymbol{r}(\boldsymbol{\beta}) = \boldsymbol{0} \quad \text{vs.} \quad H_1 : \boldsymbol{r}(\boldsymbol{\beta}) \neq \boldsymbol{0} \tag{4.8}$$

ただし、$\boldsymbol{r} : \mathbb{R}^{k+1} \to \mathbb{R}^q$ は既知のベクトル関数で、$q < k+1$ とする。

検定のアイデアは次のとおりである。まず、OLS 推定量を用いて、$\boldsymbol{r}(\boldsymbol{\beta})$ を $\boldsymbol{r}(\hat{\boldsymbol{\beta}})$ で推定する。OLS 推定量の一致性より、帰無仮説が正しければ、$\boldsymbol{r}(\hat{\boldsymbol{\beta}}) \approx \boldsymbol{0}$ が成り立つはずである。したがって、$\|\boldsymbol{r}(\hat{\boldsymbol{\beta}})\|^2$ が大きな値を取るとき、帰無仮説を棄却すればよい。検定統計量が既知の分布に分布収束する必要があるので、$\|\boldsymbol{r}(\hat{\boldsymbol{\beta}})\|^2$ を標準化した次のような統計量を用いる。

$$W_n = n\boldsymbol{r}(\hat{\boldsymbol{\beta}})'(\hat{\boldsymbol{R}}\hat{\boldsymbol{V}}\hat{\boldsymbol{R}}')^{-1}\boldsymbol{r}(\hat{\boldsymbol{\beta}}) \tag{4.9}$$

ただし、$\hat{\boldsymbol{V}}$ は(4.6)で与えられ、

4）複合仮説という訳語は composite hypothesis の訳としても用いられるが、これは本節で扱う joint hypothesis とは違うものである。

$$\hat{\boldsymbol{R}} = \left.\frac{\partial \boldsymbol{r}(\boldsymbol{b})}{\partial \boldsymbol{b}'}\right|_{\boldsymbol{b}=\hat{\beta}}$$

である。この統計量は **Wald 統計量**（Wald statistic）と呼ばれる。

Wald 統計量の漸近分布は以下のように求められる。$\boldsymbol{R} = \left.\frac{\partial \boldsymbol{r}(\boldsymbol{b})}{\partial \boldsymbol{b}'}\right|_{\boldsymbol{b}=\beta}$ とすると、デルタ法より、

$$\sqrt{n}\,\boldsymbol{r}(\hat{\boldsymbol{\beta}}) \xrightarrow{d} N(\boldsymbol{0}, \boldsymbol{R}\boldsymbol{V}\boldsymbol{R}')$$

が成り立つ。よって、$\hat{\boldsymbol{R}}\hat{\boldsymbol{V}}\hat{\boldsymbol{R}}'$ は $\boldsymbol{r}(\hat{\boldsymbol{\beta}})$ の漸近分散共分散行列の一致推定量となっており、Slutsky の定理から

$$\sqrt{n}[\hat{\boldsymbol{R}}\hat{\boldsymbol{V}}\hat{\boldsymbol{R}}']^{-1/2}\boldsymbol{r}(\hat{\boldsymbol{\beta}}) \xrightarrow{d} N(\boldsymbol{0}, \boldsymbol{I}_q)$$

が成り立つ。ただし、$[\hat{\boldsymbol{R}}\hat{\boldsymbol{V}}\hat{\boldsymbol{R}}']^{1/2}$ は $\hat{\boldsymbol{R}}\hat{\boldsymbol{V}}\hat{\boldsymbol{R}}'$ の平方根である[5)]。ゆえに

$$W_n \xrightarrow{d} \chi_q^2$$

が成り立つ。χ_q^2 は自由度 q の χ^2 分布を表す。

ちなみに、$q=1$ のとき、$\boldsymbol{r}(\boldsymbol{\beta})$ はスカラーとなるので

$$W_n = \left(\frac{r(\hat{\boldsymbol{\beta}})}{SE[r(\hat{\boldsymbol{\beta}})]}\right)^2 = t_n^2$$

であり、t 統計量を 2 乗したものになっている。よって、Wald 統計量は t 統計量を一般化したものだと考えることもできる。

(4.8) はかなり一般的な帰無仮説の表現になっているが、次のような線形制約によって帰無仮説が与えられることも多い。

$$H_0 : \boldsymbol{R\beta} = \boldsymbol{c} \tag{4.10}$$

ただし、$\boldsymbol{R}$ は $q\times(k+1)$ の既知の行列、$\boldsymbol{c}$ は q 次の既知のベクトルである。例えば、$\boldsymbol{\beta} = (\beta_0\ \beta_1\ \beta_2\ \beta_3)'$ とすると、定数項以外の係数はすべて 0 であるという

5）行列の平方根については、付録B.5を参照。

帰無仮説 $H_0: \beta_1 = \beta_2 = \beta_3 = 0$ は

$$\boldsymbol{R} = \begin{pmatrix} 0 & 1 & 0 & 0 \\ 0 & 0 & 1 & 0 \\ 0 & 0 & 0 & 1 \end{pmatrix}, \quad \boldsymbol{c} = \begin{pmatrix} 0 \\ 0 \\ 0 \end{pmatrix}$$

を用いて表される。

検定統計量は

$$W_n = n(\boldsymbol{R}\hat{\boldsymbol{\beta}} - \boldsymbol{c})'(\boldsymbol{R}\hat{\boldsymbol{V}}\boldsymbol{R}')^{-1}(\boldsymbol{R}\hat{\boldsymbol{\beta}} - \boldsymbol{c}) \tag{4.11}$$

である。これは、(4.9)において $\boldsymbol{r}(\boldsymbol{\beta}) = \boldsymbol{R}\boldsymbol{\beta} - \boldsymbol{c}$ とした特殊ケースに過ぎないので、やはり帰無仮説の下で $W_n \xrightarrow{d} \chi^2_q$ となる。

4.3.2 *F* 検定

(4.10)のような線形制約の検定には、F 検定が用いられることも多い。ここでは、学部レベルの教科書で登場する **F 統計量**（F-statistic）と Wald 統計量(4.11)との関係について考察する。

F 統計量は次のようなステップで求められる。まず、OLS によって $\boldsymbol{\beta}$ を推定し、残差2乗和 $SSR_u = (\boldsymbol{Y} - \boldsymbol{X}\hat{\boldsymbol{\beta}})'(\boldsymbol{Y} - \boldsymbol{X}\hat{\boldsymbol{\beta}})$ を求める。次に、$\boldsymbol{R}\boldsymbol{\beta} = \boldsymbol{c}$ という制約を課した下で $\boldsymbol{\beta}$ を推定し（これを $\tilde{\boldsymbol{\beta}}$ とする)、残差2乗和 $SSR_r = (\boldsymbol{Y} - \boldsymbol{X}\tilde{\boldsymbol{\beta}})'(\boldsymbol{Y} - \boldsymbol{X}\tilde{\boldsymbol{\beta}})$ を求める。つまり

$$\min_{\boldsymbol{b}} (\boldsymbol{Y} - \boldsymbol{X}\boldsymbol{b})'(\boldsymbol{Y} - \boldsymbol{X}\boldsymbol{b}) \quad \text{s.t. } \boldsymbol{R}\boldsymbol{b} = \boldsymbol{c}$$

という最小化問題を解く。F 統計量は

$$F_n = \frac{(SSR_r - SSR_u)/q}{SSR_u/(n-k-1)} \tag{4.12}$$

で与えられる。

SSR_r は制約付の最小化問題の最小値なので、制約なしの最小化問題の最小値である SSR_u より小さくなることはない。しかし、帰無仮説が正しいならば、制約を課しても最小値はほとんど変わらないはずなので、両者は近い値を

取るはずである。そこで、F_nが大きな値を取るときに、帰無仮説を棄却すればよい。

F統計量の漸近分布を求めるため、F_nを以下のように書き換える。まず、$\tilde{\boldsymbol{\beta}}$はラグランジュ乗数法で求められる。ラグランジュ関数は

$$\mathscr{L} = (\boldsymbol{Y} - \boldsymbol{X}\boldsymbol{b})'(\boldsymbol{Y} - \boldsymbol{X}\boldsymbol{b}) + \boldsymbol{\lambda}'(\boldsymbol{R}\boldsymbol{b} - \boldsymbol{c})$$

である。ただし、$\boldsymbol{\lambda}$はラグランジュ乗数のベクトルである。途中の計算は省略するが、$\boldsymbol{b}$と$\boldsymbol{\lambda}$について1階条件を解いて整理すれば

$$\tilde{\boldsymbol{\beta}} = \hat{\boldsymbol{\beta}} - (\boldsymbol{X}'\boldsymbol{X})^{-1}\boldsymbol{R}'[\boldsymbol{R}(\boldsymbol{X}'\boldsymbol{X})^{-1}\boldsymbol{R}']^{-1}(\boldsymbol{R}\hat{\boldsymbol{\beta}} - \boldsymbol{c})$$

が得られる。さらに、これより

$$SSR_r - SSR_u = (\boldsymbol{R}\hat{\boldsymbol{\beta}} - \boldsymbol{c})'[\boldsymbol{R}(\boldsymbol{X}'\boldsymbol{X})^{-1}\boldsymbol{R}']^{-1}(\boldsymbol{R}\hat{\boldsymbol{\beta}} - \boldsymbol{c})$$

が成り立つことも示すことができる。また、$SSR_u/(n-k-1) = s^2$なので、

$$\begin{aligned} F_n &= (\boldsymbol{R}\hat{\boldsymbol{\beta}} - \boldsymbol{c})'[\boldsymbol{R}s^2(\boldsymbol{X}'\boldsymbol{X})^{-1}\boldsymbol{R}']^{-1}(\boldsymbol{R}\hat{\boldsymbol{\beta}} - \boldsymbol{c})/q \\ &= n(\boldsymbol{R}\hat{\boldsymbol{\beta}} - \boldsymbol{c})'[\boldsymbol{R}\tilde{\boldsymbol{V}}\boldsymbol{R}']^{-1}(\boldsymbol{R}\hat{\boldsymbol{\beta}} - \boldsymbol{c})/q \end{aligned}$$

と表すことができる。ただし、$\tilde{\boldsymbol{V}}$は(4.7)で与えられる。

以上より、均一分散が成り立つならば、F_nとW_n/qは漸近的に同等である。χ^2分布とF分布の関係を利用すれば

$$F_n \xrightarrow{d} F_{q,\infty}$$

が成り立つ。ただし、$F_{q,\infty}$は自由度(q, ∞)のF分布を表す。ところが、不均一分散の場合には、$\tilde{\boldsymbol{V}}$は$\boldsymbol{V}$の一致推定量とならないため、F_nはF分布には分布収束しない。つまり、(4.12)は均一分散のときのみ検定統計量として用いることが可能である。不均一分散の場合には、

$$F_n = n(\boldsymbol{R}\hat{\boldsymbol{\beta}} - \boldsymbol{c})'[\boldsymbol{R}\hat{\boldsymbol{V}}\boldsymbol{R}']^{-1}(\boldsymbol{R}\hat{\boldsymbol{\beta}} - \boldsymbol{c})/q = W_n/q$$

を用いなければならない。

4.4 漸近効率性とGLS推定量

推定に話を戻そう。あるパラメータθに興味があり、これを推定するための2つの推定量$\hat{\theta}$と$\tilde{\theta}$があるとする。これらが漸近正規性

$$\sqrt{n}(\hat{\theta}-\theta) \xrightarrow{d} N(0, V_1), \quad \sqrt{n}(\tilde{\theta}-\theta) \xrightarrow{d} N(0, V_2)$$

を満たすとする。$V_1 > V_2$が成り立つならば、$\tilde{\theta}$は$\hat{\theta}$よりも**漸近的に効率的**（asymptotically efficient）であるといい、$\tilde{\theta}$のほうが$\hat{\theta}$より優れていると考える。なぜなら、2つの推定量の分散はそれぞれ、V_2/nとV_1/nで近似されるので、$\tilde{\theta}$のほうがばらつきが小さい推定量であることが期待されるからである。別の言い方をすれば、θを同じくらいの精度で推定したいならば、$\tilde{\theta}$のほうが$\hat{\theta}$よりも小さいサンプルサイズで済むことを意味している。

これまで、重回帰モデルの推定方法としては、専らOLS推定量を考えてきたが、不均一分散の下では、OLSよりも漸近的に効率的な推定方法が存在する。それが**一般化最小2乗法**（GLS；generalized least squares）である。

GLSのアイデアを理解するため、次のようなモデルを考えよう。

$$\begin{aligned} Y_i &= \beta_1 X_i + u_i \\ E[u_i | X_i] &= 0 \\ E[u_i^2 | X_i] &= X_i^2 \end{aligned} \tag{4.13}$$

ただし、以下の議論を単純化するため、$X_i > 0$を仮定しておく。誤差項の条件付分散がX_iの関数になっているので、これは不均一分散のモデルである。β_1のOLS推定量は

$$\hat{\beta}_1 = \frac{\sum_{i=1}^{n} X_i Y_i}{\sum_{i=1}^{n} X_i^2}$$

であり、$E[X_i^2 u_i^2] = E[X_i^2 E[u_i^2 | X_i]] = E[X_i^4]$なので

$$\sqrt{n}(\hat{\beta}_1 - \beta_1) \xrightarrow{d} N\left(0, \frac{E[X_i^4]}{E[X_i^2]^2}\right)$$

が成り立つ。

一方、(4.13)の両辺を誤差項の条件付標準偏差 $\sqrt{E[u_i^2 | X_i]} = X_i$ で割って、$Y_i^* = Y_i/X_i$、$u_i^* = u_i/X_i$ と定義すると、

$$\begin{aligned} Y_i^* &= \beta_1 + u_i^* \\ E[u_i^* | X_i] &= 0 \\ E[u_i^{*2} | X_i] &= 1 \end{aligned}$$

と書き換えることができ、新しい誤差項 u_i^* は均一分散になっている。このモデルの β_1 の OLS 推定量を $\tilde{\beta}_1$ で表すと

$$\tilde{\beta}_1 = \bar{Y}^* = \frac{1}{n}\sum_{i=1}^{n} \frac{Y_i}{X_i}$$

となり、簡単な計算から

$$\sqrt{n}(\tilde{\beta}_1 - \beta_1) \xrightarrow{d} N(0, 1)$$

が示される。

このように β_1 の 2 つの推定量が得られたわけであるが、どちらが望ましい推定量だろうか。Cauchy-Schwarz の不等式より、$E[X_i^2]^2 \leq E[X_i^4]$ が成り立つので、$\tilde{\beta}_1$ の漸近分散のほうが $\hat{\beta}_1$ の漸近分散よりも小さい（大きくなることはない）ことがわかる。よって、漸近的な効率性の観点からは、$\tilde{\beta}_1$ のほうが望ましい推定量となる。

上記の例はかなり特殊な例ではあるが、一般に、誤差項に不均一分散が存在するときには、均一分散になるようにモデルに変形を行うことで、元のモデルの OLS 推定量より漸近的に効率的な推定量を得ることができる。

次のようなモデルを考えよう。

$$\begin{aligned} \boldsymbol{Y} &= \boldsymbol{X}\boldsymbol{\beta} + \boldsymbol{u} \\ E[\boldsymbol{u} \mid \boldsymbol{X}] &= \boldsymbol{0} \\ E[\boldsymbol{u}\boldsymbol{u}' \mid \boldsymbol{X}] &= \boldsymbol{\Omega} \end{aligned}$$

ただし、$\boldsymbol{\Omega}$ の i 番目の対角成分は $\sigma^2(\boldsymbol{X}_i) \equiv E[u_i^2 \mid \boldsymbol{X}_i]$（$\boldsymbol{X}_i$ の関数）で、i.i.d.の仮定より、非対角成分はすべて 0 である。$\boldsymbol{\Omega}$ は $\boldsymbol{X}$ に依存するが、表記の簡略化のために単に $\boldsymbol{\Omega}$ と記す。

GLS 推定量は、次の最小化問題の解として定義される。

$$\min_{\boldsymbol{b}} (\boldsymbol{Y} - \boldsymbol{X}\boldsymbol{b})'\boldsymbol{\Omega}^{-1}(\boldsymbol{Y} - \boldsymbol{X}\boldsymbol{b})$$

これは、Y_i と $\boldsymbol{X}_i$ の各成分を $\sigma(\boldsymbol{X}_i)$ で割ったのち、OLS で推定しているのと同じである。最小化の 1 階条件は

$$\boldsymbol{0} = -2\boldsymbol{X}'\boldsymbol{\Omega}^{-1}(\boldsymbol{Y} - \boldsymbol{X}\boldsymbol{b})$$

であり、これを解けば、GLS 推定量

$$\begin{aligned} \tilde{\boldsymbol{\beta}}^{GLS} &= (\boldsymbol{X}'\boldsymbol{\Omega}^{-1}\boldsymbol{X})^{-1}\boldsymbol{X}'\boldsymbol{\Omega}^{-1}\boldsymbol{Y} \\ &= \left(\sum_{i=1}^{n} \frac{1}{\sigma^2(\boldsymbol{X}_i)}\boldsymbol{X}_i\boldsymbol{X}_i'\right)^{-1} \sum_{i=1}^{n} \frac{1}{\sigma^2(\boldsymbol{X}_i)}\boldsymbol{X}_i Y_i \end{aligned}$$

を得る。重回帰モデルの仮定の下、GLS 推定量は一致性を持ち、漸近分布は

$$\sqrt{n}(\tilde{\boldsymbol{\beta}}^{GLS} - \boldsymbol{\beta}) \xrightarrow{d} N\left(\boldsymbol{0}, E\left[\frac{1}{\sigma^2(\boldsymbol{X}_i)}\boldsymbol{X}_i\boldsymbol{X}_i'\right]^{-1}\right)$$

で与えられる。また、証明はしないが、OLS 推定量と GLS 推定量の漸近分散を比較すると

$$E[\boldsymbol{X}_i\boldsymbol{X}_i']^{-1}E[\sigma^2(\boldsymbol{X}_i)\boldsymbol{X}_i\boldsymbol{X}_i']E[\boldsymbol{X}_i\boldsymbol{X}_i']^{-1} \geq E\left[\frac{1}{\sigma^2(\boldsymbol{X}_i)}\boldsymbol{X}_i\boldsymbol{X}_i'\right]^{-1}$$

が成立する。ただし、2 つの行列 $\boldsymbol{A}$ と $\boldsymbol{B}$ について $\boldsymbol{A} \geq \boldsymbol{B}$ とは、$\boldsymbol{A} - \boldsymbol{B}$ が非負値定符号行列であるという意味である。

GLSを用いるためには、$\boldsymbol{\Omega}$が既知でなければならない。しかし、通常$\boldsymbol{\Omega}$は未知なので、何らかの方法で推定する必要がある。よくある方法は、$\sigma^2(\boldsymbol{X}_i)$に適当な関数形を仮定して（例えば、$\sigma^2(\boldsymbol{X}_i)=\alpha_0+\alpha_1X_{1i}^2+\cdots+\alpha_kX_{ki}^2$など）、これを推定するものである。$\boldsymbol{\Omega}$を推定量$\hat{\boldsymbol{\Omega}}$で置き換えれば、

$$\tilde{\boldsymbol{\beta}}^{FGLS}=(\boldsymbol{X}'\hat{\boldsymbol{\Omega}}^{-1}\boldsymbol{X})^{-1}\boldsymbol{X}'\hat{\boldsymbol{\Omega}}^{-1}\boldsymbol{Y}$$

となり、この推定量は実行可能なGLS（feasible GLS）推定量と呼ばれる。$\hat{\boldsymbol{\Omega}}$が$\boldsymbol{\Omega}$の一致推定量になっていれば、$\tilde{\boldsymbol{\beta}}^{FGLS}$の漸近分布は$\tilde{\boldsymbol{\beta}}^{GLS}$の漸近分布と同じになる。

GLS推定量のほうがOLS推定量より漸近的に効率的なのに、なぜOLSを使う必要があるのだろうか。理由は様々で、$\boldsymbol{\Omega}$の推定が難しいのも理由のひとつだろう。通常は$\sigma^2(\boldsymbol{X}_i)$の関数形はわからないので、推定のために仮定した関数形と真の関数形が一致する保証はない。また、GLSの注意点として、$E[u_i|\boldsymbol{X}_i]=0$の仮定が満たされないとき、GLSによって推定される係数は線形射影係数ではなくなってしまう。GLSの目的関数の母集団バージョンを考えれば、GLSは次のようなモデルにおける係数ベクトル$\boldsymbol{\delta}$を推定していることになる。

$$Y_i=\boldsymbol{X}_i'\boldsymbol{\delta}+e_i$$
$$E\left[\frac{1}{\sigma^2(\boldsymbol{X}_i)}\boldsymbol{X}_ie_i\right]=\boldsymbol{0}$$

したがって、$\boldsymbol{\delta}$は

$$\boldsymbol{\delta}=E\left[\frac{1}{\sigma^2(\boldsymbol{X}_i)}\boldsymbol{X}_i\boldsymbol{X}_i'\right]^{-1}E\left[\frac{1}{\sigma^2(\boldsymbol{X}_i)}\boldsymbol{X}_iY_i\right]$$

として識別され、OLSとGLSでは推定対象が異なることになる。ゆえに、線形射影係数に興味があるのなら、GLSは使うべきではなく、OLSを使うべきである。

4.5 TSLS 推定量

4.5.1 表記

2 章では次のようなモデルを考えた。

$$Y_i = \beta_0 + \beta_1 X_{1i} + \cdots + \beta_k X_{ki} + \beta_{k+1} W_{1i} + \cdots + \beta_{k+r} W_{ri} + e_i$$

ここで、

$$\boldsymbol{X}_{1i} = \begin{pmatrix} X_{1i} \\ X_{2i} \\ \vdots \\ X_{ki} \end{pmatrix},\ \boldsymbol{W}_i = \begin{pmatrix} W_{1i} \\ W_{2i} \\ \vdots \\ W_{ri} \end{pmatrix},\ \boldsymbol{Z}_{1i} = \begin{pmatrix} Z_{1i} \\ Z_{2i} \\ \vdots \\ Z_{mi} \end{pmatrix},\ \boldsymbol{\beta} = \begin{pmatrix} \beta_0 \\ \beta_1 \\ \vdots \\ \beta_{k+r} \end{pmatrix}$$

と定義する。$\boldsymbol{X}_{1i}$ は内生変数のベクトル、$\boldsymbol{W}_i$ は外生変数のベクトル、$\boldsymbol{Z}_{1i}$ は操作変数のベクトルである。また、

$$\boldsymbol{X}_i = \begin{pmatrix} 1 \\ \boldsymbol{X}_{1i} \\ \boldsymbol{W}_i \end{pmatrix},\ \boldsymbol{Z}_i = \begin{pmatrix} 1 \\ \boldsymbol{W}_i \\ \boldsymbol{Z}_{1i} \end{pmatrix}$$

と定義して

$$Y_i = \boldsymbol{X}_i' \boldsymbol{\beta} + e_i$$

と表すことにする。

操作変数について、以下の仮定を置く。

操作変数の条件

1. 操作変数の関連性：$\mathrm{rank}(E[\boldsymbol{Z}_i \boldsymbol{X}_i']) = k + r + 1$
2. 操作変数の外生性：$E[\boldsymbol{Z}_i e_i] = \boldsymbol{0}$
3. $\mathrm{rank}(E[\boldsymbol{Z}_i \boldsymbol{Z}_i']) = r + m + 1$

2 番目の操作変数の外生性が意味するところは明らかであろう[6)]。3 番目の条件は 2 章の条件に追加したもので、これにより誘導型の線形射影係数は一意

に定まる。1番目の条件は、階数条件と呼ばれ、外生性とともに構造型の識別の必要十分条件となる。識別のアイデアは、2.2節の最後で述べたとおりである。Y_iの2つの誘導型を等しくするような$\boldsymbol{\beta}$が一意に存在するとき、$\boldsymbol{\beta}$は識別される。$\boldsymbol{X}_{1i}$の誘導型を次のように表す。

$$\boldsymbol{X}_{1i} = \boldsymbol{\Pi}_0 + \boldsymbol{\Pi}_1 \boldsymbol{W}_i + \boldsymbol{\Pi}_2 \boldsymbol{Z}_{1i} + \boldsymbol{\nu}_i$$

詳しくは述べないが、$\text{rank}(\boldsymbol{\Pi}_2) = k$が$\boldsymbol{\beta}$が識別されるための必要十分条件であり、それと同値な条件が階数条件である。

$\boldsymbol{\Pi}_2$は$k \times m$の行列なので、階数条件が満たされるための必要条件は$m \geq k$（$r+m+1 \geq r+k+1$）で、これは次数条件である。次数条件はあくまで必要条件なので、これが満たされていたとしても$\boldsymbol{\beta}$が識別されるとは限らない。しかし、一般に階数条件が満たされているかどうかを検証することは難しく、実証研究では次数条件だけが確認されているのが実情だろう。

推定のアイデアは2章で述べたとおりである。まず、$\boldsymbol{X}_i$の誘導型を

$$\boldsymbol{X}_i = \boldsymbol{\Pi} \boldsymbol{Z}_i + \boldsymbol{v}_i$$

で表す。$\boldsymbol{\Pi}$はOLSで推定できて、$\boldsymbol{X}_i$の予測値の行列$\hat{\boldsymbol{X}} = (\hat{\boldsymbol{X}}_1\ \hat{\boldsymbol{X}}_2 \cdots \hat{\boldsymbol{X}}_n)'$は

$$\hat{\boldsymbol{X}} = \boldsymbol{P}_Z \boldsymbol{X}$$

と書ける。ただし、$\boldsymbol{P}_Z = \boldsymbol{Z}(\boldsymbol{Z}'\boldsymbol{Z})^{-1}\boldsymbol{Z}'$は射影行列で、$\boldsymbol{Z} = (\boldsymbol{Z}_1\ \boldsymbol{Z}_2 \cdots \boldsymbol{Z}_n)'$である。$\boldsymbol{X}_i$には外生変数である$\boldsymbol{W}_i$も含まれているが、その予測値は単に$\hat{\boldsymbol{W}}_i = \boldsymbol{W}_i$となる。TSLS推定量は$\boldsymbol{X}$を$\hat{\boldsymbol{X}}$で置き換えて、OLSを適用すればよいので、

$$\begin{aligned}\hat{\boldsymbol{\beta}}^{TSLS} &= (\hat{\boldsymbol{X}}'\hat{\boldsymbol{X}})^{-1}\hat{\boldsymbol{X}}'\boldsymbol{Y} \\ &= (\boldsymbol{X}'\boldsymbol{P}_Z\boldsymbol{X})^{-1}\boldsymbol{X}'\boldsymbol{P}_Z\boldsymbol{Y} \\ &= (\boldsymbol{X}'\boldsymbol{Z}(\boldsymbol{Z}'\boldsymbol{Z})^{-1}\boldsymbol{Z}'\boldsymbol{X})^{-1}\boldsymbol{X}'\boldsymbol{Z}(\boldsymbol{Z}'\boldsymbol{Z})^{-1}\boldsymbol{Z}'\boldsymbol{Y}\end{aligned} \tag{4.14}$$

6）$\boldsymbol{Z}_i$の第1成分は1なので、$E[e_i] = 0$となる。よって、$E[Z_{ji}e_i] = 0$は$\text{Cov}[Z_{ji}, e_i] = 0$と同じである。

が得られる。ただし、射影行列のべき等性（$\boldsymbol{P}_Z = \boldsymbol{P}_Z\boldsymbol{P}_Z$）を用いた。

ちなみに、$k = m$ ならば、階数条件から $E[\boldsymbol{Z}_i\boldsymbol{X}_i']$ が正則行列となるので、操作変数の外生性から

$$\boldsymbol{\beta} = E[\boldsymbol{Z}_i\boldsymbol{X}_i']^{-1}E[\boldsymbol{Z}_iY_i]$$

となる。モーメントを標本対応で置き換えれば

$$\hat{\boldsymbol{\beta}}^{IV} = (\boldsymbol{Z}'\boldsymbol{X})^{-1}\boldsymbol{Z}'\boldsymbol{Y} \tag{4.15}$$

を得るが、これは 2 章の操作変数推定量(2.5)を多変数に拡張したものである。また、$k = m$ のとき、$\hat{\boldsymbol{\beta}}^{TSLS}$ は

$$\begin{aligned}\hat{\boldsymbol{\beta}}^{TSLS} &= (\boldsymbol{Z}'\boldsymbol{X})^{-1}(\boldsymbol{Z}'\boldsymbol{Z})(\boldsymbol{X}'\boldsymbol{Z})^{-1}\boldsymbol{X}'\boldsymbol{Z}(\boldsymbol{Z}'\boldsymbol{Z})^{-1}\boldsymbol{Z}'\boldsymbol{Y}\\ &= (\boldsymbol{Z}'\boldsymbol{X})^{-1}\boldsymbol{Z}'\boldsymbol{Y}\end{aligned}$$

となり、$\hat{\boldsymbol{\beta}}^{IV}$ と一致する。

4.5.2　推定量の性質

TSLS 推定量は次の性質を満たす。

TSLS 推定量の性質

$(Y_i, \boldsymbol{X}_i, \boldsymbol{Z}_i)$, $i = 1, \ldots, n$ は i.i.d.とし、$\boldsymbol{Z}_i$ は操作変数の条件を満たすものとする。また、すべての変数の 4 次モーメントは有限であるとする。このとき、TSLS 推定量は以下の性質を満たす。

1. 一致性：$\hat{\boldsymbol{\beta}}^{TSLS} \xrightarrow{p} \boldsymbol{\beta}$
2. 漸近正規性：$\sqrt{n}(\hat{\boldsymbol{\beta}}^{TSLS} - \boldsymbol{\beta}) \xrightarrow{d} N(\boldsymbol{0}, \boldsymbol{V}_{TSLS})$

ただし、

$$\begin{aligned}\boldsymbol{V}_{TSLS} = &(E[\boldsymbol{X}_i\boldsymbol{Z}_i']E[\boldsymbol{Z}_i\boldsymbol{Z}_i']^{-1}E[\boldsymbol{Z}_i\boldsymbol{X}_i'])^{-1}\\ &\times E[\boldsymbol{X}_i\boldsymbol{Z}_i']E[\boldsymbol{Z}_i\boldsymbol{Z}_i']^{-1}E[\boldsymbol{Z}_i\boldsymbol{Z}_i'e_i^2]E[\boldsymbol{Z}_i\boldsymbol{Z}_i']^{-1}E[\boldsymbol{Z}_i\boldsymbol{X}_i']\\ &\times(E[\boldsymbol{X}_i\boldsymbol{Z}_i']E[\boldsymbol{Z}_i\boldsymbol{Z}_i']^{-1}E[\boldsymbol{Z}_i\boldsymbol{X}_i'])^{-1}\end{aligned}$$

である。

以下、証明を与えるが、大数の法則や中心極限定理に必要なモーメントの存在については、OLS の場合と同じように Cauchy-Schwarz の不等式を使って示すことができるので省略する。

一致性から証明しよう。まず、

$$
\begin{aligned}
\hat{\boldsymbol{\beta}} &= (\boldsymbol{X}'\boldsymbol{Z}(\boldsymbol{Z}'\boldsymbol{Z})^{-1}\boldsymbol{Z}'\boldsymbol{X})^{-1}\boldsymbol{X}'\boldsymbol{Z}(\boldsymbol{Z}'\boldsymbol{Z})^{-1}\boldsymbol{Z}'\boldsymbol{Y} \\
&= \boldsymbol{\beta}+(\boldsymbol{X}'\boldsymbol{Z}(\boldsymbol{Z}'\boldsymbol{Z})^{-1}\boldsymbol{Z}'\boldsymbol{X})^{-1}\boldsymbol{X}'\boldsymbol{Z}(\boldsymbol{Z}'\boldsymbol{Z})^{-1}\boldsymbol{Z}'\boldsymbol{e} \\
&= \boldsymbol{\beta}+\left(\frac{1}{n}\sum_{i=1}^{n}\boldsymbol{X}_i\boldsymbol{Z}_i'\left(\frac{1}{n}\sum_{i=1}^{n}\boldsymbol{Z}_i\boldsymbol{Z}_i'\right)^{-1}\frac{1}{n}\sum_{i=1}^{n}\boldsymbol{Z}_i\boldsymbol{X}_i'\right)^{-1}\frac{1}{n}\sum_{i=1}^{n}\boldsymbol{X}_i\boldsymbol{Z}_i'\left(\frac{1}{n}\sum_{i=1}^{n}\boldsymbol{Z}_i\boldsymbol{Z}_i'\right)^{-1}\frac{1}{n}\sum_{i=1}^{n}\boldsymbol{Z}_i e_i
\end{aligned}
$$

と表すことができる。ここで、大数の法則から

$$
\begin{aligned}
\frac{1}{n}\sum_{i=1}^{n}\boldsymbol{X}_i\boldsymbol{Z}_i' &\xrightarrow{p} E[\boldsymbol{X}_i\boldsymbol{Z}_i'] \\
\frac{1}{n}\sum_{i=1}^{n}\boldsymbol{Z}_i\boldsymbol{Z}_i' &\xrightarrow{p} E[\boldsymbol{Z}_i\boldsymbol{Z}_i'] \\
\frac{1}{n}\sum_{i=1}^{n}\boldsymbol{Z}_i e_i &\xrightarrow{p} E[\boldsymbol{Z}_i e_i] = \boldsymbol{0}
\end{aligned}
$$

である。また、操作変数の条件から、$E[\boldsymbol{X}_i\boldsymbol{Z}_i']E[\boldsymbol{Z}_i\boldsymbol{Z}_i']^{-1}E[\boldsymbol{Z}_i\boldsymbol{X}_i']$ は正則なので[7]、連続写像定理から一致性が示される。

また、中心極限定理から

$$
\frac{1}{\sqrt{n}}\sum_{i=1}^{n}\boldsymbol{Z}_i e_i \xrightarrow{d} N(\boldsymbol{0}, E[\boldsymbol{Z}_i\boldsymbol{Z}_i' e_i^2])
$$

なので、Slutsky の定理から

$$
\begin{aligned}
\sqrt{n}(\hat{\boldsymbol{\beta}}^{TSLS}-\boldsymbol{\beta}) \xrightarrow{d} & (E[\boldsymbol{X}_i\boldsymbol{Z}_i']E[\boldsymbol{Z}_i\boldsymbol{Z}_i']^{-1}E[\boldsymbol{Z}_i\boldsymbol{X}_i'])^{-1}E[\boldsymbol{X}_i\boldsymbol{Z}_i']E[\boldsymbol{Z}_i\boldsymbol{Z}_i']^{-1} \\
& \times N(\boldsymbol{0}, E[\boldsymbol{Z}_i\boldsymbol{Z}_i' e_i^2])
\end{aligned}
$$

となり、求める結果を得る。□

7）操作変数の条件から、$\mathrm{rank}(E[\boldsymbol{X}_i\boldsymbol{Z}_i']E[\boldsymbol{Z}_i\boldsymbol{Z}_i']^{-1}E[\boldsymbol{Z}_i\boldsymbol{X}_i']) = k+r+1$ となる。付録B.4を参照。

一般にTSLS推定量は不偏推定量ではない。今は誤差項について、$E[\boldsymbol{Z}_i e_i]=\boldsymbol{0}$ しか仮定していないが、これをより強い仮定である $E[e_i|\boldsymbol{Z}_i]=0$ で置き換えても変わらない。それどころか、有限標本においては、丁度識別されている場合、そもそも $\hat{\boldsymbol{\beta}}^{TSLS}$ の期待値は存在せず、発散してしまうことが知られている。

$\boldsymbol{V}_{TSLS}$ は、各項を標本対応で置き換えることで推定できる。誤差項 e_i はTSLSの残差で置き換える。ただし、残差の計算には少し注意が必要である。残差ベクトルは

$$\hat{\boldsymbol{e}}=\boldsymbol{Y}-\boldsymbol{X}\hat{\boldsymbol{\beta}}^{TSLS}$$

で求める。$\boldsymbol{X}$ の代わりに予測値 $\hat{\boldsymbol{X}}$ を用いてはならない。

4.5.3　操作変数の仮定に関する検定

2.3節では、言わば「経済学的」な操作変数の探索方法について述べたが、モデルの解釈に基づいて操作変数を見つけた後には、「統計学的」に操作変数の妥当性のチェックを行う必要がある。

まず、操作変数の外生性に関する検定方法を考察する。帰無仮説は $E[\boldsymbol{Z}_i e_i]=\boldsymbol{0}$（または、$E[\boldsymbol{Z}_{1i} e_i]=\boldsymbol{0}$）である。$E[\boldsymbol{W}_i e_i]=\boldsymbol{0}$ については、必ず満たされるとしておこう。検定のアイデアは次のとおりである。帰無仮説が正しいならば、$n^{-1}\sum_{i=1}^{n}\boldsymbol{Z}_i e_i\approx\boldsymbol{0}$ が成り立つはずである。しかし、誤差項 e_i は観測されないので、TSLSの残差 $\hat{e}_i$ で置き換え、$\|n^{-1}\sum_{i=1}^{n}\boldsymbol{Z}_i\hat{e}_i\|^2$ が大きな値のときに、帰無仮説を棄却する。ただし、モデルが丁度識別されているときには、この検定は意味をなさない。なぜなら、このとき $\hat{\boldsymbol{\beta}}^{TSLS}=\hat{\boldsymbol{\beta}}^{IV}$ より、

$$\boldsymbol{Z}'\hat{\boldsymbol{e}}=\boldsymbol{Z}'(\boldsymbol{Y}-\boldsymbol{X}(\boldsymbol{Z}'\boldsymbol{X})^{-1}\boldsymbol{Z}'\boldsymbol{Y})=\boldsymbol{0}$$

となり、外生性が満たされていようがいまいが、丁度識別されているときには必ず、$\sum_{i=1}^{n}\boldsymbol{Z}_i\hat{e}_i=\boldsymbol{0}$ が成り立つからである。よって、外生性の検定が可能なのは過剰識別の場合のみで、m 個の操作変数のうち、内生変数と同じ数の k 個の操作変数は外生性を満たしているという仮定の下で、残りの $m-k$ 個の操作変数が外生性を満たすかどうかしか検定することができない。このことか

ら、ここで考察する検定は、**過剰識別制約の検定**（overidentifying restrictions test）と呼ばれる。検定統計量は

$$J_n = n\left(\frac{1}{n}\sum_{i=1}^{n}\boldsymbol{Z}_i\hat{e}_i\right)'\left(\frac{1}{n}\sum_{i=1}^{n}\boldsymbol{Z}_i\boldsymbol{Z}_i'\hat{e}_i^2\right)^{-1}\left(\frac{1}{n}\sum_{i=1}^{n}\boldsymbol{Z}_i\hat{e}_i\right)$$

で与えられる。証明は省略するが、帰無仮説の下で、$J_n \xrightarrow{d} \chi^2_{m-k}$ が成り立つ。帰無仮説が棄却されたとき、m 個の操作変数のうち少なくともひとつは外生性を満たさないことはわかるが、どの操作変数が外生性を満たさないのかまでは判断できず、それがこの検定の弱点でもある。

過剰識別制約の検定とセットで、弱操作変数に関する検定が行われることも多い。2.3節で述べたとおり、操作変数はただ内生変数と相関を持てばよいのではなく、ある程度強い相関を持つ必要がある。それでは、どのようにして相関の強さを調べ、また、どの程度相関が強ければよいとするのだろうか。構造型の右辺に複数の内生変数が存在する場合には、一般的な指針は今のところないようである。しかし、内生変数がひとつしかない場合には、Stock and Yogo (2005) によっておおよその目安が与えられている。

構造型と誘導型がそれぞれ次のように与えられているとする。

$$Y_i = \beta_0 + \beta_1 X_i + \beta_2 W_{1i} + \cdots + \beta_{1+r} W_{ri} + e_i$$
$$X_i = \pi_0 + \pi_1 W_{1i} + \cdots + \pi_r W_{ri} + \pi_{r+1} Z_{1i} + \cdots + \pi_{r+m} Z_{mi} + \nu_i$$

この誘導型を OLS で推定し、$\pi_{r+1} = \cdots = \pi_{r+m} = 0$ という帰無仮説を F 検定で検定する。誘導型の推定は、TSLS の最初のステップにあたることから、この F 統計量は**一段階目の *F* 統計量**（first stage F-statistic）とも呼ばれる。F 統計量が10よりも大きければ、弱操作変数の心配はないとされる[8)]。ちなみに、$\pi_{r+1} = \cdots = \pi_{r+m} = 0$ の場合には構造型は識別されないことは、2.2.1項で述べたとおりである。

F 統計量が10以下であった場合には、どうすればよいのだろうか。ひとつ

8）この手続きの理論的根拠については、Stock and Watson (2011) の12章の補論を参照。

の方法としては、TSLS 推定量は諦め、別の推定量を用いることが考えられる。例えば、制限情報最尤（LIML；limited information maximum likelihood）推定量という推定量は弱操作変数に対して頑健であることが知られており、このような推定量を使うことも可能であるが、これについて詳しく議論することは避ける[9)]。

9）LIML については、例えば、国友（2011）を参照。

第5章 直交条件と GMM

4.5節に引き続き、次のようなモデルを考える。

$$Y_i = \boldsymbol{X}_i{}'\boldsymbol{\beta} + e_i \tag{5.1}$$

ただし、$\boldsymbol{X}_i = (1\ \boldsymbol{X}_{1i}'\ \boldsymbol{W}_i')'$ で、$\boldsymbol{X}_{1i}$ は k 次の内生変数のベクトル、$\boldsymbol{W}_i$ は r 次の外生変数（コントロール変数）のベクトルである。また、m 個の操作変数 $\boldsymbol{Z}_{1i} = (Z_{1i}\ Z_{2i} \cdots Z_{mi})'$ が存在し、モデルは過剰識別されている（$m > k$）ものとする。

(5.1)で与えられるモデルは、操作変数の条件が満たされる限り、識別・推定することができる。そのため、わざわざ多くの操作変数を用いなくとも、m 個の操作変数のうち、k 個だけを使えばよいように思うかもしれない。内生変数より多くの操作変数を使う理由として、有効な操作変数の数が多いほど、TSLS 推定量の漸近分散を小さくできることが挙げられる。理論上は、操作変数の数が多ければ多いほど、正確なパラメータの推定が可能になるのである[1)]。2章の議論では触れなかったが、AK（1991）の賃金方程式の推定においては、最大の場合で実に180個もの操作変数が用いられている。

本章で最初に考える問題は、操作変数を所与としたときに、TSLS よりも漸近的に効率的な $\boldsymbol{\beta}$ の推定方法は存在しないかというものである。結論を先に述べれば、誤差項が均一分散の場合には、TSLS は漸近的に最も効率的な推定

1）実はこの主張には落とし穴があるのだが、それについては後述することにする。

量である。TSLS推定量よりも漸近分散の小さい推定量は存在しない。しかし、不均一分散の場合、TSLS推定量は必ずしもベストな推定量ではなく、より効率的な推定量が存在する。それが本章のテーマである**一般化モーメント法**（GMM；generalized method of moments）推定量である。

GMMは、その名が示唆するように、モーメント法という統計学では古くから用いられている手法を拡張したもので、興味のあるパラメータが後述する**直交条件**（orthogonality condition）、あるいは、**モーメント条件**（moment condition）によって識別されているときに用いることができる手法である。GMM推定量はOLS推定量やTSLS推定量を特殊ケースとして含んでいるとともに、非線形モデルに対しても用いることができる非常に汎用性の高い推定量で、Hansen（1982）で提案されて以来、多くの実証研究で用いられている。

5.1 モーメント法

GMMの話に入る前に、**モーメント法**の復習をする。モーメント法とは、母集団のモーメントとその標本対応をマッチさせることで、パラメータを推定する方法である。以下では、母集団からの無作為標本 $\{X_1, \ldots, X_n\}$ が得られるものとする。まず、2つの例を考える。

[例 5.1.1]

母集団の分布が、区間 $[0, \theta]$ 上の一様分布であるとする。未知パラメータは θ である。一様分布の期待値は $\theta/2$ であるので、仮に $E[X_i]$ が既知であれば、$E[X_i] = \theta/2$ を θ について解いて、$\theta = 2E[X_i]$ が求められる。しかし、$E[X_i]$ は未知であるので、その標本対応である標本平均 $\bar{X}$ で置き換えれば、$\hat{\theta} = 2\bar{X}$ となり、これが θ のモーメント推定量である。□

[例 5.1.2]

母集団の分布が、$N(\mu, \sigma^2)$ であるとする。未知パラメータは μ と σ^2 である。このとき、$E[X_i] = \mu$ と $E[X_i^2] = \sigma^2 + \mu^2$ が成り立つので、$E[X_i]$ と $E[X_i^2]$ をそれぞれ、標本対応である $\bar{X}$ と $n^{-1}\sum_{i=1}^n X_i^2$ で置き換えて、μ と σ^2 について

解けば、$\hat{\mu}=\bar{X}$ と $\hat{\sigma}^2=n^{-1}\sum_{i=1}^{n}(X_i-\bar{X})^2$ が得られる。□

一般のモーメント推定量は次のように表される。母集団の分布が、K 個の未知パラメータ $\boldsymbol{\theta}=(\theta_1\ \theta_2\ \cdots\ \theta_K)'$ によって特徴づけられるとする。また、X_i の j 次モーメント $E[X_i^j]$ $(j=1,\ldots,K)$ は

$$E[X_i^j]=h_j(\boldsymbol{\theta}) \tag{5.2}$$

のように、$\boldsymbol{\theta}$ の既知の関数によって表されるとする。このとき、モーメント推定量 $\hat{\boldsymbol{\theta}}=(\hat{\theta}_1\ \hat{\theta}_2\ \cdots\ \hat{\theta}_K)'$ は K 本の連立方程式

$$\frac{1}{n}\sum_{i=1}^{n}X_i^j=h_j(\hat{\boldsymbol{\theta}})\quad (j=1,\ldots,K)$$

の解として与えられる。

同じことを別の表現をすれば次のようになる。(5.2)は

$$E[X_i^j-h_j(\boldsymbol{\theta})]=0$$

と書いても同じである。これを標本対応で置き換えると

$$\frac{1}{n}\sum_{i=1}^{n}(X_i^j-h_j(\hat{\boldsymbol{\theta}}))=0$$

となり、これを解けば、やはりモーメント推定量が得られる。連立方程式の解が存在し、また一意に定まるためには、未知パラメータの数と推定に使うモーメントの数は同じである必要がある。

ちなみに、上の2つの例では、一様分布や正規分布などの分布形の仮定を置いているが、実質的には分布形の情報は推定には使っておらず、使っているのはモーメントの情報だけである。確率変数のモーメントが未知パラメータの関数になっており、また、そのような関数が未知パラメータの数だけ存在すれば、モーメント法は用いることができる。

5.2 線形モデルのGMM推定量

5.2.1 線形モデルとモーメント推定量

今度は線形モデルを考えることにする。OLS 推定量や操作変数推定量は、モーメント推定量として解釈することもできる。

[例 5.2.1 (OLS 推定量)]

次のようなモデルを考える。

$$\begin{aligned} Y_i &= \boldsymbol{X}_i'\boldsymbol{\beta}+u_i \\ E[\boldsymbol{X}_i u_i] &= \mathbf{0} \end{aligned} \tag{5.3}$$

誤差項に関する仮定より、$\boldsymbol{\beta}$ は線形射影係数のベクトルである。期待値が0という条件である(5.3)を直交条件という。このモデルは OLS で推定できるが、OLS 推定量はモーメント推定量として解釈することもできる。(5.3)と $u_i = Y_i - \boldsymbol{X}_i'\boldsymbol{\beta}$ より

$$E[\boldsymbol{X}_i(Y_i - \boldsymbol{X}_i'\boldsymbol{\beta})] = \mathbf{0}$$

が成り立つ。標本対応は

$$\frac{1}{n}\sum_{i=1}^{n}\boldsymbol{X}_i(Y_i - \boldsymbol{X}_i'\hat{\boldsymbol{\beta}}) = \mathbf{0}$$

となるが、これは OLS 推定量の正規方程式に他ならない。□

[例 5.2.2 (操作変数推定量)]

次のようなモデルを考える。

$$\begin{aligned} Y_i &= \boldsymbol{X}_i'\boldsymbol{\beta}+e_i \\ E[\boldsymbol{Z}_i e_i] &= \mathbf{0} \end{aligned} \tag{5.4}$$

ただし、$\boldsymbol{X}_i$ と $\boldsymbol{Z}_i$ の次数は同じとする。今度は(5.4)が直交条件である。先ほ

どと同様に、直交条件の標本対応を考えてパラメータについて解くと、操作変数推定量を得る。□

上記の2つの例では、直交条件の数と未知パラメータの数が同じであるため、モーメント推定量を求めることができる。問題となるのは、直交条件の数が未知パラメータの数より多い場合、あるいは、操作変数の数が内生変数の数より多い場合である。モデル(5.1)を再び考えよう。$\boldsymbol{W}_i$ も外生変数なので、m 個の操作変数があるならば、$r+m+1$ 個の直交条件が得られる。一方、未知パラメータの数は $k+r+1$ なので、$m > k$ の場合には、直交条件の数のほうがパラメータの数より多くなり、直交条件の標本対応には解が存在しない。いくつかの操作変数を捨てて、直交条件とパラメータの数を同じにすることも考えられるが、それではせっかく持っている情報を捨ててしまうことになる。このように、パラメータの数と比べて多くの直交条件がある場合に、すべての直交条件の情報を推定に取り込もうというのがGMMのモチベーションである。

5.2.2　GMM 推定量

GMMでは、標本の直交条件を近似的に満たすようなパラメータの値を求める。引き続き(5.1)のモデルを考察する。$\boldsymbol{Z}_i = (1\ \boldsymbol{W}_i'\ \boldsymbol{Z}_{1i}')'$ とすれば、直交条件は

$$\boldsymbol{0} = E[\boldsymbol{Z}_i(Y_i - \boldsymbol{X}_i'\boldsymbol{\beta})] \equiv E[\boldsymbol{g}_i(\boldsymbol{\beta})] \equiv \begin{pmatrix} E[g_{1i}(\boldsymbol{\beta})] \\ E[g_{2i}(\boldsymbol{\beta})] \\ \vdots \\ E[g_{Li}(\boldsymbol{\beta})] \end{pmatrix} \tag{5.5}$$

である。以下、直交条件の数を $L(=r+m+1)$、パラメータの数を $K(=k+r+1)$ で表すことにする。

$L > K$ のとき、(5.5)の標本対応である $\bar{\boldsymbol{g}}(\hat{\boldsymbol{\beta}}) = n^{-1}\sum_{i=1}^{n}\boldsymbol{g}_i(\hat{\boldsymbol{\beta}}) = \boldsymbol{0}$ を満たす $\hat{\boldsymbol{\beta}}$ は一般には存在しない。よって、代わりに、$\bar{\boldsymbol{g}}(\hat{\boldsymbol{\beta}}) \approx \boldsymbol{0}$ となるような $\hat{\boldsymbol{\beta}}$ を探すことにする。GMM 推定量は

$$Q_n(\boldsymbol{b}) = \bar{\boldsymbol{g}}(\boldsymbol{b})'\hat{\boldsymbol{W}}\bar{\boldsymbol{g}}(\boldsymbol{b}) \tag{5.6}$$

を最小にするような $\boldsymbol{b}$ の値として定義される。ただし、$\hat{\boldsymbol{W}}$ は $L \times L$ の適当な正値定符号行列であり、**ウエイト行列**と呼ばれる。$\hat{\boldsymbol{W}}$ に制約を置くのは、(5.6)を意味のある距離の尺度にするためである。正値定符号行列の定義から、任意の $\boldsymbol{b}$ について $Q_n(\boldsymbol{b}) \geq 0$ であり、$Q_n(\boldsymbol{b}) = 0$ となるのは $\bar{\boldsymbol{g}}(\boldsymbol{b}) = \boldsymbol{0}$ の場合のみである。$Q_n(\boldsymbol{b})$ をできるだけ小さくすることは、$\bar{\boldsymbol{g}}(\boldsymbol{b})$ の各成分をできるだけ0に近づけることと同じである。$\hat{\boldsymbol{W}}$ の各成分は定数であってもよいし、データに依存する確率変数であってもかまわないが、$n \to \infty$ のときには、適当な定数に確率収束しなければならない。

線形モデルの場合、GMM 推定量は解析的に求めることができる。$\hat{\boldsymbol{W}}$ を所与とすると、(5.6)は

$$Q_n(\boldsymbol{b}) = \left(\frac{1}{n}\boldsymbol{Z}'(\boldsymbol{Y} - \boldsymbol{X}\boldsymbol{b})\right)' \hat{\boldsymbol{W}} \left(\frac{1}{n}\boldsymbol{Z}'(\boldsymbol{Y} - \boldsymbol{X}\boldsymbol{b})\right)$$

となる。最小化の1階条件は

$$\boldsymbol{0} = \left.\frac{\partial Q_n(\boldsymbol{b})}{\partial \boldsymbol{b}}\right|_{\boldsymbol{b} = \hat{\boldsymbol{\beta}}} = -2\left(\frac{1}{n}\boldsymbol{X}'\boldsymbol{Z}\right)\hat{\boldsymbol{W}}\left(\frac{1}{n}\boldsymbol{Z}'(\boldsymbol{Y} - \boldsymbol{X}\hat{\boldsymbol{\beta}})\right)$$

である。これを解くことで

$$\hat{\boldsymbol{\beta}} = (\boldsymbol{X}'\boldsymbol{Z}\hat{\boldsymbol{W}}\boldsymbol{Z}'\boldsymbol{X})^{-1}\boldsymbol{X}'\boldsymbol{Z}\hat{\boldsymbol{W}}\boldsymbol{Z}'\boldsymbol{Y} \tag{5.7}$$

を得る。

GMM 推定量は、次の性質を満たす。

GMM 推定量

$(Y_i, \boldsymbol{X}_i, \boldsymbol{Z}_i)$, $i = 1, \ldots, n$ は i.i.d.とし、$\boldsymbol{Z}_i$ は操作変数の条件を満たすものとする。また、すべての変数の4次モーメントは有限であるとする。$n \to \infty$ のとき、$\hat{\boldsymbol{W}}$ が正値定符号行列 $\boldsymbol{W}$ に確率収束するならば、GMM 推定量は以下の性質を満たす。

1. 一致性：$\hat{\boldsymbol{\beta}} \xrightarrow{p} \boldsymbol{\beta}$
2. 漸近正規性：$\sqrt{n}(\hat{\boldsymbol{\beta}} - \boldsymbol{\beta}) \xrightarrow{d} N(\boldsymbol{0}, (\boldsymbol{Q}'\boldsymbol{W}\boldsymbol{Q})^{-1}\boldsymbol{Q}'\boldsymbol{W}\boldsymbol{\Omega}\boldsymbol{W}\boldsymbol{Q}(\boldsymbol{Q}'\boldsymbol{W}\boldsymbol{Q})^{-1})$

ただし、$\boldsymbol{Q} = E[\boldsymbol{Z}_i\boldsymbol{X}_i']$ と $\boldsymbol{\Omega} = E[\boldsymbol{Z}_i\boldsymbol{Z}_i' e_i^2]$ である。

証明は4章のTSLS推定量の一致性と漸近正規性の証明とほぼ同じである。モデルが丁度識別されている（$L = K$）ときは、どのようにウエイト行列を選んでもGMM推定量の性質には影響を与えない。なぜなら、$\boldsymbol{Z}'\boldsymbol{X}$ が正則行列となるので

$$\begin{aligned}\hat{\beta} &= (\boldsymbol{Z}'\boldsymbol{X})^{-1}\hat{\boldsymbol{W}}^{-1}(\boldsymbol{X}'\boldsymbol{Z})^{-1}(\boldsymbol{X}'\boldsymbol{Z})\hat{\boldsymbol{W}}\boldsymbol{Z}'\boldsymbol{Y} \\ &= (\boldsymbol{Z}'\boldsymbol{X})^{-1}\boldsymbol{Z}'\boldsymbol{Y}\end{aligned}$$

となり、ウエイト行列は消えてしまうからである。この推定量は、(4.15) の操作変数推定量と等しい。あるいは、別の説明の仕方をすれば、$L = K$ ならば、$\bar{\boldsymbol{g}}(\hat{\boldsymbol{\beta}}) = \boldsymbol{0}$ となる $\hat{\boldsymbol{\beta}}$ が存在し、モーメント推定量が得られるので、(5.6)においてどのようなウエイト行列を用いても影響を与えない。したがって、ウエイト行列の選び方が問題となるのは、モデルが過剰識別されている（$L > K$）場合のみである。

また、GMM推定量はウエイト行列のスケールには依存しない。例えば、$\hat{\boldsymbol{W}}$ の各成分を定数 c 倍した $c\hat{\boldsymbol{W}}$ を新しいウエイト行列として用いた場合、$Q_n(\boldsymbol{b}) = \bar{\boldsymbol{g}}(\boldsymbol{b})'(c\hat{\boldsymbol{W}})\bar{\boldsymbol{g}}(\boldsymbol{b}) = c\bar{\boldsymbol{g}}(\boldsymbol{b})'\hat{\boldsymbol{W}}\bar{\boldsymbol{g}}(\boldsymbol{b})$ となるが、目的関数が c 倍されるだけなので、最小値を達成する $\boldsymbol{b}$ の値は変わらない。

5.2.3　ウエイト行列の選び方と効率的なGMM推定量

どのようにウエイト行列を選んでも、GMM推定量の一致性には影響を与えないが、推定量の漸近分散はウエイト行列によって変わってくる。以下では最適なウエイト行列の選び方について述べるが、その前に、そもそもなぜ適切にウエイト行列を選ぶ必要があるのか、背後にあるアイデアを考えてみることにする。

最も単純なウエイト行列は、$\boldsymbol{W} = \boldsymbol{I}$、つまり、単位行列である。単に計算上の理由から(5.6)の形式にしたいだけならば、単位行列をウエイト行列とすればよく、このとき

$$Q_n(\boldsymbol{b}) = \bar{\boldsymbol{g}}(\boldsymbol{b})'\bar{\boldsymbol{g}}(\boldsymbol{b}) = \bar{g}_1(\boldsymbol{b})^2 + \cdots + \bar{g}_L(\boldsymbol{b})^2 \tag{5.8}$$

となる。ただし、$\bar{g}_j(\boldsymbol{b}) = n^{-1}\sum_{i=1}^{n} g_{ji}(\boldsymbol{b})$ である。単位行列をウエイト行列として用いると、L 個の標本平均 $\bar{g}_1(\boldsymbol{b}), \ldots, \bar{g}_L(\boldsymbol{b})$ が同じように 0 に近くなるように $\boldsymbol{b}$ の値が決定される。

上記の方法はひとつの妥当な方法ではあるが、直交条件に含まれている情報を適切に活用できていない可能性がある。通常、異なる直交条件は、真のパラメータに関して異なる情報を含んでいる。例えば、ある操作変数は別の操作変数よりも、パラメータを推定するうえで多くの情報を持っていることがある。そのような場合、(5.8)のようにすべての直交条件を同様に扱うより、重要な標本モーメントをより 0 に近づけるように $\boldsymbol{b}$ を選んだほうがよい。そこで、適当なウエイト $w_1, \ldots, w_L > 0$ を用いて

$$Q_n(\boldsymbol{b}) = w_1\bar{g}_1(\boldsymbol{b})^2 + \cdots + w_L\bar{g}_L(\boldsymbol{b})^2$$

を目的関数とすることが考えられる。これは、対角行列 $\boldsymbol{W} = \mathrm{diag}(w_1, \ldots, w_L)$ をウエイト行列として用いることに対応する[2)]。このようにすれば、大きな w_j に対応する $\bar{g}_j(\boldsymbol{b})$ ほど、より 0 に近くなるように $\boldsymbol{b}$ の値が選ばれる。

残された問題は、どのように w_j を選ぶかであるが、それは $g_{ji}(\boldsymbol{\beta})$ の分散によって決まる。$g_{ji}(\boldsymbol{\beta})$ の分散が 0 に近いような場合には、$\bar{g}_j(\boldsymbol{\beta})$ にはサンプルごとのばらつきがほとんどなく、高い確率で $E[g_{ji}(\boldsymbol{\beta})] \approx \bar{g}_j(\boldsymbol{\beta})$ となる。真のパラメータは $E[g_{ji}(\boldsymbol{\beta})] = 0$ を満たすので、$\bar{g}_j(\hat{\boldsymbol{\beta}}) = 0$ とすれば、$\hat{\boldsymbol{\beta}}$ は $\boldsymbol{\beta}$ に近い値を取るはずである。逆に、$g_{ji}(\boldsymbol{\beta})$ の分散が大きいときには、母集団と標本のモーメントの差が大きくなりがちなので、そのような標本モーメントを 0 に近づけるようにパラメータの値を選んでも、正確な推定値が得られない。したがって、分散 $\mathrm{Var}[g_{ji}(\boldsymbol{\beta})] = E[g_{ji}(\boldsymbol{\beta})^2]$ の逆数で重みづけた

$$Q_n(\boldsymbol{b}) = \frac{1}{E[g_{1i}(\boldsymbol{\beta})^2]}\bar{g}_1(\boldsymbol{b})^2 + \cdots + \frac{1}{E[g_{Li}(\boldsymbol{\beta})^2]}\bar{g}_L(\boldsymbol{b})^2$$

2）対角行列の表記については、付録B.1を参照。

を目的関数とするのがもっともらしく思われる。ただし、これらのウエイトは真のパラメータの値に依存するので、実際には何らかの形で推定してやる必要がある。また、$\boldsymbol{g}_i(\boldsymbol{\beta})$ の各成分が互いに無相関であれば、この方法でよいが、実際には相関を持つので、成分間の共分散も考慮したウエイトを付ける必要がある。

以上の議論から、$\boldsymbol{g}_i(\boldsymbol{\beta})$ の分散共分散行列の逆行列である

$$\boldsymbol{W} = \boldsymbol{\Omega}^{-1} = E[\boldsymbol{Z}_i\boldsymbol{Z}_i' e_i^2]^{-1}$$

をウエイト行列として用いることが考えられる。ただし、$\boldsymbol{\Omega}$ は未知なので、実際にGMM推定量を求める際には一致推定量で置き換える。そのために、次のようなステップを踏む。まず、単位行列などの適当なウエイト行列を用いて、予備的な推定量 $\tilde{\boldsymbol{\beta}}$ を求める。$\tilde{\boldsymbol{\beta}}$ は $\boldsymbol{\beta}$ の一致推定量であればよい。次に、$\tilde{\boldsymbol{\beta}}$ を用いて、残差 $\hat{e}_i = Y_i - \boldsymbol{X}_i'\tilde{\boldsymbol{\beta}}$ を求めることで、$\boldsymbol{\Omega}$ の一致推定量である

$$\hat{\boldsymbol{\Omega}} = \frac{1}{n}\sum_{i=1}^{n}\boldsymbol{Z}_i\boldsymbol{Z}_i'\hat{e}_i^2$$

または

$$\hat{\boldsymbol{\Omega}} = \frac{1}{n}\sum_{i=1}^{n}\boldsymbol{Z}_i\boldsymbol{Z}_i'\hat{e}_i^2 - \left(\frac{1}{n}\sum_{i=1}^{n}\boldsymbol{Z}_i\hat{e}_i\right)\left(\frac{1}{n}\sum_{i=1}^{n}\boldsymbol{Z}_i\hat{e}_i\right)'$$

が得られる[3)]。これを用いて、漸近的に効率的なGMM推定量

$$\hat{\boldsymbol{\beta}} = (\boldsymbol{X}'\boldsymbol{Z}\hat{\boldsymbol{\Omega}}^{-1}\boldsymbol{Z}'\boldsymbol{X})^{-1}\boldsymbol{X}'\boldsymbol{Z}\hat{\boldsymbol{\Omega}}^{-1}\boldsymbol{Z}'\boldsymbol{Y}$$

が得られる。

3）$E[\boldsymbol{Z}_ie_i] = \boldsymbol{0}$ なので、$\boldsymbol{\Omega}$ の2つの推定量は漸近的に同等である。しかし、5.3節で考察する過剰識別検定を行う際には、後者のウエイトを用いたほうが検出力が大きくなることがHall（2000）によって指摘されている。

漸近的に効率的な GMM 推定量

$(Y_i, \boldsymbol{X}_i, \boldsymbol{Z}_i), i=1, \ldots, n$ は i.i.d.とし、$\boldsymbol{Z}_i$ は操作変数の条件を満たすものとする。また、すべての変数の 4 次モーメントは有限であるとする。$\hat{\boldsymbol{W}}=\hat{\boldsymbol{\Omega}}^{-1}$ のとき、GMM 推定量は

$$\sqrt{n}(\hat{\boldsymbol{\beta}}-\boldsymbol{\beta}) \xrightarrow{d} N(\mathbf{0}, (\boldsymbol{Q}'\boldsymbol{\Omega}^{-1}\boldsymbol{Q})^{-1})$$

を満たす。また、任意の正値定符号行列 $\boldsymbol{W}$ について

$$(\boldsymbol{Q}'\boldsymbol{W}\boldsymbol{Q})^{-1}\boldsymbol{Q}'\boldsymbol{W}\boldsymbol{\Omega}\boldsymbol{W}\boldsymbol{Q}(\boldsymbol{Q}'\boldsymbol{W}\boldsymbol{Q})^{-1} \geq (\boldsymbol{Q}'\boldsymbol{\Omega}^{-1}\boldsymbol{Q})^{-1} \tag{5.9}$$

が成り立つ。

上記の結果は、$\boldsymbol{\Omega}$ の一致推定量の逆行列をウエイト行列として用いれば、最も漸近分散の小さい GMM 推定量が得られることを示している。不等式(5.9)の証明は章末の補論で与える。

効率的な GMM 推定量の漸近分散共分散行列は

$$\hat{\boldsymbol{V}}=n^2(\boldsymbol{X}'\boldsymbol{Z}\hat{\boldsymbol{\Omega}}^{-1}\boldsymbol{Z}'\boldsymbol{X})^{-1}$$

によって推定できる。各係数の推定量の標準誤差は、$\hat{\boldsymbol{V}}/n$ の対角成分の平方根により求められる。

誤差項が均一分散の場合、より正確には、$E[e_i^2|\boldsymbol{Z}_i]=\sigma^2$（定数）のときには、$\boldsymbol{\Omega}=E[\boldsymbol{Z}_i\boldsymbol{Z}_i'E[e_i^2|\boldsymbol{Z}_i]]=\sigma^2E[\boldsymbol{Z}_i\boldsymbol{Z}_i']$ が成り立つ。GMM 推定量はウエイト行列のスケールには依存しないので、σ^2 は無視してもよく、$E[\boldsymbol{Z}_i\boldsymbol{Z}_i']$ の一致推定量の逆行列をウエイト行列として用いれば、効率的な GMM 推定量が得られる。そこで、$\hat{\boldsymbol{W}}=(n^{-1}\boldsymbol{Z}'\boldsymbol{Z})^{-1}$ とすれば

$$\hat{\boldsymbol{\beta}}=(\boldsymbol{X}'\boldsymbol{Z}(\boldsymbol{Z}'\boldsymbol{Z})^{-1}\boldsymbol{Z}'\boldsymbol{X})^{-1}\boldsymbol{X}'\boldsymbol{Z}(\boldsymbol{Z}'\boldsymbol{Z})^{-1}\boldsymbol{Z}'\boldsymbol{Y}$$

となるが、これは(4.14)の TSLS 推定量と等しい。したがって、TSLS 推定量は GMM 推定量の特殊ケースであるとともに、均一分散の場合には、効率的な GMM 推定量にもなっている。

5.3 一般のGMM推定量

5.3.1 効率的なGMM推定量

5.2節では線形モデルのGMM推定量を考えたが、直交条件さえあれば、モデルが線形であれ非線形であれ、GMMによって推定可能である。GMM推定量のメリットは、むしろTSLS推定量が使えない非線形モデルでこそ発揮されると言ってもよいかもしれない。そこで、非線形モデルも含む一般的なGMM推定について考えることにする。

観測値をすべてまとめたベクトルを $\boldsymbol{V}_1, \ldots, \boldsymbol{V}_n$ で表すことにして、それらはi.i.d.であるとする。また、直交条件が次のような L 次のベクトルによって与えられているとする。

$$E[\boldsymbol{g}(\boldsymbol{V}_i\,;\boldsymbol{\theta}_0)] \equiv E[\boldsymbol{g}_i(\boldsymbol{\theta}_0)] = \boldsymbol{0} \tag{5.10}$$

ただし、$\boldsymbol{g}(\cdot\,;\cdot)$ の関数形は既知で、$\boldsymbol{\theta}_0 = (\theta_{10}\ \theta_{20} \cdots \theta_{K0})'$ は K 次の真のパラメータのベクトルである。一般的なパラメータの値と真のパラメータの値を区別するために、真のパラメータの値は0を付けて表すことが多い。5.2節の例では、$\boldsymbol{V}_i = (Y_i\ \boldsymbol{X}_i'\ \boldsymbol{Z}_i')'$、$\boldsymbol{\theta}_0 = \boldsymbol{\beta}$、$\boldsymbol{g}_i(\boldsymbol{\theta}_0) = \boldsymbol{Z}_i(Y_i - \boldsymbol{X}_i'\boldsymbol{\beta})$ である。直交条件によって定式化されているモデルを、**モーメント制約モデル**（moment restriction model）と呼ぶこともある。

パラメータを推定するためには、パラメータが識別される必要がある。(5.10)において真のパラメータ $\boldsymbol{\theta}_0$ が識別されるとは、(5.10)を満たす $\boldsymbol{\theta}_0$ が存在するとともに、$\boldsymbol{\theta}_0$ 以外に直交条件を満たすような $\boldsymbol{\theta}$ が存在しないこと、すなわち、$\boldsymbol{\theta} \neq \boldsymbol{\theta}_0$ に対しては、$E[\boldsymbol{g}_i(\boldsymbol{\theta})] \neq \boldsymbol{0}$ が成り立つことを意味する。

識別の必要十分条件は各モデルに依存するので、一般論は述べられないが、$\boldsymbol{\theta}$ の取りうる範囲を $\boldsymbol{\theta}_0$ の近傍に限定すれば、少し具体的な条件が求められる。今、$\boldsymbol{\theta}$ は $\boldsymbol{\theta}_0$ に十分近いものとすれば、$E[\boldsymbol{g}_i(\boldsymbol{\theta}_0)] = \boldsymbol{0}$ と平均値の定理から

$$E[\boldsymbol{g}_i(\boldsymbol{\theta})] = \boldsymbol{G}(\boldsymbol{\theta} - \boldsymbol{\theta}_0) \tag{5.11}$$

が近似的に成り立つ。ただし、

$$\boldsymbol{G} = E\left[\left.\frac{\partial \boldsymbol{g}_i(\boldsymbol{\theta})}{\partial \boldsymbol{\theta}'}\right|_{\boldsymbol{\theta}=\boldsymbol{\theta}_0}\right]$$

である。連立1次方程式の理論から、すべての $\boldsymbol{\theta} \neq \boldsymbol{\theta}_0$ に対して $\boldsymbol{G}(\boldsymbol{\theta}-\boldsymbol{\theta}_0) \neq \boldsymbol{0}$ となる必要十分条件は

$$\operatorname{rank}(\boldsymbol{G}) = K \tag{5.12}$$

である。(5.12)を局所的な識別の仮定ともいう。

(5.12)が成り立つためには、少なくとも $L \geq K$ でなければならない。したがって、$L \geq K$ は識別の必要条件であることがわかる。線形モデルの場合と同様に、$L > K$ のときモデルは過剰識別されているといい、$L = K$ のときには丁度識別されているという。また、線形モデル(5.5)では(5.12)の条件は $\operatorname{rank}(E[\boldsymbol{Z}_i\boldsymbol{X}_i']) = K$ となるが、これは4.5節で議論した識別の階数条件に他ならない。線形モデルの場合には、(5.11)は $\boldsymbol{\theta}_0$ の近傍のみならず、すべての $\boldsymbol{\theta}$ について成り立つので、(5.12)が大域的な識別の必要十分条件になっている。

推定方法は、線形モデルの場合と同じである。適当なウエイト行列 $\hat{\boldsymbol{W}}$ を用いて、

$$Q_n(\boldsymbol{\theta}) = \bar{\boldsymbol{g}}(\boldsymbol{\theta})'\hat{\boldsymbol{W}}\bar{\boldsymbol{g}}(\boldsymbol{\theta})$$

を最小にするように $\boldsymbol{\theta}$ を決める。ただし、$\bar{\boldsymbol{g}}(\boldsymbol{\theta}) = n^{-1}\sum_{i=1}^{n}\boldsymbol{g}_i(\boldsymbol{\theta})$ である。非線形モデルにおいては、一般に推定量を解析的に求めることはできないので、コンピュータによる数値計算によって解を探す必要がある。

非線形モデルにおいても、$\boldsymbol{\Omega} = E[\boldsymbol{g}_i(\boldsymbol{\theta}_0)\boldsymbol{g}_i(\boldsymbol{\theta}_0)']$ の一致推定量の逆行列をウエイト行列として用いることで、漸近的に効率的な推定量を得ることができる。そのためには、まず、単位行列などをウエイト行列として予備的な推定量 $\tilde{\boldsymbol{\theta}}$ を求め、

$$\hat{\boldsymbol{\Omega}} = \frac{1}{n}\sum_{i=1}^{n}\boldsymbol{g}_i(\tilde{\boldsymbol{\theta}})\boldsymbol{g}_i(\tilde{\boldsymbol{\theta}})' - \bar{\boldsymbol{g}}(\tilde{\boldsymbol{\theta}})\bar{\boldsymbol{g}}(\tilde{\boldsymbol{\theta}})'$$

などをウエイト行列として用いればよい。

非線形モデルの漸近的に効率的な GMM 推定量

$\boldsymbol{V}_1, \ldots, \boldsymbol{V}_n$ は i.i.d.とし、$\hat{\boldsymbol{W}}$ は正値定符号行列 $\boldsymbol{W}$ に確率収束するものとする。適当な条件の下、GMM 推定量 $\hat{\boldsymbol{\theta}}$ は次の性質を満たす。

1 一致性：$\hat{\boldsymbol{\theta}} \xrightarrow{p} \boldsymbol{\theta}_0$

2 漸近正規性：$\sqrt{n}(\hat{\boldsymbol{\theta}} - \boldsymbol{\theta}_0) \xrightarrow{d} N\left(\boldsymbol{0}, (\boldsymbol{G}'\boldsymbol{W}\boldsymbol{G})^{-1}\boldsymbol{G}'\boldsymbol{W}\boldsymbol{\Omega}\boldsymbol{W}\boldsymbol{G}(\boldsymbol{G}'\boldsymbol{W}\boldsymbol{G})^{-1}\right)$

また、$\hat{\boldsymbol{W}} = \hat{\boldsymbol{\Omega}}^{-1}$ のとき、

$$\sqrt{n}(\hat{\boldsymbol{\theta}} - \boldsymbol{\theta}_0) \xrightarrow{d} N\left(\boldsymbol{0}, (\boldsymbol{G}'\boldsymbol{\Omega}^{-1}\boldsymbol{G})^{-1}\right)$$

であり、任意の正値定符号行列 $\boldsymbol{W}$ について

$$(\boldsymbol{G}'\boldsymbol{W}\boldsymbol{G})^{-1}\boldsymbol{G}'\boldsymbol{W}\boldsymbol{\Omega}\boldsymbol{W}\boldsymbol{G}(\boldsymbol{G}'\boldsymbol{W}\boldsymbol{G})^{-1} \geq (\boldsymbol{G}'\boldsymbol{\Omega}^{-1}\boldsymbol{G})^{-1} \tag{5.13}$$

が成り立つ。

5.3.2　過剰識別制約の検定

4.5節では操作変数の外生性の検定方法について述べたが、本節では、一般に直交条件が満たされているかどうかを検定する方法を考えることにする。

帰無仮説は

$$H_0 : E[\boldsymbol{g}_i(\boldsymbol{\theta}_0)] = \boldsymbol{0}$$

である。検定のアイデアは単純である。$\boldsymbol{\theta}_0$ を GMM で推定して、$\bar{\boldsymbol{g}}(\hat{\boldsymbol{\theta}})$ の各成分が 0 に近ければ、母集団の直交条件は満たされると考えられるし、0 と大きく異なるならば、そもそも母集団の直交条件を満たすパラメータのベクトルは存在していない可能性が高い。したがって、GMM の目的関数の値が大きくなるときに、帰無仮説を棄却すべきである。ただし、操作変数の外生性の検定と同様に、モデルが丁度識別されているときには、直交条件を満たすパラメータが必ず存在し、$\bar{\boldsymbol{g}}(\hat{\boldsymbol{\theta}}) = \boldsymbol{0}$ となるので、この検定は意味をなさない。我々に可能なのは、L 個の直交条件のうち K 個は正しいという仮定の下、残りの $L-K$ 個が正しいかどうかを検定することである。

検定統計量は

$$J_n = n\bar{\boldsymbol{g}}(\hat{\boldsymbol{\theta}})'\hat{\boldsymbol{\Omega}}^{-1}\bar{\boldsymbol{g}}(\hat{\boldsymbol{\theta}})$$

である。ただし、$\hat{\boldsymbol{\theta}}$ は効率的な GMM 推定量で、ウエイト行列は推定に用いたものと同じものを用いる。J_n は ***J* 統計量**（*J*-statistic）と呼ばれる。帰無仮説が正しいとき、J 統計量は自由度 $L-K$ の χ^2 分布に分布収束する。自由度が L ではなく、$L-K$ になっていることに注意してほしい。

5.3.3 セミパラメトリック効率性の限界

(5.9)と(5.13)は、$\hat{\boldsymbol{\Omega}}^{-1}$ をウエイト行列として用いることで、GMM の漸近分散を最も小さくできることを示している。しかし、効率的な GMM 推定量は、もっと広い意味での最適性を有している。そのことを説明するために、**セミパラメトリック効率性**（semiparametric efficiency）という概念を導入する。ただし、厳密に議論しようとすると、本書の水準をはるかに超えてしまうので、やや厳密性は損なわれるが、直感的な説明にとどめておく。

直交条件(5.5)が、分析者が(5.1)の推定のために使うことができる唯一の情報であるとしよう。つまり、誤差項 e_i が正規分布に従うとか、均一分散であるといった、追加的な情報は一切ないものとする。このような条件の下で、(5.5)に基づくあらゆる $\boldsymbol{\beta}$ の推定量のクラスを考える。このクラスには TSLS 推定量や効率的な GMM 推定量が含まれるし、本書では考察していないような推定量も含まれるだろう。このクラスに含まれるある推定量 $\tilde{\boldsymbol{\beta}}$ について、漸近正規性

$$\sqrt{n}(\tilde{\boldsymbol{\beta}}-\boldsymbol{\beta}) \xrightarrow{d} N(\mathbf{0}, \boldsymbol{V})$$

が成り立つとする。このとき、必ず

$$\boldsymbol{V} \geq (\boldsymbol{Q}'\boldsymbol{\Omega}^{-1}\boldsymbol{Q})^{-1}$$

であることが知られている。これは、操作変数を所与としたとき、どんなに巧妙な方法で $\boldsymbol{\beta}$ を推定しようが、推定量の漸近分散共分散行列を $(\boldsymbol{Q}'\boldsymbol{\Omega}^{-1}\boldsymbol{Q})^{-1}$ よりも小さくすることは不可能であることを意味している。この限界のことを、モデル(5.5)の**セミパラメトリック効率性の限界**（semiparametric efficiency bound）という。効率的な GMM 推定量は漸近分散の下限に到達できる推定量で、そのような推定量はセミパラメトリック効率的であるという。つまり、効

率的なGMM推定量は、単にGMMの中で最適であるのみならず、漸近正規性を満たすすべての$\boldsymbol{\beta}$の推定量の中で、漸近分散の意味で最適な推定量になっている。

Chamberlain（1987）は、直交条件(5.10)で定式化されるモデルのセミパラメトリック効率性の限界は$(\boldsymbol{G}'\boldsymbol{\Omega}^{-1}\boldsymbol{G})^{-1}$であることを示している。したがって、線形モデル以外の一般的なモデルについても、効率的なGMM推定量は、直交条件に基づく漸近正規性を満たす推定量の中で、最も漸近分散が小さい推定量になっている。ただし、(5.10)以外に推定に使える情報がないという前提が重要である。もし何らかの追加的な情報があるならば、それを利用すれば、効率的なGMM推定量よりも漸近分散の小さな推定量が得られる可能性はある。例えば、モーメント以外に分布形に関する情報があるような場合、一般には最尤推定量のほうがGMM推定量よりも漸近的に効率的である[4)]。

5.3.4　直交条件の数が多いときのGMM推定

この項では、推定に用いることができる直交条件の数が非常に多いケースを考える。本章冒頭でも述べたが、AK（1991）は最大で180個の操作変数を用いており、このようなケースに該当する。直交条件の数が多いということは、推定に使える情報が多いということなので、直交条件の数が多ければ多いほど、パラメータの正確な推定が可能になると考えられる。このような推論は、一面においては正しい。このことを正確に述べると次のようになる。

まず、直交条件が次のように2つのパートに分けられるとする。

$$\mathbf{0} = E[\boldsymbol{g}_i(\boldsymbol{\theta}_0)] = \begin{pmatrix} E[\boldsymbol{g}_{1i}(\boldsymbol{\theta}_0)] \\ E[\boldsymbol{g}_{2i}(\boldsymbol{\theta}_0)] \end{pmatrix}$$

直交条件$E[\boldsymbol{g}_i(\boldsymbol{\theta}_0)] = \mathbf{0}$と$E[\boldsymbol{g}_{1i}(\boldsymbol{\theta}_0)] = \mathbf{0}$を用いた効率的なGMM推定量をそれぞれ$\hat{\boldsymbol{\theta}}$と$\hat{\boldsymbol{\theta}}_1$で表すと

4）最尤推定量については、巻末の付録Cを参照。

$$\sqrt{n}(\hat{\boldsymbol{\theta}}-\boldsymbol{\theta}_0) \xrightarrow{d} N(\mathbf{0}, (\boldsymbol{G}'\boldsymbol{\Omega}^{-1}\boldsymbol{G})^{-1})$$
$$\sqrt{n}(\hat{\boldsymbol{\theta}}_1-\boldsymbol{\theta}_0) \xrightarrow{d} N(\mathbf{0}, (\boldsymbol{G}_1'\boldsymbol{\Omega}_1^{-1}\boldsymbol{G}_1)^{-1})$$

が成り立つ。ただし、$\boldsymbol{G}_1 = E\left[\frac{\partial \boldsymbol{g}_{1i}(\boldsymbol{\theta})}{\partial \boldsymbol{\theta}'}\Big|_{\theta=\theta_0}\right]$、$\boldsymbol{\Omega}_1 = E[\boldsymbol{g}_{1i}(\boldsymbol{\theta}_0)\boldsymbol{g}_{1i}(\boldsymbol{\theta}_0)']$ である。このとき、適当な条件の下で

$$(\boldsymbol{G}_1'\boldsymbol{\Omega}_1^{-1}\boldsymbol{G}_1)^{-1} \geq (\boldsymbol{G}'\boldsymbol{\Omega}^{-1}\boldsymbol{G})^{-1}$$

が成り立つことが知られている。これは、より多くの直交条件を使うほど、GMM 推定量の漸近分散を小さくできることを意味している。

しかしながら、直交条件の数が多すぎるときには、GMM 推定量には問題が生じる。直交条件の数が多すぎると、正規分布は GMM 推定量の分布の良い近似にはなっておらず、推定量にバイアスが生じるのである[5)]。GMM 推定量は真のパラメータを中心として分布しておらず、偏りを持った分布になってしまう。極端なケースにおいては、GMM 推定量は一致性すら満たさないことが示されている。よって、直交条件の数が非常に多い場合は、全部をそのまま使うのは得策ではなく、良い直交条件を選んでやるなど何らかの工夫が必要である。直交条件が多い場合の推測方法に関する研究は近年盛んに行われているが、まだ決定的な方法はないようである[6)]。

5.4 経験尤度法

GMM 推定量は非常に汎用性が高く、しかも効率性の面でも優れた推定量であるが、徐々に問題点も指摘されるようになってきた。例えば、Altonji and Segal（1996）は、サンプルサイズが小さいとき、特定のモデルにおいて、効率的な GMM 推定量は単位行列をウエイトに用いた GMM 推定量よりも大きなバイアスを持ちうることを示している。また、前節で述べたとおり、直交条

5）直交条件の数が多すぎるというのは曖昧な表現で、何個以上なら多すぎることになるのかと思うかもしれないが、サンプルサイズとの相対的な関係によって決まってくるので、一概には何個とは言えない。

6）詳細は、奥井（2009）を参照。

件の数が多いときにも、GMM推定量のバイアスは大きくなる。

このような問題に対処すべく、いくつかの代替的な方法が提案されてきたが、その中のひとつにQin and Lawless（1994）の**経験尤度**（EL；empirical likelihood）**推定量**がある。EL推定量は統計学者によって提案されたもので、元来はポストGMMとして提案されたものではないが、GMM推定量にはないいくつかの良い性質を持つことが次第に明らかになり、計量経済学者の注目を浴びるようになった。

経験尤度という名前からも想像できるとおり、EL推定量は最尤推定量と密接に関わっている。EL推定量とは分布形の仮定を置かない最尤推定量であると理解すればよい。

5.4.1 ノンパラメトリックな尤度

最尤推定量は観測値の同時確率（同時密度）を最大にするようにパラメータの値を決める推定方法である。最尤推定を行うには、正規分布など具体的な分布形を仮定する必要がある。それでは、分布形の仮定を置かない最尤推定量とはいったい何だろう。

はじめに、ノンパラメトリックな尤度を定義する。ノンパラメトリックとは、分布形の仮定を置かないという意味である[7)]。$\boldsymbol{V}_1, \ldots, \boldsymbol{V}_n$ はi.i.d.の確率ベクトルであるとし、それぞれの観測値が実現する確率が $p_1, \ldots, p_n$ であるような分布を考える。尤度関数は $\boldsymbol{V}_1, \ldots, \boldsymbol{V}_n$ の同時確率 $\Pi_{i=1}^n p_i$ なので、対数尤度関数は $\sum_{i=1}^n \log p_i$ である。これを最大にするような p_i は確率関数のノンパラメトリックな最尤推定量になっている。ただし、確率は非負でなければならないし、確率の和は1でなければならないので、次のような制約付最大化問題を考える。

$$\max_{p_1, \ldots, p_n} \sum_{i=1}^n \log p_i \quad \text{s.t.} \quad \sum_{i=1}^n p_i = 1, \quad p_i \geq 0 \, (i = 1, \ldots, n)$$

これを解くと、$\hat{p}_i = 1/n \, (i = 1, \ldots, n)$ となり、各実現値に $1/n$ の確率を割り振ったものが確率関数のノンパラメトリックな最尤推定量ということになる[8)]。

7）ノンパラメトリック法については、9章で詳しく論じる。

次に、直交条件 $E[\boldsymbol{g}_i(\boldsymbol{\theta}_0)] = \boldsymbol{0}$ の情報を先ほどの尤度最大化問題に組み込むことにする。観測値 $\boldsymbol{V}_i$ が実現する確率が p_i のとき、直交条件は

$$\sum_{i=1}^{n} p_i \boldsymbol{g}_i(\boldsymbol{\theta}_0) = \boldsymbol{0}$$

と表される。そこで、$\boldsymbol{\theta}$ を固定した下で、直交条件を制約とした尤度最大化問題を解き、その最大値を $l(\boldsymbol{\theta})$ で表す。すなわち、

$$l(\boldsymbol{\theta}) = \max_{p_1, \dots, p_n} \sum_{i=1}^{n} \log p_i \quad \text{s.t.} \ \sum_{i=1}^{n} p_i = 1, \quad \sum_{i=1}^{n} p_i \boldsymbol{g}_i(\boldsymbol{\theta}) = \boldsymbol{0}$$

である[9]。$l(\boldsymbol{\theta})$ は $\boldsymbol{\theta}$ の関数になっており、これを $\boldsymbol{\theta}$ について最大化したものが $\boldsymbol{\theta}_0$ の EL 推定量である。

$l(\boldsymbol{\theta})$ は制約付最大化問題の解なので、ラグランジュ乗数法によって求められる。ラグランジュ関数を

$$\mathscr{L} = \sum_{i=1}^{n} \log p_i - \mu\left(\sum_{i=1}^{n} p_i - 1\right) - n\boldsymbol{\lambda}' \sum_{i=1}^{n} p_i \boldsymbol{g}_i(\boldsymbol{\theta})$$

とする。ただし、μ と $\boldsymbol{\lambda}$ はラグランジュ乗数である。p_i、μ、$\boldsymbol{\lambda}$ について 1 階条件を解けば、$\mu = n$ と

$$\begin{aligned} \boldsymbol{\lambda}(\boldsymbol{\theta}) &= \arg\max_{\lambda \in \mathbb{R}^L} \sum_{i=1}^{n} \log(1 + \boldsymbol{\lambda}' \boldsymbol{g}_i(\boldsymbol{\theta})) \\ p_i &= \frac{1}{n(1 + \boldsymbol{\lambda}(\boldsymbol{\theta})' \boldsymbol{g}_i(\boldsymbol{\theta}))} \end{aligned} \tag{5.14}$$

が求まる。よって

$$l(\boldsymbol{\theta}) = -n \log n - \sum_{i=1}^{n} \log(1 + \boldsymbol{\lambda}(\boldsymbol{\theta})' \boldsymbol{g}_i(\boldsymbol{\theta})) \tag{5.15}$$

と表される。(5.15)の右辺第 1 項はパラメータに依存しないので、EL 推定量は次のように求められる。

8）各実現値を確率 $1/n$ で発生させるような分布を、$\{\boldsymbol{V}_1, \dots, \boldsymbol{V}_n\}$ の**経験分布**（empirical distribution）という。経験分布については 8 章で再び論じる。

9）$p_i \geq 0$ を制約から除外したが、対数関数は引数が負の場合には定義されていないことと、$\lim_{x \to 0} \log x = -\infty$ であることから、最大化問題の解は必ず非負制約を満たす。

$$\hat{\boldsymbol{\theta}}^{EL} = \arg\min_{\boldsymbol{\theta} \in \boldsymbol{\Theta}} \sum_{i=1}^{n} \log(1 + \boldsymbol{\lambda}(\boldsymbol{\theta})' \boldsymbol{g}_i(\boldsymbol{\theta}))$$

また、(5.14)に $\hat{\boldsymbol{\theta}}^{EL}$ を代入すれば

$$\hat{p}_i = \frac{1}{n(1 + \boldsymbol{\lambda}(\hat{\boldsymbol{\theta}}^{EL})' \boldsymbol{g}_i(\hat{\boldsymbol{\theta}}^{EL}))} \tag{5.16}$$

が求められ、これを用いて $\boldsymbol{V}_i$ の分布を推定することもできる。

5.4.2　EL 推定量の性質

EL 推定量の漸近分布は次のようになる。

$$\sqrt{n}(\hat{\boldsymbol{\theta}}^{EL} - \boldsymbol{\theta}_0) \xrightarrow{d} N(\mathbf{0}, (\boldsymbol{G}'\boldsymbol{\Omega}^{-1}\boldsymbol{G})^{-1})$$

これは効率的な GMM 推定量と同じである。よって、EL 推定量もセミパラメトリック効率的な推定量となっている。効率的な GMM 推定のためには、ウエイト行列を推定して、2段階で推定する必要があるが、EL ではウエイト行列を用いることなく効率的な推定量を得ることができる。

有限標本でのバイアスに関しては、EL 推定量は GMM 推定量より優れた性質を持っている。Newey and Smith (2004) は、直交条件の数が多いとき、EL 推定量は GMM 推定量に比べ、バイアスが小さくなることを示している。

このように、EL 推定量は優れた性質を持っているのだが、実証研究ではまだそれほど用いられていない。その理由のひとつは、計算の複雑さであろう。特にパラメータの数が多いときには、EL 推定量の計算は GMM 推定量に比べると手間がかかる。また、著者がこれまでに数値実験を行ってきた経験では、バイアスに関しては確かに EL のほうが GMM より優れているのだが、有限標本の分散に関しては GMM のほうが小さくなることも往々にしてある。したがって、EL 推定量は常に GMM 推定量より優れているとは必ずしも言えず、分析者の置かれている状況や優先事項に応じて使い分けるのがよいだろう。

5.5 条件付期待値によるモーメント制約

これまではモーメント制約が無条件の期待値によって与えられる場合を考えてきたが、条件付期待値によって与えられることも多い。例えば、重回帰モデル

$$Y_i = \boldsymbol{X}_i'\boldsymbol{\beta} + u_i$$
$$E[u_i \mid \boldsymbol{X}_i] = 0$$

を考えると、このモデルのモーメント制約は

$$E[Y_i - \boldsymbol{X}_i'\boldsymbol{\beta} \mid \boldsymbol{X}_i] = 0$$

である。例5.2.1では、$E[\boldsymbol{X}_i u_i] = \boldsymbol{0}$ に基づくGMM推定量（OLS推定量）を考察したが、$E[u_i \mid \boldsymbol{X}_i] = 0$ が成り立っていれば $E[\boldsymbol{X}_i u_i] = \boldsymbol{0}$ も成り立つので、条件付期待値のほうが無条件の期待値より多くの情報を含んでいると考えられる。この情報を用いることで、より効率的な推定量が得られる可能性がある。

$\boldsymbol{Z}_i$ を適当な外生変数のベクトルとして、次のような条件付モーメント制約を考えることにする。

$$E[\rho_i(\boldsymbol{\theta}_0) \mid \boldsymbol{Z}_i] = 0 \tag{5.17}$$

ここで、$\rho_i(\boldsymbol{\theta})$ はスカラーとするが、ベクトルのケースへの拡張は容易である。$\boldsymbol{\theta}_0$ は K 次の未知パラメータのベクトルである。線形モデルでは、$\rho_i(\boldsymbol{\beta}) = Y_i - \boldsymbol{X}_i'\boldsymbol{\beta}$ なので、$\rho_i(\boldsymbol{\theta}_0)$ は一般のモデルにおける誤差項のようなものだと思ってもらえばよい。(5.17)の推定方法は多くの論文によって考察されてきたが、ここでは条件付期待値を条件なしの期待値に書き換えることによって、GMMで推定する方法を紹介する。

繰り返し期待値の法則と定理A.1.2より、$\boldsymbol{Z}_i$ の任意の L 次のベクトル関数 $\boldsymbol{a}(\boldsymbol{Z}_i)$ について

$$E[\boldsymbol{a}(\boldsymbol{Z}_i)\rho_i(\boldsymbol{\theta}_0)] = E[\boldsymbol{a}(\boldsymbol{Z}_i)E[\rho_i(\boldsymbol{\theta}_0) \mid \boldsymbol{Z}_i]] = \boldsymbol{0}$$

が成り立つ。よって、これを直交条件として、GMM で $\boldsymbol{\theta}_0$ を推定できる。例えば、単回帰モデル $\rho_i(\boldsymbol{\beta}) = Y_i - \beta_0 - \beta_1 X_i$ ならば、$1, X_i, X_i^2, \ldots$ などを $\boldsymbol{a}(X_i)$ の成分として用いることができる。

上記の方法では、$\boldsymbol{a}(\boldsymbol{Z}_i)$ としてどのような $\boldsymbol{Z}_i$ の関数を用いるのか、また、$\boldsymbol{a}(\boldsymbol{Z}_i)$ の次元である L はどれくらいの大きさにするのかを、分析者が自分で決めなければならない。パラメータが識別されるためには、少なくとも $L \geq K$ でなければならない。L が大きいほど推定量の効率性は上がるのだが、あまり L が大きくなると、今度は5.3.4項で議論した問題が生じてしまう。

Chamberlain（1987）は、条件付モーメント制約(5.17)で定式化されるモデルについてもセミパラメトリック効率性の限界を求め、$\boldsymbol{\theta}_0$ の推定量の漸近分散共分散行列の下限は

$$E\left[\frac{1}{E[\rho_i^2(\boldsymbol{\theta}_0)\,|\,\boldsymbol{Z}_i]} E\left[\left.\frac{\partial \rho_i(\boldsymbol{\theta})}{\partial \boldsymbol{\theta}}\right|_{\boldsymbol{\theta}=\boldsymbol{\theta}_0} \,|\, \boldsymbol{Z}_i\right] E\left[\left.\frac{\partial \rho_i(\boldsymbol{\theta})}{\partial \boldsymbol{\theta}'}\right|_{\boldsymbol{\theta}=\boldsymbol{\theta}_0} \,|\, \boldsymbol{Z}_i\right]\right]^{-1}$$

であることを示している。また、$\boldsymbol{a}(\boldsymbol{Z}_i)$ として

$$\boldsymbol{a}^*(\boldsymbol{Z}_i) = \frac{1}{E[\rho_i^2(\boldsymbol{\theta}_0)\,|\,\boldsymbol{Z}_i]} E\left[\left.\frac{\partial \rho_i(\boldsymbol{\theta})}{\partial \boldsymbol{\theta}}\right|_{\boldsymbol{\theta}=\boldsymbol{\theta}_0} \,|\, \boldsymbol{Z}_i\right]$$

を用いることで、セミパラメトリック効率的な推定量が得られることを示している。$\boldsymbol{a}^*(\boldsymbol{Z}_i)$ は最適な操作変数と呼ばれることもある。$\boldsymbol{a}^*(\boldsymbol{Z}_i)$ の次数は K なので、GMM のウエイト行列は必要なく

$$\sum_{i=1}^{n} \boldsymbol{a}^*(\boldsymbol{Z}_i)\rho_i(\hat{\boldsymbol{\theta}}) = \boldsymbol{0} \tag{5.18}$$

を解けば、推定量が求まる。上で L が大きいほど効率性が上がると述べたが、最適な操作変数が用いられているときには、これ以上直交条件の数を増やしても、効率性の向上には寄与しない。

ちなみに、重回帰モデルの場合には

$$E[\rho_i^2(\boldsymbol{\beta}) \mid \boldsymbol{X}_i] = E[u_i^2 \mid \boldsymbol{X}_i] = \sigma^2(\boldsymbol{X}_i)$$
$$E\left[\left.\frac{\partial \rho_i(\boldsymbol{b})}{\partial \boldsymbol{b}}\right|_{\boldsymbol{b}=\boldsymbol{\beta}} \mid \boldsymbol{X}_i\right] = -\boldsymbol{X}_i$$

なので、(5.18)は

$$\sum_{i=1}^{n} \frac{1}{\sigma^2(\boldsymbol{X}_i)} \boldsymbol{X}_i (Y_i - \boldsymbol{X}_i' \hat{\boldsymbol{\beta}}) = \boldsymbol{0}$$

となる。これを解けば

$$\hat{\boldsymbol{\beta}} = \left(\sum_{i=1}^{n} \frac{1}{\sigma^2(\boldsymbol{X}_i)} \boldsymbol{X}_i \boldsymbol{X}_i'\right)^{-1} \sum_{i=1}^{n} \frac{1}{\sigma^2(\boldsymbol{X}_i)} \boldsymbol{X}_i Y_i$$

となるが、これは GLS 推定量に他ならない。よって、重回帰モデルの仮定の下で、GLS 推定量はセミパラメトリック効率的な推定量であることがわかる。また、均一分散の場合、$\sigma^2(\boldsymbol{X}_i)$ は i に依存しない定数となるので、

$$\sum_{i=1}^{n} \boldsymbol{X}_i (Y_i - \boldsymbol{X}_i' \hat{\boldsymbol{\beta}}) = \boldsymbol{0}$$

を解けばよい。この推定量は OLS 推定量である。よって、重回帰モデルと均一分散の仮定の下で、OLS 推定量はセミパラメトリック効率的な推定量である[10)]。

Chamberlain (1987) の方法にも欠点はある。まず、最適な操作変数は一般に $\boldsymbol{Z}_i$ の未知の関数であり、未知の真のパラメータにも依存するので、これらを推定しなければならない。GLS の例では、$\sigma^2(\boldsymbol{X}_i)$ は未知の関数である。また、仮に最適な操作変数が既知であったとしても、識別に関する問題がある。

10) セミパラメトリック効率性と Gauss-Markov の定理で述べられている効率性の違いに注意しておこう。1章で述べたとおり、Gauss-Markov の定理は OLS 推定量の小標本特性に関するものである。重回帰モデルの仮定と均一分散の仮定の下で、OLS 推定量は線形不偏推定量の中で最も有限標本の分散の小さい推定量である。これに対し、セミパラメトリック効率性は、OLS 推定量の大標本特性である。また、推定量のクラスは線形不偏推定量に限定せず、漸近正規性を満たす推定量というより広いクラスにおいて最適性を考えている。

(5.17)によって $\boldsymbol{\theta}_0$ が一意に定まっていても、$E[\boldsymbol{a}^*(\boldsymbol{Z}_i)\rho_i(\boldsymbol{\theta})]=\mathbf{0}$ を満たす $\boldsymbol{\theta}$ が $\boldsymbol{\theta}_0$ 以外にも存在する場合があるのである。次の例は、Dominguez and Lobato（2004）から引用したものである。

[例 5.5.1]

次のようなモデルを考える

$$
\begin{aligned}
Y_i &= \theta_0^2 X_i + \theta_0 X_i^2 + u_i \\
E[u_i | X_i] &= 0 \\
E[u_i^2 | X_i] &= 1
\end{aligned}
$$

真のパラメータは $\theta_0=5/4$ で、$X_i \sim N(-1,1)$ とする。このモデルにおける最適な操作変数は

$$
a^*(X_i) = 2\theta_0 X_i + X_i^2
$$

である。よって、直交条件は

$$
\begin{aligned}
0 &= E\big[(2\theta_0 X_i + X_i^2)(Y_i - \theta^2 X_i - \theta X_i^2)\big] \\
&= E\big[(2\theta_0 X_i + X_i^2)((\theta_0^2 - \theta^2) X_i + (\theta_0 - \theta) X_i^2)\big] \\
&= 2\theta_0(\theta_0^2 - \theta^2) E[X_i^2] + (2\theta_0(\theta_0 - \theta) + \theta_0^2 - \theta^2) E[X_i^3] + (\theta_0 - \theta) E[X_i^4]
\end{aligned}
$$

となる。$E[X_i^3]=-4$、$E[X_i^4]=10$ なので、$\theta=\pm\frac{5}{4}$ で直交条件は満たされ、θ は一意に定まらない。□

上記の例のような現象は、最適な操作変数以外の $\boldsymbol{a}(\boldsymbol{Z}_i)$ にも当然起こりうる。よって、適当に $\boldsymbol{a}(\boldsymbol{Z}_i)$ を選ぶと、パラメータが識別されない危険性がある。

5.6 補論

この補論では、(5.9)の証明を与える。まず、次のように $\boldsymbol{V}$ と $\boldsymbol{V}_0$ を定義する。

$$
\begin{aligned}
\boldsymbol{V} &= (\boldsymbol{Q}'\boldsymbol{W}\boldsymbol{Q})^{-1}\boldsymbol{Q}'\boldsymbol{W}\Omega\boldsymbol{W}\boldsymbol{Q}(\boldsymbol{Q}'\boldsymbol{W}\boldsymbol{Q})^{-1} \\
\boldsymbol{V}_0 &= (\boldsymbol{Q}'\Omega^{-1}\boldsymbol{Q})^{-1}
\end{aligned}
$$

$\boldsymbol{V}-\boldsymbol{V}_0$ が非負値定符号行列であることを示せばよい。そのために、$\boldsymbol{A}=\boldsymbol{W}\boldsymbol{Q}(\boldsymbol{Q}'\boldsymbol{W}\boldsymbol{Q})^{-1}$、$\boldsymbol{B}=\Omega^{-1}\boldsymbol{Q}(\boldsymbol{Q}'\Omega^{-1}\boldsymbol{Q})^{-1}$ と定義する。すると、$\boldsymbol{V}=\boldsymbol{A}'\Omega\boldsymbol{A}$、$\boldsymbol{V}_0=\boldsymbol{B}'\Omega\boldsymbol{B}$ と書ける。また、$\boldsymbol{B}'\Omega\boldsymbol{A}=\boldsymbol{B}'\Omega\boldsymbol{B}$ が示される。よって、

$$
\begin{aligned}
\boldsymbol{V}-\boldsymbol{V}_0 &= \boldsymbol{A}'\Omega\boldsymbol{A}-\boldsymbol{B}'\Omega\boldsymbol{B} \\
&= (\boldsymbol{B}+(\boldsymbol{A}-\boldsymbol{B}))'\Omega(\boldsymbol{B}+(\boldsymbol{A}-\boldsymbol{B}))-\boldsymbol{B}'\Omega\boldsymbol{B} \\
&= (\boldsymbol{A}-\boldsymbol{B})'\Omega(\boldsymbol{A}-\boldsymbol{B})
\end{aligned}
$$

となる。ここで、$\boldsymbol{c}$ を任意の K 次のベクトルとすると、Ω は正値定符号行列であることから、

$$
\begin{aligned}
\boldsymbol{c}'(\boldsymbol{V}-\boldsymbol{V}_0)\boldsymbol{c} &= \boldsymbol{c}'(\boldsymbol{A}-\boldsymbol{B})'\Omega(\boldsymbol{A}-\boldsymbol{B})\boldsymbol{c} \\
&= \boldsymbol{d}'\Omega\boldsymbol{d} \\
&\geq 0
\end{aligned}
$$

が成り立つ。ただし、$\boldsymbol{d}=(\boldsymbol{A}-\boldsymbol{B})\boldsymbol{c}$ である。よって、$\boldsymbol{V}-\boldsymbol{V}_0$ は非負値定符号行列であることが示された。□

同様にして、(5.13)も示される。

第6章 制限従属変数とサンプルセレクション

これまでの章では、線形回帰モデルの被説明変数は連続確率変数であると暗に想定して話を進めてきた。しかし、興味のある結果変数が離散変数、とりわけ、ダミー変数となることも多い。例えば、幼い子供がいるかどうかが、既婚女性の労働参加にどのような影響を与えるか分析したいとしよう。このとき、興味のある結果は就労するかしないかのいずれかで、職に就いているときに1、就いていないときに0を取るような変数を考えると、被説明変数はダミー変数となる。このように、被説明変数がダミー変数となるようなモデルは、**2項選択モデル**（binary choice model）と呼ばれる。上記の例の他にも、大学に進学するかしないか、企業が倒産するかしないかなど、2項選択モデルの分析例は多数存在する。

ダミー変数のように被説明変数の取りうる値の範囲に制約があるときや、一定の条件を満たすときにしか被説明変数が観測されないとき、そのような被説明変数は**制限従属変数**（limited dependent variable）と呼ばれる。制限従属変数はいくつかの異なる理由から生じる。理由のひとつは、もともとのデータの特性に起因するものである。例えば、被説明変数がダミー変数となるのは、結果変数がもともとは数値データではなく質的なデータであるためである。また経済学では、労働時間や耐久消費財への消費額など、非負でかつ0にいくつかの観測値が集中するようなデータも多く、この場合も変数の取りうる値の範囲が制限されている。制限従属変数が生じる他の理由としては、もともとのデータには制約はないが、データの入手可能性の問題から、変数の取りうる値が制限されることもある。例えば、高額所得者の所得を公開すると、個人が特定される恐れがあるため、所得が一定額を超える個人については、データの分析者には所得の額がわからないような場合である。

興味のある母集団からの無作為標本が得られず、偏った標本しか得られない場合にも、制限従属変数の問題は生じうる。サンプルが母集団を適切に代表せず偏りを持つことを、**サンプルセレクション**（sample selection）の問題といい、偏った標本を無作為標本であるかのように扱って推定を行うと、**サンプルセレクションバイアス**（sample selection bias）と呼ばれるバイアスが生じる。サンプルセレクション自体は新しい問題ではなく、3章で考察したプログラム評価の手法は、サンプルセレクションに対処するための手法であるといってもよい。プログラム評価での問題は、母集団全体からランダムに Y_{1i} と Y_{0i} を同時に抽出したいのだが、処置を受けた人の Y_{1i} と処置を受けなかった人の Y_{0i} しか観測されないことであった。3章では平均処置効果に関心があったが、本章では説明変数と被説明変数の関係を分析する方法について考察する。

6.1 2項選択モデル

線形確率モデル（linear probability model）とは、被説明変数がダミー変数の線形回帰モデルのことである。次のようなモデルを考える。

$$Y_i = \boldsymbol{X}_i'\boldsymbol{\beta} + u_i$$
$$E[u_i | \boldsymbol{X}_i] = 0$$

ここで、Y_i はダミー変数なので、$E[Y_i | \boldsymbol{X}_i] = P(Y_i = 1 | \boldsymbol{X}_i)$ となり

$$P(Y_i = 1 | \boldsymbol{X}_i) = \boldsymbol{X}_i'\boldsymbol{\beta}$$

が成り立つ。このように、$Y_i = 1$ となる条件付確率が説明変数の線形関数で表されているので、線形確率モデルと呼ばれる。

係数 β_1 は、X_{2i} から X_{ki} をコントロールした下で、X_{1i} のみを1単位変化させたときの $Y_i = 1$ となる確率の変化分を表している。このモデルは重回帰モデルの特殊ケースにすぎないので、係数はOLSで推定可能であるし、4章で

示した理論的結果もそのまま使うことができる。

線形確率モデルには、係数の解釈が明快で推定が容易という利点がある。しかし、線形性を仮定する限り、説明変数の値によっては、$P(Y_i=1|\boldsymbol{X}_i)$ が必ずしも $[0,1]$ 区間に収まらず、確率の定義を満たさないという欠点もある。**プロビットモデル**（probit model）や**ロジットモデル**（logit model）といった非線形モデルを使えば、この欠点を克服できる。

非線形モデルは次のように表される。

$$P(Y_i=1|\boldsymbol{X}_i)=F(\boldsymbol{X}_i'\boldsymbol{\beta}) \tag{6.1}$$

ただし、$F(\cdot)$ は適当な連続確率変数の分布関数である。分布関数の定義より、任意の実数 x について、$0\leq F(x)\leq 1$ となる。したがって、説明変数がどのような値を取ろうとも確率は $[0,1]$ 区間に収まり、線形確率モデルの問題点を回避できる。分布関数として、標準正規分布の分布関数 $F(x)=\Phi(x)$ を用いればプロビットモデルとなり、ロジスティック分布の分布関数 $F(x)=1/(1+e^{-x})$ を用いればロジットモデルとなる。

プロビットやロジットは、**潜在変数モデル**（latent variable model）によって表すこともできる。潜在変数モデルでは、Y_i の取る値はデータの分析者には観測されない変数によって決定されていると考える。Y_i^* を観測されない潜在変数として

$$Y_i^*=\boldsymbol{X}_i'\boldsymbol{\beta}+e_i$$

が成り立っているとする。誤差項 e_i は $\boldsymbol{X}_i$ と独立であるとし、$-e_i$ の分布関数を $F(\cdot)$ とする。Y_i は $Y_i^*>0$ のときに1、それ以外のときに0を取るとすると

$$\begin{aligned}P(Y_i=1|\boldsymbol{X}_i)&=P(Y_i^*>0|\boldsymbol{X}_i)\\&=P(e_i>-\boldsymbol{X}_i'\boldsymbol{\beta}|\boldsymbol{X}_i)\\&=F(\boldsymbol{X}_i'\boldsymbol{\beta})\end{aligned}$$

となり、これは(6.1)と同じである。

パラメータは（条件付）最尤法で推定できる[1)]。$\boldsymbol{X}_i$ を条件としたとき、Y_i

は成功確率 $F(\boldsymbol{X}_i'\boldsymbol{\beta})$ のベルヌーイ分布に従うので、Y_i の条件付確率関数は

$$f_{Y|X}(y\,|\,\boldsymbol{X}_i) = F(\boldsymbol{X}_i'\boldsymbol{\beta})^y(1-F(\boldsymbol{X}_i'\boldsymbol{\beta}))^{1-y}$$

となる。よって、対数尤度関数は

$$\log L(\boldsymbol{\beta}) = \sum_{i=1}^{n}\{Y_i \log F(\boldsymbol{X}_i'\boldsymbol{\beta})+(1-Y_i)\log(1-F(\boldsymbol{X}_i'\boldsymbol{\beta}))\}$$

で与えられ、これを最大化すれば $\boldsymbol{\beta}$ の推定量が得られる（本来は、真のパラメータと尤度関数の変数である一般のパラメータは、$\boldsymbol{\beta}_0$ と $\boldsymbol{\beta}$ のように記号を区別したほうがよいのだが、特に混乱も生じないと思われるため、本章ではどちらも同じ記号で表すことにする）。

標準正規分布とロジスティック分布の分布関数の形状はよく似ており、プロビットとロジットの分析結果も似たような結果になることが多い。両者の一番の違いは、ロジスティック分布の分布関数は解析的に与えられているのに対し、標準正規分布の分布関数は解析的に求められない点にある。コンピュータの性能が低かった時代には、ロジットはプロビットと比べて推定における計算が容易であるというメリットがあったが、現在のコンピュータでは計算上の差はほとんどない[2)]。

線形確率モデルとは異なり、プロビットやロジットでは、$\boldsymbol{\beta}$ の個々の係数の値にはあまり意味がない。多くの場合、ある説明変数（例えば、X_{1i}）を変化させたとき、$Y_i=1$ となる確率がどのように変化するかに関心がある。X_{1i} が連続確率変数であれば、X_{2i} から X_{ki} をコントロールした下で、X_{1i} を変化させたときの限界効果は

$$\frac{\partial P(Y_i=1\,|\,\boldsymbol{X}_i)}{\partial X_{1i}} = f(\boldsymbol{X}_i'\boldsymbol{\beta})\beta_1 \qquad (6.2)$$

によって表される。ただし、$f(x)=\frac{d}{dx}F(x)$ で、$f(x)$ は密度関数である。また、X_{1i} がダミー変数である場合には、X_{1i} が 0 から 1 に変わったときの影響

1）巻末の付録 C を参照。

2）プロビットとロジットの違いに興味がある場合は、Train（2003）を参照。

は

$$F(\beta_0+\beta_1+\beta_2 X_{2i}+\cdots+\beta_k X_{ki})-F(\beta_0+\beta_2 X_{2i}+\cdots+\beta_k X_{ki}) \tag{6.3}$$

によって表される。ちなみに、線形確率モデルは $F(x)=x$ に相当するので、(6.2)も(6.3)もともに β_1 である。

プロビットにせよロジットにせよ、(6.2)は $\boldsymbol{X}_i$ の値に依存している。これは、各個人によって限界効果が異なることを意味している。しかし、すべての人たちの限界効果をレポートするわけにはいかない。そこで、推定結果を示すときは、次のような値をレポートすることが多い。

$$f(\bar{\boldsymbol{X}}'\hat{\boldsymbol{\beta}})\hat{\beta}_1 \tag{6.4}$$

$$\frac{1}{n}\sum_{i=1}^{n} f(\boldsymbol{X}_i'\hat{\boldsymbol{\beta}})\hat{\beta}_1 \tag{6.5}$$

ただし、$\bar{\boldsymbol{X}}=n^{-1}\sum_{i=1}^{n}\boldsymbol{X}_i$ で、(6.4)は標本における平均的な人物の限界効果を表していると解釈される。一方、(6.5)は限界効果の平均で、通常は(6.4)とは異なる。

線形モデルと非線形のモデルでは、どちらが優れているのだろうか。確率の予測値を得ることが目的ならば、非線形モデルに軍配があがるかもしれない。しかし、応用上は、確率の予測値よりも、上で見たような限界効果に興味があることのほうが多い。平均的な限界効果を線形確率モデルと非線形確率モデルを使って推定すると、多くの実証研究において、両者は非常に似通った値になっている。それならば、単純な線形確率モデルを使っても、特に問題はないと考えることもできる。結局、どのモデルを使いどの推定方法を使うかは、分析者の知りたいことに依存しているわけである。

6.2 打ち切り回帰モデル

経済データを扱う際、しばしば、データの**打ち切り**（censoring）が問題となる。打ち切りとは、ある閾値以上（あるいは以下）の値のデータを観測できないような状態を指す。例えば、政府統計機関が個票データを研究者に開示する際に、高額所得者の所得をそのまま公表すると、個人が特定される恐れがある。そのため、秘匿性の観点から、ある閾値を超える所得に関しては、閾値を超えているということだけが公表されて、具体的な所得の値は公表されないことがある。このようなデータ処理を**トップコーディング**（top cording）という。トップコーディングがある場合、個人 i の真の所得を Y_i^* とし、閾値を c とすると、データの分析者に観測される所得は $Y_i = \min\{Y_i^*, c\}$ となり、標本には $Y_i = c$ となるような個人が多数存在することとなる。

このような状況を分析するために、次のような**打ち切り回帰モデル**（censored regression model）を考える。

$$
\begin{aligned}
Y_i^* &= \boldsymbol{X}_i'\boldsymbol{\beta} + u_i \\
Y_i &= \min\{Y_i^*, 0\} \\
u_i | \boldsymbol{X}_i &\sim N(0, \sigma^2)
\end{aligned}
$$

観測される変数は $(Y_i, \boldsymbol{X}_i)$ で、Y_i^* は分析者には観測されない真の値を表す潜在変数である。打ち切りの閾値を 0 としているが、既知の値でさえあれば、0 以外でもかまわない。例えば、閾値を c とし、$Y_i^* = \beta_0 + \beta_1 X_i + u_i$ とすると、$Y_i^* > c$ は $(\beta_0 - c) + \beta_1 X_i + u_i > 0$ と同じなので、定数項が変わるだけである。また、min の代わりに、$Y_i = \max\{Y_i^*, 0\}$ としても、話はほとんど変わらない。

このモデルは、考案者である Tobin の名を取って、**トービットモデル**（Tobit model）と呼ばれることもある。ただし、厳密に言えば、元論文である Tobin（1958）では、次節で説明する端点解の問題を考察しているので、問題を混同しないためにも、打ち切り回帰モデルと呼ぶほうが適切であると思われる。

モデルの仮定から $E[Y_i^* | \boldsymbol{X}_i] = \boldsymbol{X}_i'\boldsymbol{\beta}$ であるが、通常の重回帰モデルとは違い、誤差項に正規分布という分布形の仮定を置いている。また、誤差項と説明変数の独立性も仮定している（u_i の条件付分布は $\boldsymbol{X}_i$ に依存していない）。実は、分布の仮定は推定のための便宜的な仮定ではなく、本質的な仮定であり、より緩い仮定である $E[u_i | \boldsymbol{X}_i] = 0$ で置き換えることはできない。理由については 7 章で詳しく述べるが、データに打ち切りが存在する場合、誤差項に何らかの分布形の仮定を置かない限り、$E[Y_i^* | \boldsymbol{X}_i]$ は識別されないからである。

$E[Y_i^* | \boldsymbol{X}_i] \neq E[Y_i | \boldsymbol{X}_i]$ なので、Y_i を $\boldsymbol{X}_i$ に回帰して OLS で $\boldsymbol{\beta}$ を推定することはできない。パラメータ $\boldsymbol{\theta} = (\boldsymbol{\beta}', \sigma^2)'$ の推定は、最尤法で行われる。まず、$\boldsymbol{X}_i$ を条件としたとき、Y_i^* の条件付密度関数は

$$f_{Y^*|X}(y^* | \boldsymbol{X}_i) = \frac{1}{\sqrt{2\pi\sigma^2}} \exp\left\{-\frac{(y^* - \boldsymbol{X}_i'\boldsymbol{\beta})^2}{2\sigma^2}\right\}$$
$$= \frac{1}{\sigma}\phi\left(\frac{y^* - \boldsymbol{X}_i'\boldsymbol{\beta}}{\sigma}\right)$$

である。ただし、$\phi(\cdot)$ は標準正規分布の密度関数である。よって、打ち切りがない（$Y_i < 0$）場合には、Y_i の条件付密度関数は

$$f_{Y|X}(y | \boldsymbol{X}_i) = \frac{1}{\sigma}\phi\left(\frac{y - \boldsymbol{X}_i'\boldsymbol{\beta}}{\sigma}\right)$$

である。一方、打ち切りが生じる（$Y_i = 0$）条件付確率は

$$P(Y_i = 0 | \boldsymbol{X}_i) = P(Y_i^* > 0 | \boldsymbol{X}_i)$$
$$= P\left(\frac{u_i}{\sigma} > -\frac{\boldsymbol{X}_i'\boldsymbol{\beta}}{\sigma} \,\middle|\, \boldsymbol{X}_i\right)$$
$$= \Phi\left(\frac{\boldsymbol{X}_i'\boldsymbol{\beta}}{\sigma}\right)$$

である。よって、対数尤度関数は

$$\log L(\boldsymbol{\theta}) = \sum_{i:Y_i<0} \log\left[\frac{1}{\sigma}\phi\left(\frac{Y_i - \boldsymbol{X}_i'\boldsymbol{\beta}}{\sigma}\right)\right] + \sum_{i:Y_i=0} \log\Phi\left(\frac{\boldsymbol{X}_i'\boldsymbol{\beta}}{\sigma}\right)$$

である。

6.3 端点解

打ち切りとよく似た問題として、経済主体の最適化行動の結果、観測値がある閾値に集中するような場合がある。例えば、企業が最適なＲ＆Ｄ投資額を

決定するという問題を考えよう。利潤最大化のためのある企業 i にとっての理論上の最適な投資額 Y_i^* は、負の値になりうる。しかし、実際には負の投資を行うことはできないので、実行可能な最適な投資は、$[0, \infty)$ の端点である 0 となる。よって、実際の投資額は $Y_i = \max\{Y_i^*, 0\}$ となり、0 のところに観測値が集中する。このような被説明変数を、Wooldridge（2010）では**端点解結果変数**（corner solution outcome）と呼んで、打ち切りとは区別をしている。

打ち切りと端点解では、観測されるデータの特性はよく似ており、端点解の場合でもトービットモデルで分析が可能である。と言うよりもむしろ、そもそもトービットモデルは、端点解の問題に対処するために考案されている。ただし、打ち切りと端点解では、興味の対象が異なることに注意が必要である。打ち切りの場合、観測されない真の変数である Y_i^* の分布に興味がある。データの取得方法の問題から、Y_i^* を観測することができないことが、打ち切りの根本的な問題である。それに対し、端点解の場合には、Y_i^* は理論的に便宜上導入されるものであるケースが多い。上記の例でも、負の投資というのは現実には存在しない理論上のものに過ぎない。そのため、Y_i^* が観測されないことが本質的な問題ではない。端点解の場合、観測される変数である Y_i の条件付期待値 $E[Y_i | \boldsymbol{X}_i]$ や $E[Y_i | \boldsymbol{X}_i, Y_i > 0]$ のほうに興味がある。

$E[Y_i | \boldsymbol{X}_i]$ に興味があるのであれば、潜在変数など用いず、最初から Y_i に関する線形モデル $E[Y_i | \boldsymbol{X}_i] = \boldsymbol{X}_i'\boldsymbol{\beta}$ を用いて分析すればよいと思われるかもしれない。確かにそれもひとつの方法ではあるが、あまり好ましくはない。理由は線形確率モデルの場合と同様で、線形性を仮定すると、$E[Y_i | \boldsymbol{X}_i]$ は説明変数の値によっては負の値を取りうるので、$Y_i \geq 0$ と矛盾するからである。

$Y_i = \max\{Y_i^*, 0\}$ とすると、正規性の仮定の下、条件付期待値 $E[Y_i | \boldsymbol{X}_i]$ は以下のように表すことができる。まず、

$$E[Y_i | \boldsymbol{X}_i] = P(Y_i > 0 | \boldsymbol{X}_i) E[Y_i | \boldsymbol{X}_i, Y_i > 0]$$

が成り立つ。$P(Y_i > 0 | \boldsymbol{X}_i)$ は

$$P(Y_i > 0 | \boldsymbol{X}_i) = P(Y_i^* > 0 | \boldsymbol{X}_i) = \Phi\left(\frac{\boldsymbol{X}_i'\boldsymbol{\beta}}{\sigma}\right)$$

で求められる。一方、$E[Y_i|\boldsymbol{X}_i, Y_i>0]$ を求めるには、標準正規分布に関する次の性質を利用する。$Z\sim N(0,1)$ のとき、

$$E[Z|Z>-c]=\int_{-c}^{\infty}\frac{z\phi(z)}{\Phi(c)}dz=\frac{\phi(c)}{\Phi(c)}\equiv\lambda(c)$$

が成り立つ。$\lambda(\cdot)$ は**逆ミルズ比**（inverse Mills ratio）と呼ばれる。したがって

$$\begin{aligned}E[Y_i|\boldsymbol{X}_i, Y_i>0]&=\boldsymbol{X}_i'\boldsymbol{\beta}+E[u_i|\boldsymbol{X}_i, Y_i>0]\\&=\boldsymbol{X}_i'\boldsymbol{\beta}+E[u_i|\boldsymbol{X}_i, u_i>-\boldsymbol{X}_i'\boldsymbol{\beta}]\\&=\boldsymbol{X}_i'\boldsymbol{\beta}+\sigma E\left[\frac{u_i}{\sigma}\,\Big|\,\boldsymbol{X}_i, \frac{u_i}{\sigma}>-\frac{\boldsymbol{X}_i'\boldsymbol{\beta}}{\sigma}\right]\\&=\boldsymbol{X}_i'\boldsymbol{\beta}+\sigma\lambda\left(\frac{\boldsymbol{X}_i'\boldsymbol{\beta}}{\sigma}\right)\end{aligned}\qquad(6.6)$$

が得られる。

6.4　切断回帰モデル

もうひとつの打ち切りと似た問題に、**切断**（truncation）がある。切断も打ち切りと同様にデータの観測上の問題で、被説明変数の取る値によって、観測値が得られなくなるケースを指す。切断の問題を最初に理論的に扱った論文である Hausman and Wise（1977）では、ニュージャージー州で行われた負の所得税の導入に関する社会実験データを例として挙げている[3)]。この社会実験では、所得が貧困線の1.5倍より低い貧困層のみを実験対象としており、所得が一定水準より高い家計は標本に含まれていない。そのため、所得を被説明変数とすると、被説明変数が閾値以上のものについては、被説明変数のみでなく、その他の変数についても観測することができない。打ち切りの場合、被説明変数の値によらず、説明変数の情報は常に得られた。それに対し、説明変数と被

3）この実験は Heather Ross の主導により1968年から3年間行われ、アメリカにおける最初の大規模社会実験であると考えられている。実験の詳細については、Ross（1970）を参照。

説明変数がともに観測されないとき、切断が生じているという。切断の場合、閾値のところに観測値が集中するようなこともない。

打ち切りと切断の違いは、標本に偏りがあるかどうかの違いであるとも言える。打ち切りの場合、一部の被説明変数が適切に観測されないという問題はあるものの、標本は興味のある母集団から無作為抽出されているケースを考えている。一方、切断の場合、上記の例では特定の条件を満たす実験参加者の観測値しか得られないため、貧困層に限らない全家計を興味のある母集団と考えるならば、サンプルセレクションが生じている。同じ標本であっても、何を母集団と考えるかによって、サンプルセレクションが生じることもあるし生じないこともあることに注意が必要である。貧困層の家計を母集団と考えるならば、サンプルセレクションの問題は生じない。

切断の問題に対処するため、次のような**切断回帰モデル**（truncated regression model）を考える。

$$Y_i = \boldsymbol{X}_i'\boldsymbol{\beta} + u_i$$
$$u_i | \boldsymbol{X}_i \sim N(0, \sigma^2)$$

ただし、$(Y_i, \boldsymbol{X}_i)$ は $Y_i > 0$ のときのみ観測されるものとする。閾値は 0 以外でもかまわないし、$Y_i < 0$ としても話は同様である。興味の対象は、母集団の条件付期待値 $E[Y_i | \boldsymbol{X}_i] = \boldsymbol{X}_i'\boldsymbol{\beta}$ である。打ち切りの場合と同様に、誤差項 u_i の仮定を弱めることは難しい。

$Y_i > 0$ の場合しか観測値が得られないので、入手可能な標本は興味のある母集団からの無作為標本ではない。そのため、OLS によって $\boldsymbol{\beta}$ を推定するとサンプルセレクションバイアスが生じる。推定には最尤法を用いる。ただし、$Y_i > 0$ のデータしか観測されないので、次のような条件付密度関数を用いる。

$$f_{Y|\boldsymbol{X}, Y>0}(y | \boldsymbol{X}_i, Y_i > 0) = \frac{f_{Y|\boldsymbol{X}}(y | \boldsymbol{X}_i)}{P(Y_i > 0 | \boldsymbol{X}_i)}$$

ここで、

$$f_{Y|X}(y \mid \boldsymbol{X}_i) = \frac{1}{\sigma}\phi\left(\frac{y - \boldsymbol{X}_i'\boldsymbol{\beta}}{\sigma}\right)$$
$$P(Y_i > 0 \mid \boldsymbol{X}_i) = \Phi\left(\frac{\boldsymbol{X}_i'\boldsymbol{\beta}}{\sigma}\right)$$

であることから、対数尤度関数は

$$\log L(\boldsymbol{\theta}) = \sum_{i=1}^{n}\left\{\log\left[\frac{1}{\sigma}\phi\left(\frac{Y_i - \boldsymbol{X}_i'\boldsymbol{\beta}}{\sigma}\right)\right] - \log\Phi\left(\frac{\boldsymbol{X}_i'\boldsymbol{\beta}}{\sigma}\right)\right\}$$

となる。

6.5 Heckmanの2段階推定量

前節では、被説明変数の値に依存して、観測値が得られるかどうかが決定されるケースを考えた。本節では、被説明変数以外の内生変数の値によって、セレクションが生じるケースを考える。

例として、個人の市場賃金（market wage）を W_i とし、次のようなモデルを考える。

$$\log W_i = \boldsymbol{X}_i'\boldsymbol{\beta} + u_i$$
$$E[u_i \mid \boldsymbol{X}_i] = 0$$

このモデルを推定する際に問題となりうるのは、W_i は働いている個人についてしか観測されないということである。また、働いていない人について、$W_i = 0$ とすることはできない。なぜなら、現在働いていない人でも、0という賃金がつけられたわけではなく、働けば一定額の賃金が得られるはずだからである。

では、セレクションはどのようなときに問題を引き起こすのだろうか。D_i を職に就いているときに1、そうでないときに0を取るダミー変数とする。すると、$D_i = 1$ となるデータのみを使って推定されるモデルは

$$D_i \log W_i = D_i \boldsymbol{X}_i' \boldsymbol{\beta} + D_i u_i$$

と表すことができる。仮に説明変数と誤差項が無相関、つまり

$$E[(D_i \boldsymbol{X}_i)(D_i u_i)] = \boldsymbol{0} \tag{6.7}$$

であれば、セレクションの有無にかかわらず、$\boldsymbol{\beta}$ は OLS で一致推定できる。(6.7) は D_i が $(\boldsymbol{X}_i, u_i)$ と独立であるときには成り立つ。例えば、働くか働かないかの選択が、個人の特性に依存せずにランダムに行われているような場合である。また、

$$E[u_i | D_i, \boldsymbol{X}_i] = E[u_i | \boldsymbol{X}_i] = 0 \tag{6.8}$$

が満たされるときにも、(6.7) は成り立つ。(6.8) は、観測される外生変数に条件付ければ、D_i は u_i の条件付期待値には無関係であるという条件で、3.2節で用いた無視可能性の仮定に相当するものである。ところが、今の例では、個人の能力などの分析者には観測されない変数が、W_i の決定要因であるとともに、D_i の決定要因にもなっていると考えられる。つまり、観測されない変数に基づく選択が行われており、(6.8) は成り立たないと考えるほうが自然である。

3.3節では操作変数を用いた観測されない変数に基づく選択への対処法を考察したが、3.3節のモデルと本節のモデルは以下の点において異なる。まず、3.3節のモデルでは、選択（処置）を表すダミー変数が説明変数としてモデルに含まれていたが、本節のモデルでは D_i は興味のある回帰モデルに明示的には現れない。また、3.3節で考察したモデルでは、条件付きではあるが、$D_i = 1$ と $D_i = 0$ の双方で Y_i を観測することができたが、本節では $D_i = 1$ の場合しか Y_i が観測されないケースを考える。さらに、3.3節での興味の対象は処置効果であったが、ここでは説明変数と被説明変数の関係に興味がある。以上のような違いから、本節では操作変数法ではなく、セレクションルールをモデル化し、$E[u_i | D_i, \boldsymbol{X}_i]$ を明示的に求めることで、サンプルセレクションバイアスを修正する方法を考察する。

以下で考察するモデルは、次のようなタイプⅡのトービットモデル（type II

Tobit model）と呼ばれるモデルである。

$$Y_{1i}^{*}=\boldsymbol{Z}_i{}'\boldsymbol{\gamma}+u_{1i} \tag{6.9}$$

$$Y_{2i}=\boldsymbol{X}_i{}'\boldsymbol{\beta}+u_{2i} \tag{6.10}$$

$$D_i=1\{Y_{1i}^{*}\geq 0\} \tag{6.11}$$

Y_{1i}^{*}は潜在変数である。(6.9)と(6.11)がセレクションを決める式になっており、$D_i=1$のときのみ、Y_{2i}は観測されるものとする。このモデルで特に興味があるのは、(6.10)のパラメータ$\boldsymbol{\beta}$である。$\boldsymbol{Z}_i$はD_iの値によらず、すべての個体について観測されるものとする。$D_i=0$のとき、$\boldsymbol{X}_i$は観測されるかもしれないし、されないかもしれない。しかし、実証研究で用いられるモデルでは、$\boldsymbol{Z}_i$は$\boldsymbol{X}_i$の変数をすべて含んでいることが多く、ここでもそのようなケースを考える。その場合は当然ながら、$\boldsymbol{X}_i$も常に観測されることとなる。

誤差項(u_{1i}, u_{2i})は$\boldsymbol{Z}_i$とは独立で、2変量正規分布

$$\begin{pmatrix}u_{1i}\\u_{2i}\end{pmatrix}\sim N\left(\begin{pmatrix}0\\0\end{pmatrix},\begin{pmatrix}1 & \sigma_{12}\\ \sigma_{12} & \sigma_2^2\end{pmatrix}\right)$$

に従うものとする。$\mathrm{Var}[u_{1i}]=1$と標準化しているのは、分散のスケールは識別できないためである。u_{1i}とu_{2i}の共分散σ_{12}は0ではないとする。後述する(6.13)により、$\sigma_{12}=0$の場合、

$$E[Y_{2i}|Y_{1i}^{*}\geq 0,\boldsymbol{Z}_i]=E[Y_{2i}|Y_{1i}^{*}<0,\boldsymbol{Z}_i]=E[Y_{2i}|\boldsymbol{Z}_i] \tag{6.12}$$

となり、(6.8)と同様の条件が満たされるため、セレクションは問題とならず、単純にOLSで$\boldsymbol{\beta}$を推定すればよい。言い換えれば、$\sigma_{12}\neq 0$のときには、D_iとu_{2i}の間に相関が生じ、観測されない変数がセレクションに影響を与えることを許容している。

以上の設定の下で、未知パラメータ$\boldsymbol{\theta}=(\boldsymbol{\beta}',\boldsymbol{\gamma}',\sigma_2^2,\sigma_{12})'$は最尤法で推定できる。誤差項の仮定より、$\boldsymbol{Z}_i$に条件付けると

$$\begin{pmatrix}Y_{1i}^{*}\\Y_{2i}\end{pmatrix}\sim N\left(\begin{pmatrix}\boldsymbol{Z}_i{}'\boldsymbol{\gamma}\\ \boldsymbol{X}_i{}'\boldsymbol{\beta}\end{pmatrix},\begin{pmatrix}1 & \sigma_{12}\\ \sigma_{12} & \sigma_2^2\end{pmatrix}\right)$$

なので、正規分布の性質から、

$$Y_{1i}^{*} \mid Y_{2i}, \boldsymbol{Z}_i \sim N\left(\boldsymbol{Z}_i{}'\boldsymbol{\gamma} + \frac{\sigma_{12}}{\sigma_2^2}(Y_{2i} - \boldsymbol{X}_i{}'\boldsymbol{\beta}), 1 - \frac{\sigma_{12}^2}{\sigma_2^2}\right)$$

が成り立つ。$Y_{1i}^{*} < 0$ のとき、Y_{2i} は観測されないので、尤度関数は

$$\begin{aligned} L(\boldsymbol{\theta}) = & \prod_{i:Y_{1i}^{*}<0} P(Y_{1i}^{*} < 0 \mid \boldsymbol{Z}_i) \\ & \times \prod_{i:Y_{1i}^{*}\geq 0} f_{Y_2 \mid Y_1^{*} \geq 0, \boldsymbol{Z}}(Y_{2i} \mid Y_{1i}^{*} \geq 0, \boldsymbol{Z}_i) P(Y_{1i}^{*} \geq 0 \mid \boldsymbol{Z}_i) \\ = & \prod_{i:Y_{1i}^{*}<0} P(Y_{1i}^{*} < 0 \mid \boldsymbol{Z}_i) \\ & \times \prod_{i:Y_{1i}^{*}\geq 0} \int_0^{\infty} f_{Y_1^{*}, Y_2 \mid \boldsymbol{Z}}(y_1, Y_{2i} \mid \boldsymbol{Z}_i) dy_1 \end{aligned}$$

である。ここで、$f_{Y_1^{*}, Y_2 \mid \boldsymbol{Z}}(y_1, Y_{2i} \mid \boldsymbol{Z}_i) = f_{Y_1^{*} \mid Y_2, \boldsymbol{Z}}(y_1 \mid Y_{2i}, \boldsymbol{Z}_i) f_{Y_2 \mid \boldsymbol{Z}}(Y_{2i} \mid \boldsymbol{Z}_i)$ より、

$$\begin{aligned} L(\boldsymbol{\theta}) = & \prod_{i:Y_{1i}^{*}<0} P(Y_{1i}^{*} < 0 \mid \boldsymbol{Z}_i) \\ & \times \prod_{i:Y_{1i}^{*}\geq 0} f_{Y_2 \mid \boldsymbol{Z}}(Y_{2i} \mid \boldsymbol{Z}_i) \int_0^{\infty} f_{Y_1^{*} \mid Y_2, \boldsymbol{Z}}(y_1 \mid Y_{2i}, \boldsymbol{Z}_i) dy_1 \\ = & \prod_{i:Y_{1i}^{*}<0} [1 - \Phi(\boldsymbol{Z}_i{}'\boldsymbol{\gamma})] \\ & \times \prod_{i:Y_{1i}^{*}\geq 0} \frac{1}{\sigma_2} \phi\left(\frac{Y_{2i} - \boldsymbol{X}_i{}'\boldsymbol{\beta}}{\sigma_2}\right) \Phi\left(\frac{\boldsymbol{Z}_i{}'\boldsymbol{\gamma} + \sigma_{12}\sigma_2^{-2}(Y_{2i} - \boldsymbol{X}_i{}'\boldsymbol{\beta})}{(1 - \sigma_{12}^2\sigma_2^{-2})^{1/2}}\right) \end{aligned}$$

となる。

最尤推定量は漸近的に効率的な推定量なので、上記のように尤度関数が求められる場合には、最尤法でパラメータを推定するのが自然であるし、現在のコンピュータをもってすれば、最尤推定量は容易に求められる。しかし、コンピュータの性能が今ほど高くなかった時代には、最尤推定量を求めるための数値計算は困難であった。そのため、より計算の簡単な方法が、Heckman (1979) によって提案され、現在でもよく用いられている。

Heckman の推定法は、正規分布に関する次の事実を利用する。誤差項の正規性の仮定から、u_{1i} と独立な η_i が存在し、u_{2i} は

$$u_{2i} = \sigma_{12} u_{1i} + \eta_i$$

と表すことができる。よって、(6.6)と同様にして

$$\begin{aligned} E[Y_{2i} | Y_{1i}^* \geq 0, \boldsymbol{Z}_i] &= \boldsymbol{X}_i' \boldsymbol{\beta} + \sigma_{12} E[u_{1i} | u_{1i} \geq -\boldsymbol{Z}_i' \boldsymbol{\gamma}, \boldsymbol{Z}_i] \\ &= \boldsymbol{X}_i' \boldsymbol{\beta} + \sigma_{12} \lambda(\boldsymbol{Z}_i' \boldsymbol{\gamma}) \end{aligned} \tag{6.13}$$

が成り立つ。したがって、$D_i = 1$ となる観測値について、次の重回帰モデルが得られる。

$$\begin{aligned} Y_{2i} &= \boldsymbol{X}_i' \boldsymbol{\beta} + \sigma_{12} \lambda(\boldsymbol{Z}_i' \boldsymbol{\gamma}) + u_i \\ E[u_i | \boldsymbol{Z}_i] &= 0 \end{aligned} \tag{6.14}$$

これより、$\boldsymbol{\gamma}$ が既知であれば、OLS によって $\boldsymbol{\beta}$ と σ_{12} を推定することができる。また、Y_{2i} を $\boldsymbol{X}_i$ のみに回帰すると、$\lambda(\boldsymbol{Z}_i' \boldsymbol{\gamma})$ を無視することになるので、欠落変数バイアスが生じることもわかる。

実際には $\boldsymbol{\gamma}$ は未知なので、推定する必要がある。推定手順は以下のとおりである。まず、(6.9)と(6.11)だけに着目すれば、これはプロビットモデルに他ならない。したがって、$\boldsymbol{\gamma}$ は $\boldsymbol{\beta}$ とは別に識別され、すべての観測値を用いて、最尤法で $\boldsymbol{\gamma}$ を推定できる。次に、(6.14) の $\boldsymbol{\gamma}$ を最尤推定量 $\hat{\boldsymbol{\gamma}}$ で置き換えて、$D_i = 1$ である観測値のみを用いて、OLS で $\boldsymbol{\beta}$ と σ_{12} を推定することができる。このように、2段階で推定を行うことから、この推定方法を **Heckman の2段階推定法**といったり、あるいは、**ヘキット**（Heckit）ということもある。

2段階推定量においては、$\boldsymbol{\beta}$ の OLS 推定量の標準誤差を求めるときに、少し注意が必要である。(6.14)の $\boldsymbol{\gamma}$ を $\hat{\boldsymbol{\gamma}}$ で置き換えているので、通常の OLS の漸近分散を用いることはできない。$\boldsymbol{\gamma}$ が既知のときと未知のときとでは、$\boldsymbol{\beta}$ の推定量の漸近分散が異なるためである。真の回帰変数 $\lambda(\boldsymbol{Z}_i' \boldsymbol{\gamma})$ が $\lambda(\boldsymbol{Z}_i' \hat{\boldsymbol{\gamma}})$ によって推定されており、このように回帰変数を推定したものを、生成された回帰変数（generated regressor）と呼ぶ[4)]。一般に、生成された回帰変数が含まれる場合、推定量の漸近分散の修正が必要となる。

ヘキットの場合、2段階推定量を GMM 推定量に書き換えれば、簡単に漸

図6.1　逆ミルズ比

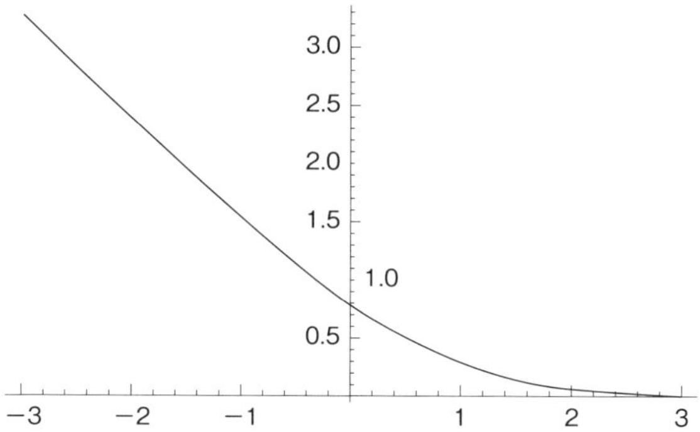

近分散が求められる。まず、1段階目のプロビットの最尤法の1階条件から、

$$\mathbf{0} = E[\boldsymbol{g}_{1i}(\boldsymbol{\theta})] = E\left[\frac{(D_i - \Phi(\boldsymbol{Z}_i{}'\boldsymbol{\gamma}))\phi(\boldsymbol{Z}_i{}'\boldsymbol{\gamma})\boldsymbol{Z}_i}{\Phi(\boldsymbol{Z}_i{}'\boldsymbol{\gamma})(1-\Phi(\boldsymbol{Z}_i{}'\boldsymbol{\gamma}))}\right]$$

という直交条件が得られる。一方、2段階目のOLSの正規方程式から、

$$\mathbf{0} = E[\boldsymbol{g}_{2i}(\boldsymbol{\theta})] = E\left[D_i\begin{pmatrix}\boldsymbol{X}_i\\ \lambda(\boldsymbol{Z}_i{}'\boldsymbol{\gamma})\end{pmatrix}(Y_{2i} - \boldsymbol{X}_i{}'\boldsymbol{\beta} - \sigma_{12}\,\lambda(\boldsymbol{Z}_i{}'\boldsymbol{\gamma}))\right]$$

という直交条件が得られる。この2つの直交条件をまとめて $\boldsymbol{g}_i(\boldsymbol{\theta}) = (\boldsymbol{g}_{1i}(\boldsymbol{\theta})'\ \boldsymbol{g}_{2i}(\boldsymbol{\theta})')'$ とし、

$$\frac{1}{n}\sum_{i=1}^{n}\boldsymbol{g}_i(\hat{\boldsymbol{\theta}}) = \mathbf{0}$$

を解けば、得られる推定量はヘキットと同じである。モデルは丁度識別されているので、ウエイト行列は必要ない。漸近分散の求め方は、通常のGMMの漸近分散の求め方と同じである。

4）generated regressor の日本語訳がわからないため、とりあえず生成された回帰変数と呼ぶが、おそらくこれは一般的な呼び名ではない。

ヘキットを使う際には、識別にも注意が必要である。図6.1は$\lambda(z)=\phi(z)/\Phi(z)$のグラフであるが、$\lambda(z)$は線形関数に近いことがわかる。そのため、適当な実数aとbについて、$\lambda(z)\approx a+bz$が成り立つ。したがって、仮に$\boldsymbol{Z}_i=\boldsymbol{X}_i$とすると、$\boldsymbol{\gamma}$を$\hat{\boldsymbol{\gamma}}$で置き換えれば、

$$Y_{2i}\approx \boldsymbol{X}_i'\boldsymbol{\beta}+\sigma_{12}(a+b\boldsymbol{X}_i'\hat{\boldsymbol{\gamma}})+u_i$$

となり、$\boldsymbol{X}_i$の各成分と$\boldsymbol{X}_i'\hat{\boldsymbol{\gamma}}$を説明変数とする線形モデルが得られる。ところが、$\boldsymbol{X}_i$と$\boldsymbol{X}_i'\hat{\boldsymbol{\gamma}}$は線形従属になるので、完全な多重共線性を引き起こしてしまう。そのため通常は、$\boldsymbol{Z}_i$の変数のうち、少なくとも1つの変数は$\boldsymbol{X}_i$には含まれないという除外制約を置いて推定する。前にも述べたが、通常は$\boldsymbol{X}_i$の変数はすべて$\boldsymbol{Z}_i$にも含まれる。$\boldsymbol{Z}_i$のその他の変数としては、セレクションには影響を与えるが、Y_{2i}には直接的には影響を与えないような変数を探してやる必要がある。その意味では、$\boldsymbol{Z}_i$に含まれる変数を選ぶのは、(6.10)を推定するための操作変数を選ぶことと同じようなものである。適当な変数が見つからないときには、ヘキットの使用は避けたほうがよい[5)]。

5）$\boldsymbol{X}_i$と$\lambda(\boldsymbol{Z}_i'\hat{\boldsymbol{\gamma}})$の相関が強いときには、ヘキットのみならず最尤推定量のパフォーマンスも悪くなる。そのため、そのような場合には、タイプⅡトービットではなく、Two-Partモデルと呼ばれるような別のモデルを用いることも考えられる。これについては、Leung and Yu（1996）やPuhani（2000）を参照されたい。

第7章 分位点回帰

多くの実証研究では、説明変数のベクトル $\boldsymbol{X}_i$ の変化が、被説明変数 Y_i の分布にどのような影響を与えるかを計測することに関心がある。Y_i と $\boldsymbol{X}_i$ の関係に関する情報は、$(Y_i, \boldsymbol{X}_i)$ の同時分布関数 $F_{Y,X}(y, \boldsymbol{x}) = P(Y_i \leq y, \boldsymbol{X}_i \leq \boldsymbol{x})$、あるいは、$\boldsymbol{X}_i = \boldsymbol{x}$ を条件としたときの Y_i の条件付分布関数 $F_{Y|X}(y \mid \boldsymbol{x}) = P(Y_i \leq y \mid \boldsymbol{X}_i = \boldsymbol{x})$ にすべて含まれている。しかし、分布関数を眺めていても、Y_i と $\boldsymbol{X}_i$ の関係の直感的理解は得にくい。そのため、通常は分布の代表値に焦点を当てて分析を行う。最もポピュラーな代表値は、条件付期待値

$$E[Y_i \mid \boldsymbol{X}_i = \boldsymbol{x}] = \int_{-\infty}^{\infty} y f_{Y|X}(y \mid \boldsymbol{x}) dy$$

であろう。条件付期待値が $\boldsymbol{X}_i$ の線形関数であるという仮定の下、

$$\begin{aligned} Y_i &= \boldsymbol{X}_i' \boldsymbol{\beta} + u_i \\ E[u_i \mid \boldsymbol{X}_i] &= 0 \end{aligned}$$

という線形回帰モデルが得られ、このモデルを用いていかにして推論を行うかをこれまで考察してきた。

期待値は分布の中心を示す代表値として重要であるが、分布の特徴を表す代表値は他にも多数存在する。例えば、期待値以外にも、メディアンやモードも分布の中心を表す代表値である。また、分析したい問題によっては、分布の中心よりも他の側面に興味があることもある。例えば、近年日本でも所得格差が拡大していると言われているが、その要因を分析したいとしよう。そのような

場合、いくつかの年代（1980年代、1990年代、2000年代など）で、所得を被説明変数とする線形回帰モデルを推定し、推定結果の推移を見たところで、おそらくあまり意味のある情報は得られない。格差というからには、高所得者層と低所得者層のギャップに興味があるはずである。高所得者と低所得者の間で所得の決定要因（例えば、学歴）が所得に与える影響がどのように異なり、またそれが年代ごとにどのように変化してきたかを観測することで、所得格差の拡大要因の分析を行うことができる。つまり、この例においては、分布の中心（平均的な所得）にはあまり関心がなく、分布の裾（低所得と高所得）の部分に着目しなければならない。このようなときに有用なツールが、**分位点回帰**（quantile regression）である。

分位点回帰とは、$\boldsymbol{X}_i$ を条件としたときの Y_i の条件付分位点を分析するもので、分位点回帰を用いた実証研究は近年急速に増えている。分位点回帰の漸近理論はかなり難易度が高く、深く追求しようとすると本書の想定する水準を超えてしまうが、推定量の背後にあるアイデアを理解することはそれほど難しくはないはずである。

7.1 分位点とその推定

まず、（無条件の）分位点の定義を与えることから始める。確率変数 Y の分布関数 $F_Y(y)$ が連続で、かつ狭義単調増加であるとする。このとき、$F_Y(y)$ の逆関数 $F_Y^{-1}(y)$ を定義することができる。$\tau \in (0,1)$ について、Y の τ **分位点**（τ-th quantile）Q_τ は

$$Q_\tau \equiv F_Y^{-1}(\tau) \tag{7.1}$$

で定義される。つまり、Q_τ とは

$$P(Y \leq Q_\tau) = \tau$$

を満たすような値である（図7.1）。$\tau = 1/2$ のとき、$Q_{1/2}$ は Y のメディアン（$\mathrm{Med}[Y]$）となる。すべての $\tau \in (0,1)$ について τ 分位点を求めれば、Y の分布を完全に知ることができる。

図7.1　分布関数と分位点（連続確率変数の場合）

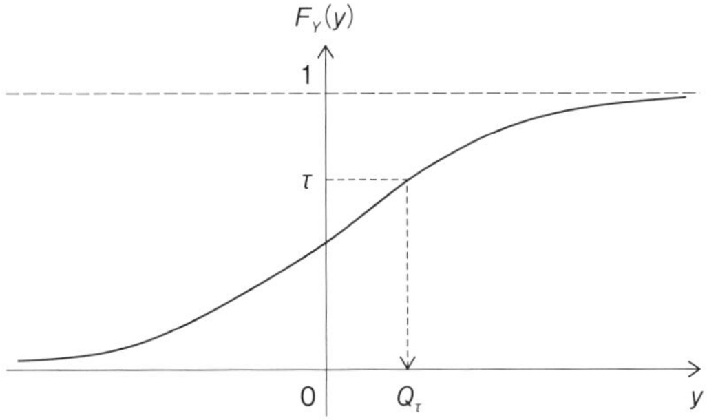

図7.2　分布関数と分位点（離散確率変数の場合）

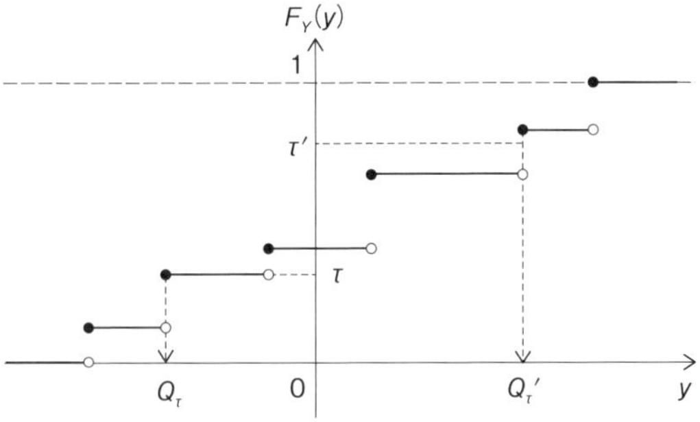

Y が離散確率変数の場合には、$F_Y(y)$ は不連続点を持つし、狭義単調増加でもない。そのような場合にも分位点は定義可能で、一般には、τ 分位点は

$$Q_\tau \equiv \inf\{y : F_Y(y) \geq \tau\} \tag{7.2}$$

で定義される（図7.2）。(7.2) はある種、逆関数を一般化したもので、$F_Y(y)$ の逆関数が存在する場合には、(7.1) と (7.2) は等しい。

分位点は**チェック関数**（check function）と呼ばれる関数を用いて表現することもできる。Y の τ 分位点は

$$Q_\tau = \arg\min_\theta E[\rho_\tau(Y-\theta)] \tag{7.3}$$

を満たすことが知られている。ただし、

$$\rho_\tau(u) = u(\tau - 1\{u \le 0\})$$
$$= \begin{cases} -(1-\tau)u & u \le 0 \\ \tau u & u > 0 \end{cases}$$

はチェック関数である。グラフを書いてみればわかるが、$\rho_\tau(u)$ のグラフがチェックマーク（✓）のような形をしていることから、そのように呼ばれる。

チェック関数を用いた分位点の表現は、Q_τ を推定したり推定量の性質を考えるときに便利である。$\{Y_1, \ldots, Y_n\}$ を母集団 F_Y からの無作為標本とすると、(7.3)より期待値を標本対応で置き換えて

$$\hat{Q}_\tau = \arg\min_\theta \frac{1}{n}\sum_{i=1}^{n}\rho_\tau(Y_i - \theta) \tag{7.4}$$

により Q_τ が推定できる。特に、$\tau = 1/2$ の場合には

$$\widehat{\mathrm{Med}}[Y] = \hat{Q}_{1/2} = \arg\min_\theta \frac{1}{n}\sum_{i=1}^{n}|Y_i - \theta| \tag{7.5}$$

であり、メディアンは観測値からの偏差の絶対値の和を最小化することで推定できる。

[例 7.1.1]

メディアンの推定において、(7.5)は標本の中央値と一致することを確認しよう。まず、単純な例として、3つの観測値 $\{2.3, 4.1, 5.0\}$ からなる標本が得られたとする。このとき、(7.5)の目的関数は、$1/n$ を省けば、

$$\sum_{i=1}^{3}|Y_i - \theta| = |2.3 - \theta| + |4.1 - \theta| + |5.0 - \theta|$$

である。ここで、右辺の最初と最後の項を取り出すと

$$|2.3 - \theta| + |5.0 - \theta| = \begin{cases} 7.3 - 2\theta & \theta < 2.3 \\ 2.7 & 2.3 \le \theta \le 5.0 \\ 2\theta - 7.3 & \theta > 5.0 \end{cases}$$

なので、$|2.3-\theta|+|5.0-\theta|$ は区間 $[2.3, 5.0]$ の任意の値で最小化される。一方、$|4.1-\theta|$ は 4.1 で最小となり、かつ、$4.1 \in [2.3, 5.0]$ なので、$\sum_{i=1}^{3}|Y_i-\theta|$ は中央値である 4.1 で最小化される。

次に、n 個の観測値 $\{Y_1, \ldots, Y_n\}$ のケースを考える。単純化のため、n は奇数であるとする。$Y_1, \ldots, Y_n$ を値の小さい順に並べたものを $Y_{(1)}, \ldots, Y_{(n)}$ とすると[1)]、当然だが、$\sum_{i=1}^{n}|Y_i-\theta| = \sum_{i=1}^{n}|Y_{(i)}-\theta|$ である。また、観測値が3つのケースと同様に考えると、$|Y_{(1)}-\theta|+|Y_{(n)}-\theta|$ は $\theta \in [Y_{(1)}, Y_{(n)}]$ で最小化され、$|Y_{(2)}-\theta|+|Y_{(n-1)}-\theta|$ は $\theta \in [Y_{(2)}, Y_{(n-1)}]$ で最小化される。また、区間 $[Y_{(2)}, Y_{(n-1)}]$ は区間 $[Y_{(1)}, Y_{(n)}]$ に含まれる。同じことを $|Y_{(3)}-\theta|+|Y_{(n-2)}-\theta|$、$|Y_{(4)}-\theta|+|Y_{(n-3)}-\theta|$ と繰り返し適用すれば、$\sum_{i=1}^{n}|Y_{(i)}-\theta|$ は中央値 $Y_{\left(\frac{n+1}{2}\right)}$ で最小化されることがわかる。□

ちなみに、期待値もメディアンもどちらも分布の中心を表す代表値であるが、分布が対称でない限り、一般には両者は異なる。時折、標本の中央値は標本平均よりもロバストな推定量であるという議論がなされ、確かにそれは一面においては正しいのだが、基本的には両者は別のものを推定しているということを認識すべきである。

7.2 分位点回帰

7.2.1 定義

$\{(Y_1, \boldsymbol{X}_1), \ldots, (Y_n, \boldsymbol{X}_n)\}$ を無作為標本とし、$\boldsymbol{X}_i$ を条件とする Y_i の**条件付分位点**（conditional quantile）を考える。Y_i の条件付分布関数を $F_{Y|\boldsymbol{X}}(y|\boldsymbol{x})$ とすると、Y_i の条件付 τ 分位点は

$$Q_\tau(\boldsymbol{x}) \equiv \inf\{y : F_{Y|\boldsymbol{X}}(y|\boldsymbol{x}) \geq \tau\}$$

によって定義される。無条件の場合と同様に、$F_{Y|\boldsymbol{X}}(y|\boldsymbol{x})$ が y について連続で狭義単調増加であれば

1）このように小さい順に並べたものを順序統計量という。

$$Q_\tau(\boldsymbol{x}) = F^{-1}_{Y|X}(\tau\,|\,\boldsymbol{x})$$

あるいは

$$P(Y_i \leq Q_\tau(\boldsymbol{x})\,|\,\boldsymbol{X}_i = \boldsymbol{x}) = \tau$$

が成り立つ。

τ を固定すると、$Q_\tau(\boldsymbol{x})$ は $\boldsymbol{x}$ の関数である。条件付分位点を推定する際、一般にはその関数形はわからないのだが、$Q_\tau(\boldsymbol{x})$ に線形性を仮定することが多い。そこで、次のようなモデルを考えることにする。

$$Y_i = \boldsymbol{X}_i'\boldsymbol{\beta}_\tau + u_{\tau i} \tag{7.6}$$

ただし、$u_{\tau i} = Y_i - Q_\tau(\boldsymbol{X}_i)$ である。以下では、$u_{\tau i}$ の $\boldsymbol{X}_i$ を条件とする条件付密度関数 $f_{u_\tau|X}(u\,|\,\boldsymbol{X}_i)$ は 0 の近傍で連続で、$f_{u_\tau|X}(0\,|\,\boldsymbol{X}_i) > 0$ であるものとする。

誤差項 $u_{\tau i}$ の定義より

$$P(u_{\tau i} \leq 0\,|\,\boldsymbol{X}_i) = \tau \tag{7.7}$$

を満たさなければならない。なぜなら、$Q_\tau(\boldsymbol{X}_i) = \boldsymbol{X}_i'\boldsymbol{\beta}_\tau$ より

$$\tau = P(Y_i \leq \boldsymbol{X}_i'\boldsymbol{\beta}_\tau\,|\,\boldsymbol{X}_i) = P(Y_i - \boldsymbol{X}_i'\boldsymbol{\beta}_\tau \leq 0\,|\,\boldsymbol{X}_i)$$

だからである。言い方をかえれば、線形モデル(7.6)において、$\boldsymbol{\beta}_\tau$ を識別するための誤差項の条件は(7.7)である。本書で繰り返し述べてきたが、線形モデルの識別は誤差項の仮定とは不可分である。(7.6)と(7.7)によって定式化されるモデルを、線形分位点回帰モデルという。

係数ベクトル $\boldsymbol{\beta}_\tau$ は τ に依存することから、分位点ごとに異なる説明変数の影響を分析することができる（図7.3）。例えば、次のようなモデルを考えよう。

$$\log W_i = \beta_{0\tau} + \beta_{1\tau}S_i + \beta_{2\tau}A_i + u_{\tau i}$$

ただし、W_i は賃金、S_i は教育年数、A_i は能力を表すものとする。異なる τ について $\beta_{1\tau}$ を推定することで、教育年数と能力が同じ人たちの間でも、相対的

図7.3　分位点回帰のイメージ

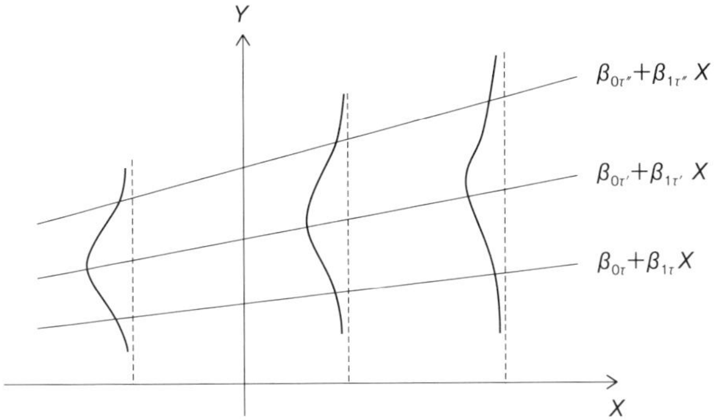

に所得が高い（τ が1に近い）層と所得が低い（τ が0に近い）層で、教育のリターンが異なる可能性を検証することができる。

7.2.2　推定

線形の分位点回帰モデルの推定量を2つ紹介することにする。ひとつは Koenker and Bassett（1978）（以下、KB 1978）によるチェック関数を用いる方法で、もうひとつは Chamberlain（1994）の MD（minimum distance）推定量を用いる方法である。前者は適用範囲が広く、実証研究で頻繁に用いられている。後者は $\boldsymbol{X}_i$ が離散確率ベクトルで、取りうる値が少ない場合には有用である。

はじめに、KB（1978）の方法を紹介する。推定のアイデアは無条件の分位点の場合と同じである。条件付分位点もチェック関数を用いて特徴づけることができる。$q(\cdot)$ を $\boldsymbol{X}_i$ の任意の関数とすると

$$Q_\tau(\boldsymbol{X}_i) = \arg\min_{q(\boldsymbol{X}_i)} E[\rho_\tau(Y_i - q(\boldsymbol{X}_i))]$$

が成り立つ。したがって、$Q_\tau(\boldsymbol{X}_i) = \boldsymbol{X}_i'\boldsymbol{\beta}_\tau$ の場合には

$$\boldsymbol{\beta}_\tau = \arg\min_{\boldsymbol{b}} E[\rho_\tau(Y_i - \boldsymbol{X}_i'\boldsymbol{b})]$$

が成り立つ。よって、標本対応である

$$\hat{\boldsymbol{\beta}}_\tau = \arg\min_{\boldsymbol{b}} \frac{1}{n}\sum_{i=1}^{n} \rho_\tau(Y_i - \boldsymbol{X}_i{}'\boldsymbol{b}) \tag{7.8}$$

により $\boldsymbol{\beta}_\tau$ を推定することができる。$\tau = 1/2$ のときは、

$$\hat{\boldsymbol{\beta}}_{1/2} = \arg\min_{\boldsymbol{b}} \frac{1}{n}\sum_{i=1}^{n} |Y_i - \boldsymbol{X}_i{}'\boldsymbol{b}|$$

となり、この推定量はメディアン回帰（median regression）の**最小絶対偏差**（LAD；least absolute deviation）**推定量**と呼ばれる。

分位点回帰の推定量はOLS推定量のように解析的に求めることができないので、最小化問題を数値的に解いて求める必要がある。幸いなことに、線形計画法を用いた簡便な計算によって求められることが知られており、StataやRなどの統計ソフトには、分位点回帰のパッケージがある。計算方法に興味がある人は、Koenker（2005）を参照されるとよいだろう。

分位点回帰推定量の漸近分布を導出することは、理論的にかなり高度である。詳しく述べると本書の水準を大きく逸脱することになるが、推定量の目的関数に微分可能ではない点が存在することがその原因となっている。結果だけ述べると、以下のようになる。

Koenker and Bassett（1978）の推定量

適当な条件の下、(7.8)の推定量の漸近分布は以下で与えられる。

$$\sqrt{n}(\hat{\boldsymbol{\beta}}_\tau - \boldsymbol{\beta}_\tau) \xrightarrow{d} N(\boldsymbol{0}, \boldsymbol{V}_\tau)$$

ただし、

$$\boldsymbol{V}_\tau = \tau(1-\tau)E[\boldsymbol{X}_i\boldsymbol{X}_i{}'f_{u_\tau|X}(0|\boldsymbol{X}_i)]^{-1}E[\boldsymbol{X}_i\boldsymbol{X}_i{}']E[\boldsymbol{X}_i\boldsymbol{X}_i{}'f_{u_\tau|X}(0|\boldsymbol{X}_i)]^{-1}$$

である。

(7.8)の推定量の信頼区間を求めるのは少々厄介である。なぜなら、推定量の漸近分散共分散行列 $\boldsymbol{V}_\tau$ が観測されない誤差項の条件付密度関数に依存しており、これを推定するのは容易ではないからである。$\boldsymbol{X}_i$ と $u_{\tau i}$ の独立性を仮定すると

$$\boldsymbol{V}_\tau = \frac{\tau(1-\tau)}{f_{u_\tau}^2(0)} E[\boldsymbol{X}_i \boldsymbol{X}_i']^{-1}$$

と幾分シンプルな形になるが、依然として誤差項の密度関数 $f_{u_\tau}(u)$ が現れる。そのため、漸近分散を推定するのではなく、ブートストラップと呼ばれるシミュレーションに基づく方法を用いて信頼区間を求めることも多い。ブートストラップについては、次章で詳しく述べることにする。

次に、Chamberlain（1994）の MD 推定量を紹介する。MD 推定量とは、制約なしの推定量と制約付きの推定量との距離を小さくするようにして、パラメータを推定する方法である。

今、$\boldsymbol{X}_i$ は離散確率ベクトルで、J 個の異なる値 $\boldsymbol{x}^1, ..., \boldsymbol{x}^J$ を取りうるものとする。各々の点における条件付分位点をまとめたベクトルを $\boldsymbol{\gamma}_\tau = (Q_\tau(\boldsymbol{x}^1) \cdots Q_\tau(\boldsymbol{x}^J))'$ と定義する。一方、$\boldsymbol{G} = (\boldsymbol{x}^1 \cdots \boldsymbol{x}^J)'$ とすると、条件付分位点の線形性の仮定が正しければ、$\boldsymbol{\gamma}_\tau = \boldsymbol{G}\boldsymbol{\beta}_\tau$ が成り立つ[2)]。$\boldsymbol{G}$ は定数の行列であることに注意してほしい。

MD 推定量ではまず、$\boldsymbol{\gamma}_\tau$ を線形性の仮定を置かずに推定する。$\boldsymbol{X}_i$ が離散確率ベクトルであるときには、この推定は容易である。$Q_\tau(\boldsymbol{x}^j)$ の推定には、$\boldsymbol{X}_i = \boldsymbol{x}^j$ となるような $\boldsymbol{X}_i$ に対応する Y_i だけを集めてきて、7.1節で紹介した方法で Y の τ 分位点を推定すればよい。式で書けば

$$\hat{Q}_\tau(\boldsymbol{x}^j) = \arg\min_\theta \sum_{i=1}^{n} \rho_\tau(Y_i - \theta) 1\{\boldsymbol{X}_i = \boldsymbol{x}^j\}, \quad j = 1, ..., J \tag{7.9}$$

である。次に、推定量 $\hat{\boldsymbol{\gamma}}_\tau = (\hat{Q}_\tau(\boldsymbol{x}^1) \cdots \hat{Q}_\tau(\boldsymbol{x}^J))'$ と $\boldsymbol{G}\hat{\boldsymbol{\beta}}_\tau$ の距離をできるだけ小さくするような $\hat{\boldsymbol{\beta}}_\tau$ を求める。具体的には、次のような最小化問題を解く。

$$\hat{\boldsymbol{\beta}}_\tau = \arg\min_{\boldsymbol{b}} (\hat{\boldsymbol{\gamma}}_\tau - \boldsymbol{G}\boldsymbol{b})' \hat{\boldsymbol{A}} (\hat{\boldsymbol{\gamma}}_\tau - \boldsymbol{G}\boldsymbol{b}) \tag{7.10}$$

2）$Q_\tau(\boldsymbol{x})$ が $\boldsymbol{x}$ の線形関数であるという仮定は強い仮定であり、現実には $Q_\tau(\boldsymbol{x})$ を線形関数で近似していると考えたほうがよいこともある。Chamberlain（1994）では、線形関数による定式化が誤っている（近似に過ぎない）場合の推定量の性質についても考察している。Angrist, Chernozhukov and Fernández-Val（2006）は KB（1978）の推定量について、同様の考察を行っている。

ただし、$\hat{\boldsymbol{A}}$ は適当な正値定符号のウエイト行列である。ウエイト行列として $\hat{\boldsymbol{\gamma}}_\tau$ の漸近分散共分散行列の逆行列の一致推定量を用いると、最も効率的なMD 推定量が得られることが知られている。

詳細は省略するが、一段階目の $\boldsymbol{\gamma}_\tau$ の推定量について

$$\sqrt{n}(\hat{\boldsymbol{\gamma}}_\tau - \boldsymbol{\gamma}_\tau) \xrightarrow{d} N(\mathbf{0}, \boldsymbol{\Omega})$$

が成り立つ。ただし、$\boldsymbol{\Omega}$ は対角行列で、j 番目の対角成分は

$$\frac{\tau(1-\tau)}{f^2_{u_\tau|X}(0 \mid \boldsymbol{x}^j)} \frac{1}{P(\boldsymbol{X}_i = \boldsymbol{x}^j)}$$

で与えられる。したがって、$\boldsymbol{\Omega}^{-1}$ の一致推定量をウエイト行列として用いてやれば、効率的な MD 推定量が得られる。ただし、誤差項の条件付密度関数を推定しなければならないという問題はある。必ずしも効率的ではないが、

$$\hat{\boldsymbol{A}} = \mathrm{diag}\left(\frac{n_1}{n}, \ldots, \frac{n_J}{n}\right)$$

を用いてもよいだろう。ただし、$n_j = \sum_{i=1}^{n} 1\{\boldsymbol{X}_i = \boldsymbol{x}^j\}$ で、$\boldsymbol{X}_i = \boldsymbol{x}^j$ となるような観測値の個数を表す。

Chamberlain (1994) の推定量

$\hat{\boldsymbol{A}}$ は正値定符号行列 $\boldsymbol{A}$ に確率収束するものとする。適当な条件の下、(7.10)の推定量の漸近分布は以下で与えられる。

$$\sqrt{n}(\hat{\boldsymbol{\beta}}_\tau - \boldsymbol{\beta}_\tau) \xrightarrow{d} N(\mathbf{0}, \boldsymbol{\Lambda}_\tau)$$

ただし

$$\boldsymbol{\Lambda}_\tau = (\boldsymbol{G}'\boldsymbol{A}\boldsymbol{G})^{-1}\boldsymbol{G}'\boldsymbol{A}\boldsymbol{\Omega}\boldsymbol{A}\boldsymbol{G}(\boldsymbol{G}'\boldsymbol{A}\boldsymbol{G})^{-1}$$

である。$\boldsymbol{A} = \boldsymbol{\Omega}^{-1}$ のときは、特に

$$\boldsymbol{\Lambda}_\tau = (\boldsymbol{G}'\boldsymbol{\Omega}^{-1}\boldsymbol{G})^{-1} \tag{7.11}$$

が成り立つ。

効率的な MD 推定量の漸近分散共分散行列である(7.11)は、Newey and

Powell（1990）で求められている分位点回帰モデルのセミパラメトリック効率性の限界に等しい。KB（1978）の推定量は必ずしも効率的ではないので、その点ではMD推定量を使うメリットはある。しかし、$\boldsymbol{X}_i$ が離散確率ベクトルでなければならないというのは、応用上は制約的である。また、仮にすべての説明変数が離散であったとしても、説明変数の数が多い場合にはMD推定量は不向きである。$\boldsymbol{X}_i$ が連続のときにも用いることができる効率的な推定量は、Newey and Powell（1990）で提案されている。

ところで、(7.9)のように $Q_\tau(\boldsymbol{x})$ の関数形に仮定を置かずに推定する方法を、ノンパラメトリックな推定方法という[3)]。(7.9)によって $Q_\tau(\boldsymbol{x})$ が推定できているのに、なぜ線形性を仮定して推定しなおす必要があるのかと思われるかもしれないが、それは多くの実証研究では、$Q_\tau(\boldsymbol{x})$ の値を知ること自体が目的ではないからである。実証研究では、説明変数が変化したときに被説明変数の条件付分位点にどのような影響を与えるかに興味があり、そのような分析のためには、線形性を仮定したほうが直感的理解が得やすい。

7.3 打ち切り分位点回帰

7.3.1 打ち切りと識別

6.2節では、打ち切りがある場合の分析方法として、打ち切り回帰モデルを考察した。そこでは、誤差項の分布についてかなり強い仮定が必要であった。打ち切りのあるデータを用いて分析を行うには、期待値を考えるより分位点を考えるほうが、必要となる仮定が少なくて済む。なぜなら、観測されない真の変数の期待値は、分布に強い仮定を置かない限り識別されないが、分位点は緩い条件の下で識別可能だからである。

例として、トップコーディングにより $Y = \min\{Y^*, c\}$ であるとき、Y^* の期待値とメディアンを識別する問題を考える。図7.4において破線で書かれた部分が、対応するデータを観測できない Y^* の密度関数 $f_{Y^*}(y)$ の未知の部分を表している。一方、$f_{Y^*}(y)$ の実線部分と $P(Y = c) = \int_c^\infty f_{Y^*}(y)dy$ を合わせ

3）ノンパラメトリック推定については、9章を参照。

図7.4　打ち切りがある場合の識別

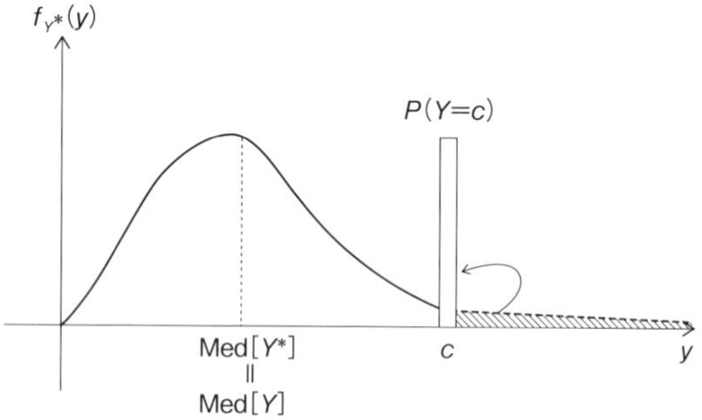

たものが、観測可能な変数である Y の分布であり、これは既知であるとする（推定ではなく識別の問題を考えていることに注意）。期待値の定義から、$E[Y^*]=\int_{-\infty}^{\infty} y f_{Y^*}(y)dy$ なので、破線の部分がわからないと、$E[Y^*]$ は一意に定まらない。$E[Y^*] \neq E[Y]$ なので、Y の分布がわかっていても、$E[Y^*]$ は求められない。ただし、Y^* の分布に対し、正規分布などの分布形の仮定を置けば、破線部分の形状が自動的に決まるので、$E[Y^*]$ を識別することができる。このような理由から、打ち切り回帰モデルでは、誤差項の分布形の仮定が必要だったわけである。

一方、Y^* のメディアンの識別には、$f_{Y^*}(y)$ の破線の部分の形状を知る必要はない。$\mathrm{Med}[Y^*] < c$ ならば、

$$\frac{1}{2}=\int_{-\infty}^{\mathrm{Med}[Y^*]} f_{Y^*}(y)dy=\int_{-\infty}^{\mathrm{Med}[Y^*]} f_Y(y)dy$$

つまり、$\mathrm{Med}[Y^*]=\mathrm{Med}[Y]$ なので、Y の分布から Y^* のメディアンは一意に定まる。

もうひとつ、メディアン（と分位点）にあって期待値にない特徴として、単調な変換に関する同等性がある。$g(\cdot)$ を単調非減少な関数とすると、任意の定数 a について

$$P(Y^* \leq a)=P(g(Y^*) \leq g(a))$$

であることから

$$\mathrm{Med}[g(Y^*)] = g(\mathrm{Med}[Y^*])$$

が成り立つ。よって、Y と Y^* のメディアンの間には

$$\mathrm{Med}[Y] = \mathrm{Med}[\min\{Y^*, c\}] = \min\{\mathrm{Med}[Y^*], c\}$$

という関係が成り立つ。

7.3.2　CLAD 推定量

Powell（1984）は上記のようなメディアンの特性を利用することで、打ち切り回帰モデルに比べて誤差項の仮定をかなり緩めることに成功している。モデルは以下で与えられる。

$$\begin{aligned} Y_i^* &= \boldsymbol{X}_i'\boldsymbol{\beta} + u_i \\ Y_i &= \min\{Y_i^*, 0\} \\ \mathrm{Med}[u_i | \boldsymbol{X}_i] &= 0 \end{aligned}$$

ただし、Y_i は観測可能な変数で、Y_i^* は潜在変数である。説明変数 $\boldsymbol{X}_i$ はすべての i について観測されるものとする。閾値は 0 以外でもかまわない。

$\mathrm{Med}[u_i | \boldsymbol{X}_i]$ は $\boldsymbol{X}_i$ を条件としたときの u_i の条件付メディアンを表す。Y_i^* の条件付メディアンは $\mathrm{Med}[Y_i^* | \boldsymbol{X}_i] = \boldsymbol{X}_i'\boldsymbol{\beta}$ である。一方、Y_i の条件付メディアンは

$$\mathrm{Med}[Y_i | \boldsymbol{X}_i] = \min\{\mathrm{Med}[Y_i^* | \boldsymbol{X}_i], 0\} = \min\{\boldsymbol{X}_i'\boldsymbol{\beta}, 0\}$$

である。$\boldsymbol{X}_t$ の任意の関数 $q(\cdot)$ について、条件付メディアンは

$$\mathrm{Med}[Y_i | \boldsymbol{X}_i] = \arg\min_{q(\boldsymbol{X}_i)} E[|Y_i - q(\boldsymbol{X}_i)|]$$

を満たすので、次のような $\boldsymbol{\beta}$ の推定量が考えられる。

$$\begin{aligned} \hat{\boldsymbol{\beta}} &= \arg\min_{\boldsymbol{b}} \sum_{i=1}^{n} |Y_i - \min\{\boldsymbol{X}_i'\boldsymbol{b}, 0\}| \\ &= \arg\min_{\boldsymbol{b}} \sum_{i=1}^{n} |Y_i - \boldsymbol{X}_i'\boldsymbol{b}| 1\{\boldsymbol{X}_i'\boldsymbol{b} < 0\} \end{aligned} \tag{7.12}$$

この推定量はCensored LAD（CLAD）推定量と呼ばれる。

CLAD推定量は一見すると非常にシンプルなようだが、実は計算はそれほど簡単ではない。$\min\{\boldsymbol{X}_i'\boldsymbol{b}, 0\}$ は $\boldsymbol{b}$ について非線形の関数なので、通常のLADのように線形計画法によって推定量を求めることはできない。(7.12)の2番目の等号から、CLADは $\boldsymbol{X}_i'\boldsymbol{b} < 0$ となる $(Y_i, \boldsymbol{X}_i)$ だけを選んでLAD推定をするのと同じであることがわかる。ただし、選ばれるデータも $\boldsymbol{b}$ の値に依存する点に注意が必要である。CLADの目的関数の中で、$\boldsymbol{b}$ は2つの役割を果たしている。ひとつは推定に使うデータを選ぶ役割（$1\{\boldsymbol{X}_i'\boldsymbol{b} < 0\}$）で、もうひとつは係数の値を決める役割（$|Y_i - \boldsymbol{X}_i'\boldsymbol{b}|$）である。このような目的関数の形状が計算を複雑にし、さらに、推定量の有限標本での性質を悪くしてしまう。この問題に対し、Buchinsky（1994）は繰り返し線形計画法を適用する計算方法を提案し、Khan and Powell（2001）ではデータ選択と係数の値の決定を2段階に分けた推定量を提案している。詳しくは、それぞれの論文を参照されたい。

Powell（1986）では、CLAD推定量を一般の分位点へと拡張している。モデルは次のようになる。

$$\begin{aligned} Y_i^* &= \boldsymbol{X}_i'\boldsymbol{\beta}_\tau + u_{\tau i} \\ Y_i &= \min\{Y_i^*, 0\} \\ P(u_{\tau i} \leq 0 \,|\, \boldsymbol{X}_i) &= \tau \end{aligned}$$

メディアンのケースと同様に、Y_i の条件付 τ 分位点は $Q_\tau(\boldsymbol{X}_i) = \min\{\boldsymbol{X}_i'\boldsymbol{\beta}_\tau, 0\}$ となるので、次のようなチェック関数を用いた推定量が考えられる。

$$\hat{\boldsymbol{\beta}}_\tau = \arg\min_{\boldsymbol{b}} \sum_{i=1}^{n} \rho_\tau(Y_i - \min\{\boldsymbol{X}_i'\boldsymbol{b}, 0\}) \tag{7.13}$$

Powell（1986）の推定量

適当な条件の下、(7.13)の推定量の漸近分布は以下で与えられる。

$$\sqrt{n}(\hat{\boldsymbol{\beta}}_\tau - \boldsymbol{\beta}_\tau) \xrightarrow{d} N(\boldsymbol{0}, \boldsymbol{V}_\tau^c)$$

ただし、

$$V_\tau^c = \tau(1-\tau)E[1_i \boldsymbol{X}_i \boldsymbol{X}_i' f_{u_\tau|X}(0|\boldsymbol{X}_i)]^{-1} E[1_i \boldsymbol{X}_i \boldsymbol{X}_i'] \times E[1_i \boldsymbol{X}_i \boldsymbol{X}_i' f_{u_\tau|X}(0|\boldsymbol{X}_i)]^{-1}$$

で、$1_i = 1\{\boldsymbol{X}_i'\boldsymbol{\beta}_\tau < 0\}$ である。

Powell（1986）の推定量は、KB（1978）の推定量の自然な拡張になっている。MD 推定量を打ち切りのあるケースに適用することは容易である。第一段階で $Q_\tau(\boldsymbol{x}^1), \ldots, Q_\tau(\boldsymbol{x}^J)$ を推定した後、その推定値が閾値より小さくなる $\hat{Q}_\tau(\boldsymbol{x}^j)$ と $\boldsymbol{x}^j$ のみを用いて、$\boldsymbol{\beta}_\tau$ を推定すればよい。

7.4 応用例

アメリカでは、1960年代に賃金格差が縮小したが、1970年代中頃から徐々に格差が広がり始め、1980年代に入るとその傾向はより顕著なものとなった。Buchinsky（1994）は、1963年から1987年にかけてのアメリカの賃金構造の変化を分析し、教育のリターンが賃金分布の分位点ごとでどのように異なり、また、それが期間を通してどのように変化しているかを調べている。ただし、分析に用いられた March CPS（Current Population Survey）の所得のデータはトップコーディングされているので、MD 推定量を打ち切りがあるケースに拡張した推定量と、Powell（1986）の推定量が用いられている。

論文中では2つのモデルが推定されているが、ここでは単純な最初のモデルだけを紹介することにする。モデルは以下のとおりである。

$$\log W_i = \beta_{0\tau} + \beta_{1\tau} S_i + \beta_{2\tau} E_i + \beta_{3\tau} E_i^2 + \beta_{4\tau} Black_i + u_{\tau i}$$

ただし、W_i は1週間当たりの賃金、S_i は教育年数、E_i は職業経験の年数、$Black_i$ は黒人かどうかを表すダミー変数である。すべての説明変数は離散変数である。τ 分位点における教育のリターンは $\beta_{1\tau}$ によって定義される。ただし、このモデルにおいては、個人の能力が賃金に与える影響がコントロールされていない。よって、$\beta_{1\tau}$ は本書でこれまで使ってきた意味での教育のリターンにはなっていない点に注意をしてほしい[4)]。

表7.1　分位点ごとの教育のリターン

	0.10	0.25	0.50	0.75	0.90
1965	6.81	6.82	6.60	6.61	7.48
	(0.42)	(0.27)	(0.16)	(0.20)	(0.31)
1970	6.21	6.44	7.18	7.81	8.50
	(0.44)	(0.30)	(0.18)	(0.21)	(0.31)
1975	7.24	7.58	7.58	7.85	8.52
	(0.48)	(0.28)	(0.17)	(0.21)	(0.29)
1980	6.46	6.91	6.99	7.55	7.06
	(0.38)	(0.22)	(0.15)	(0.17)	(0.21)
1985	9.38	9.46	9.51	9.78	10.86
	(0.43)	(0.26)	(0.18)	(0.21)	(0.26)

出所）Buchinsky（1994）より抜粋

表7.1は5つの分位点（$\tau \in \{0.10, 0.25, 0.50, 0.75, 0.90\}$）における教育のリターンの推定結果をまとめたものである。ただし、推定にはMD推定量を用い、$\hat{\beta}_{1\tau}$は100をかけてパーセント表示している。括弧の中の数字は標準誤差である。表7.1より、全体的な傾向として、所得の高い人たちほど、教育のリターンが高いことがわかる。また、各分位点について、1970年代後半において教育のリターンはいったん落ち込むが、1980年代には急激に上昇していることがわかる。

4）内生性を考慮した分位点回帰推定量はAbadie, Angrist and Imbens（2002）やChernozhukov and Hansen（2005）などで考察されている。

第8章 ブートストラップ

統計的推測を行うためには、推定量や検定統計量の従う分布を求める必要がある。しかし、有限の標本について、統計量の厳密な分布が求められることは稀であり、統計量の近似的な分布に基づいて推論を行うことがほとんどである。

t 統計量の従う分布について考えてみよう。$\{X_1, \ldots, X_n\}$ をある分布 F からの無作為標本とし、$E[X_i] = \mu$ と $\mathrm{Var}[X_i] = \sigma^2$ は未知とする。以下のような帰無仮説と対立仮説を考える。

$$H_0 : \mu = \mu_0 \quad \text{vs.} \quad H_1 : \mu \neq \mu_0$$

t 統計量は

$$t_n = \frac{\bar{X} - \mu_0}{S/\sqrt{n}} \tag{8.1}$$

である。ただし、$S^2 = \sum_{i=1}^{n}(X_i - \bar{X})^2/(n-1)$ である。F が正規分布のとき、帰無仮説の下で、t_n は自由度 $n-1$ の t 分布に従い、t 統計量の厳密な分布を求めることができる。しかし、正規分布以外の一般の分布については、仮に F が既知であっても、t 統計量の厳密分布を求めることはほぼ不可能である。また、通常は母集団の分布を事前に知っていることはない。そこで、これまで用いてきたのが漸近理論である。帰無仮説の下で、F によらず、$t_n \xrightarrow{d} N(0, 1)$ が成り立つので、t_n の分布は標準正規分布で近似することができる。ただし、近似の精度はサンプルサイズnと未知の分布Fに依存しており、nが小さかったり、Fが歪みの大きい分布だったりするような場合には、標準正規分布はt統計量の厳密分布の良い近似をもたらさないこともある。t統計量の実際の分布と標準正規分布との間の隔たりが大きい場合には、±1.96を臨界値として検定を行うと、有意水準5％よりも過剰に、あるいは過少に帰無仮説を棄却してしまう危険性がある。

本章で紹介する**ブートストラップ**（bootstrap）は、漸近理論と並ぶもうひとつの統計量の分布の近似方法である。ブートストラップでは、コンピュータを用いたシミュレーションにより、有限標本の統計量の分布を求める。具体的な方法については次節以降で述べるが、ブートストラップの利点は大きく2点ある。ひとつは、漸近的な**リファインメント**（refinement）と呼ばれる性質である。あるクラスの統計量について、ブートストラップによる近似のほうが、漸近分布による近似よりも精度の高い近似を与える。先ほどの例で言えば、ブートストラップによって得られる近似分布のほうが、標準正規分布よりもt統計量の厳密分布の良い近似になっている。もうひとつの利点は、ブートストラップは分布を理論的に求めることを必要としないため、漸近分布を導出することが困難であったり、既知の漸近分布を持たない統計量についても、シミュレーションにより分布を求めることができる。

ブートストラップは、統計学者であるEfron（Efron 1979）によって提案された方法である。ブートストラップとは、ブーツのストラップ、つまり、ブーツのつまみの意味だが、この単語には「自力で成し遂げる」という意味もある(pull oneself up by one's bootstrapというイディオムがある)。これは、『ほらふき男爵の冒険』という物語において、湖に落ちそうになった主人公の男爵が、自分のブーツのつまみを持って自分を引っ張りあげるという場面に由来するとされている[1)]。ブートストラップという名前は、与えられた標本をもとに、自らの複製を作り出す様を表している。

8.1 経験分布関数

経験分布関数（empirical distribution function）はブートストラップの理論に

おいて重要な役割を果たす。$\{X_1, \ldots, X_n\}$ を分布 F からの無作為標本とする。$\{X_1, \ldots, X_n\}$ の経験分布関数は

$$F_n(x) = \frac{1}{n}\sum_{i=1}^{n} 1\{X_i \leq x\}$$

によって定義される。経験分布関数は、n 個の値 $X_1, \ldots, X_n$ がそれぞれ $1/n$ の確率で出現するような分布（経験分布）の分布関数である。例えば、サイコロを100回投げて、1から6の目がそれぞれ、17回、10回、18回、24回、20回、11回出たとすると、経験分布関数（の実現値）は

$$F_n(x) = \begin{cases} 0 & x < 1 \\ 0.17 & 1 \leq x < 2 \\ 0.27 & 2 \leq x < 3 \\ 0.45 & 3 \leq x < 4 \\ 0.69 & 4 \leq x < 5 \\ 0.89 & 5 \leq x < 6 \\ 1 & x \geq 6 \end{cases}$$

である。

$X_1, \ldots, X_n$ は i.i.d.なので、$1\{X_1 \leq x\}, \ldots, 1\{X_n \leq x\}$ も i.i.d.である。よって、$F_n(x)$ は i.i.d.確率変数の標本平均の形になっている。また、$1\{X_i \leq x\}$ はベルヌーイ確率変数なので

1）ほらふき男爵の話のオリジナルは、1780年代にベルリンで『M-h-s の物語』として雑誌に掲載されたが、著者は不明である。数年後、Rudolph Erich Raspe によって英訳され、ロンドンで出版されると、ベストセラーになった。ブーツのつまみを引っ張りあげるくだりは、Raspe による英語版に載っているとされているのだが（Efron and Tibshirani 1993）、どうやらそのような記述はないらしい。ほらふき男爵の話は、Raspe 以降も多くの作家によって翻訳や改変が繰り返され、沼から髪の毛を引っ張って引き上げるという話が、どこかでブーツのつまみに変わったようである。ここでわざわざ書くことでもないのだが……。

$$E[1\{X_i \le x\}] = P(X_i \le x) = F(x)$$
$$\mathrm{Var}[1\{X_i \le x\}] = F(x)(1-F(x))$$

が成り立つ。よって、

$$E[F_n(x)] = \frac{1}{n}\sum_{i=1}^{n} E[1\{X_i \le x\}] = F(x)$$

すなわち、$F_n(x)$ は $F(x)$ の不偏推定量である。また、大数の法則と中心極限定理から、$F_n(x) \xrightarrow{p} F(x)$ と

$$\sqrt{n}(F_n(x)-F(x)) \xrightarrow{d} N(0, F(x)(1-F(x)))$$

が成り立つ。さらに、n が大きくなるにつれて、$F_n(x)$ は x について一様に $F(x)$ に収束することが知られている。厳密には、確率 1 で

$$\sup_{x \in \mathbb{R}} |F_n(x)-F(x)| \to 0$$

が成り立つ。この結果を Glivenko-Cantelli の定理という。ここで言いたいことは、n が十分大きければ、経験分布は真の分布の非常に良い近似になっているということである。

8.2 アイデア

理論の話に入る前に、ブートストラップのアイデアの説明をする。$\{X_1, \ldots, X_n\}$ をある母集団 F からの無作為標本とし、標本平均 $\bar{X}$ の分布をシミュレーションで求める方法を考える。仮に F が既知であるとして、コンピュータにより F に従うような乱数をいくらでも発生させることができたとしよう。サンプルサイズ n の標本をひとつ発生させると、標本平均をひとつ計算できる。同じことを B 回繰り返せば、B 個の標本平均を計算することができる。

$$
\begin{array}{lcl}
1\text{番目の標本}:\{X_1^1, \ldots, X_n^1\} & \to & \bar{X}^1 \\
2\text{番目の標本}:\{X_1^2, \ldots, X_n^2\} & \to & \bar{X}^2 \\
\quad\vdots & & \\
B\text{番目の標本}:\{X_1^B, \ldots, X_n^B\} & \to & \bar{X}^B
\end{array}
$$

シミュレーションによって計算された $\bar{X}^1, \ldots, \bar{X}^B$ は $\bar{X}$ の従う分布からの実現値とみなすことができる。$\bar{X}^1, \ldots, \bar{X}^B$ の度数分布を求めると、B が大きくなるにつれ、$\bar{X}$ の真の分布へと近づいていくはずである。

通常 F は未知なので、上記の方法は現実には実行不可能である。ブートストラップでは、未知の F からデータを発生させるのではなく、$\{X_1, \ldots, X_n\}$ の経験分布 F_n からデータを発生させる。つまり、観測された標本 $\{X_1, \ldots, X_n\}$ から、重複を許して n 個のデータをランダムに再抽出する。すると、サンプルサイズ n の新たな標本 $\{X_1^*, \ldots, X_n^*\}$ が得られ、標本平均が計算できる。同様のことを B 回繰りかえせば

$$
\begin{array}{lcl}
1\text{番目の標本}:\{X_1^{*1}, \ldots, X_n^{*1}\} & \to & \bar{X}^{*1} \\
2\text{番目の標本}:\{X_1^{*2}, \ldots, X_n^{*2}\} & \to & \bar{X}^{*2} \\
\quad\vdots & & \\
B\text{番目の標本}:\{X_1^{*B}, \ldots, X_n^{*B}\} & \to & \bar{X}^{*B}
\end{array}
$$

と B 個の標本平均が求まる。n が十分大きければ、$\{X_1, \ldots, X_n\}$ から標本を抽出することは、母集団から標本を抽出することの良い近似になっている。$\bar{X}^{*1}, \ldots, \bar{X}^{*B}$ の度数分布が、ブートストラップによる $\bar{X}$ の近似分布である。

8.3 理論

次に、ブートストラップのやや抽象的な一般論について述べる。$\{X_1, \ldots, X_n\}$ を分布 F からの無作為標本とし、$T_n = T_n(X_1, \ldots, X_n)$ を既知の統計量、つまり、$X_1, \ldots, X_n$ の既知の関数とする2)。T_n の分布は、サンプルサイズ n と未知の分布 F によって決まる。このことを明示的に表すため、T_n の分布関数を

$$G_n(u, F) \equiv P(T_n \le u \mid F)$$

という記号で表すことにする。右辺の確率で縦線の後ろに F と書いてあるのは、X_i の分布が F であるという下で確率を評価しているという意味である。$G_n(u, F)$ が統計量 T_n の厳密分布であり、これを知ることがここでの目的である。

漸近理論では、T_n の極限の分布によって、有限標本の分布を近似する。つまり、

$$G_\infty(u, F) \equiv \lim_{n\to\infty} G_n(u, F)$$

によって $G_n(u, F)$ を近似する。十分大きな n については、$G_n(u, F) \approx G_\infty(u, F)$ が成り立つと考えられる。このアプローチは、$G_\infty(u, F)$ が F に依存しないときには特に有効である。例えば、T_n を (8.1) の t 統計量とすると、$T_n \xrightarrow{d} N(0, 1)$、すなわち、$G_\infty(u, F) = \Phi(u)$ が成り立つ。$\Phi(u)$ は F に依存しないので、F を知らなくとも、標準正規分布によって T_n の分布を近似することが可能になる。$G_\infty(u, F)$ が F に依存しないとき、T_n は**漸近的にピボタル** (asymptotically pivotal) であるという[3)]。$G_\infty(u, F)$ が未知パラメータに依存するときには、T_n は漸近的にピボタルとはいわない。例えば、$T_n = \sqrt{n}(\bar{X} - \mu_0)$ とすると、$T_n \xrightarrow{d} N(0, \sigma^2)$ なので、$G_\infty(u, F) = \Phi(u/\sigma)$ はパラメータ σ に依存する。

漸近理論が $G_n(u, F)$ を $G_\infty(u, F)$ で置き換えるのに対し、ブートストラップでは未知の分布 F を経験分布 F_n で置き換える。つまり、

$$G_n(u, F_n) = P(T_n \le u \mid F_n)$$

によって $G_n(u, F)$ を近似する。これは、$\{X_1, \ldots, X_n\}$ の経験分布から無作為標

2）厳密には、T_n は F に依存することがあるので、$T_n(X_1, \cdots, X_n, F)$ のように書くほうが正確である。例えば、(8.1)の t 統計量は、μ_0 を通じて F に依存している。

3）厳密分布 $G_n(u, F)$ が F に依存しないときには、T_n はピボタルであるという。例えば、正規母集団の場合には、t 統計量はピボタルである。なぜなら、t_n の厳密分布は自由度 $n-1$ の t 分布で、未知パラメータに依存していないからである。

本 $\{X_1^*, ..., X_n^*\}$ を抽出し、$T_n^* = T_n(X_1^*, ..., X_n^*)$ の分布を求めることと同じである。F を F_n で置き換えるブートストラップのことを、厳密にはノンパラメトリック・ブートストラップという。

[例 8.3.1]

$\{X_1, X_2\}$ をある分布 F からの無作為標本とする。サンプルサイズ 2 の標本平均 $T_2 = (X_1 + X_2)/2$ について、経験分布 F_2 の下での分布を求める。$\{X_1^*, X_2^*\}$ を経験分布からの標本とする。X_i^* は X_1 と X_2 をそれぞれ確率 1/2 で取るので、$T_2^* = (X_1^* + X_2^*)/2$ の取りうる値と確率は

$$T_2^* = \begin{cases} X_1 & \frac{1}{4} \\ \frac{X_1+X_2}{2} & \frac{1}{2} \\ X_2 & \frac{1}{4} \end{cases}$$

である。□

$\{X_1, ..., X_n\}$ の経験分布から抽出した標本 $\{X_1^*, ..., X_n^*\}$ を**ブートストラップ標本**（bootstrap sample）という。オリジナルの標本から新たな標本を抽出する作業を**リサンプリング**（resampling）と呼ぶ。ブートストラップ標本のサイズは、通常はオリジナルの標本 $\{X_1, ..., X_n\}$ のサイズと同じにする。サンプルサイズが n のとき、$\{X_1^*, ..., X_n^*\}$ の取りうる値の組み合わせは $\binom{2n-1}{n}$ なので[4)]、すべての場合について T_n^* の取りうる値とその確率を計算すれば、原理的には T_n^* の厳密分布を求められる。しかし、これは n が大きいときには膨大な計算を必要とする。そのため、実際には例8.3.1のように解析的に T_n^* の分布を求めることはなく、コンピュータを用いたシミュレーションによって、T_n^* の分布を求める（近似する）。手続きは以下のようにまとめられる。

4）n 個のものから重複を許して k 個のものを選ぶ場合の数は、$\binom{n+k-1}{k}$ 通りである。

ブートストラップ分布の求め方

1. ブートストラップ標本 $\{X_1^*, \ldots, X_n^*\}$ を発生させる。これは、オリジナルの標本 $\{X_1, \ldots, X_n\}$ から n 回ランダムに復元抽出を行うことで得られる。
2. $T_n^* = T_n(X_1^*, \ldots, X_n^*)$ を計算する。
3. ステップ1と2を B 回繰り返して、B 個の統計量 $T_n^{*1}, \ldots, T_n^{*B}$ を求め、その経験分布を求める。

上記アルゴリズムで、B が十分大きければ

$$G_n(u, F_n) \approx \frac{1}{B}\sum_{b=1}^{B} 1\{T_n^{*b} \le u\} \tag{8.2}$$

が成り立つ。右辺がシミュレーションによって求められる分布であり、左辺が T_n^* の理論的な分布である。B はブートストラップ複製（bootstrap replication）の回数と呼ばれる。B が大きいほど、(8.2)の近似は良くなるが、計算のコストも大きくなる。どの程度の大きさの B を選べばよいかは問題に依存するので一概には言えないが、通常は1000～2000程度は必要であるとされる。以下では、B は十分に大きいものとして、(8.2)の両辺を同一視し、どちらもブートストラップ分布と呼ぶことにする。ただし、B を増やしても、$G_n(u, F_n)$ と $G_n(u, F)$ の差は小さくなることはないことに注意してほしい。$G_n(u, F_n)$ と $G_n(u, F)$ の差はサンプルサイズ n に依存しているので、どれだけ B を大きくしようが、この近似誤差が消えることはない。漸近分布と同様に、ブートストラップ分布 $G_n(u, F_n)$ も、あくまでも T_n の厳密分布の近似に過ぎない。近似精度がよくなるためには、サンプルサイズが大きくなくてはならないという点は、漸近分布でもブートストラップ分布でも同じである。

$T_n = \hat{\theta}$ をあるパラメータ θ の推定量としよう。推定量の分布が求められれば、モーメントも計算できる。T_n^* の期待値と分散は、理論上は F_n について計算されるが、これも解析的に求められることはほとんどなく、シミュレーションにより

$$E^*[T_n^*] \approx \frac{1}{B}\sum_{b=1}^{B} T_n^{*b}$$
$$\mathrm{Var}^*[T_n^*] \approx \frac{1}{B-1}\sum_{b=1}^{B}\left(T_n^{*b} - \frac{1}{B}\sum_{b=1}^{B} T_n^{*b}\right)^2$$

で近似される。ただし、E^* と Var^* はブートストラップ標本の分布の下で確率を評価していることを表している。したがって、ブートストラップによる $\hat{\theta}$ の標準誤差は、例えば

$$SE^*[T_n^*] = \sqrt{\frac{1}{B-1}\sum_{b=1}^{B}\left(T_n^{*b} - \frac{1}{B}\sum_{b=1}^{B} T_n^{*b}\right)^2}$$

によって得ることができる。

[例 8.3.2]

$\{X_1, X_2\}$ は分布 F からの無作為標本で、$E[X_i] = \mu$、$\mathrm{Var}[X_i] = \sigma^2$ とする。$T_2 = (X_1 + X_2)/2$ の期待値と分散は、$E[T_2] = \mu$ と $\mathrm{Var}[T_2] = \sigma^2/2$ である。$T_2^* = (X_1^* + X_2^*)/2$ の期待値と分散を求める。例8.3.1で求めた T_2^* の分布から、期待値は

$$E^*[T_2^*] = \frac{1}{4}X_1 + \frac{1}{2}\frac{X_1 + X_2}{2} + \frac{1}{4}X_2 = \bar{X}$$

である。ただし、$\bar{X}$ は標本平均 $(X_1 + X_2)/2$ である。一方、分散は

$$\begin{aligned}\mathrm{Var}^*[T_2^*] &= E^*[(T_2^* - E^*[T_2^*])^2] \\ &= \frac{1}{4}(X_1 - \bar{X})^2 + \frac{1}{2}(\bar{X} - \bar{X})^2 + \frac{1}{4}(X_2 - \bar{X})^2 \\ &= \frac{\hat{\sigma}^2}{2}\end{aligned}$$

である。ただし、$\hat{\sigma}^2$ は標本分散 $\hat{\sigma}^2 = \sum_{i=1}^{2}(X_i - \bar{X})^2/2$ である。□

8.4 仮説検定

以下では、ブートストラップを用いた統計的推測の方法を考える。まずは仮説検定の方法を検討する。未知パラメータ θ について、次のような帰無仮説と対立仮説を考える。

$$H_0:\theta=\theta_0 \quad \text{vs.} \quad H_1:\theta\neq\theta_0 \tag{8.3}$$

$\hat{\theta}$ を適当な θ の推定量とし、次のような t 統計量に基づいて検定を行う。

$$T_n=\frac{\hat{\theta}-\theta_0}{SE[\hat{\theta}]} \tag{8.4}$$

ただし、帰無仮説の下で、$T_n \xrightarrow{d} N(0,1)$ とする。よって、T_n は漸近的にピボタルである。$|T_n|$ がある臨界値 c_α よりも大きいときに帰無仮説を棄却するものとし、有意水準 α で検定を行うための棄却域の選び方を考察する。以下では、(1) T_n の厳密分布が既知の場合、(2) 漸近分布を用いる場合、(3) ブートストラップ分布を用いる場合の順に考察することにする。

(1) 厳密分布　T_n の厳密分布 $G_n(u,F)$ が t 分布のように既知の分布であるとする。このとき

$$\begin{aligned}P(|T_n|\leq u|F)&=P(-u\leq T_n\leq u|F)\\&=G_n(u,F)-G_n(-u,F)\end{aligned}$$

なので、$|T_n|$ の分布関数を $\bar{G}_n(u,F)$ とすると、有意水準 α で検定を行うには

$$1-\alpha=\bar{G}_n(c_\alpha,F)=G_n(c_\alpha,F)-G_n(-c_\alpha,F)$$

を満たすように臨界値を選べばよい。c_α は $|T_n|$ の $1-\alpha$ 分位点 $q_{n,1-\alpha}$ である。

(2) 漸近分布　漸近分布に基づく検定では、$G_n(u,F)$ を $\Phi(u)$ で置き換えて、

$$1-\alpha=\bar{\Phi}_n(c_\alpha)=\Phi(c_\alpha)-\Phi(-c_\alpha)$$

を満たすように臨界値を決定する。標準正規分布の分布の対称性から、$\Phi(-u)=1-\Phi(u)$ が成り立つので、

$$\Phi(c_\alpha)=1-\frac{\alpha}{2}$$

つまり、臨界値は標準正規分布の $1-\alpha/2$ 分位点 $z_{1-\alpha/2}$ である。

(3) ブートストラップ分布　ブートストラップに基づく検定では、$G_n(u,F)$ を $G_n(u,F_n)$ で置き換えて

$$1-\alpha=\bar{G}_n(c_\alpha,F_n)=G_n(c_\alpha,F_n)-G_n(-c_\alpha,F_n)$$

を満たすように臨界値を決定する。臨界値はブートストラップ統計量 $|T_n^*|$ の $1-\alpha$ 分位点 $q_{n,1-\alpha}^*$ である。この分位点はシミュレーションによって求められる。ただし、T_n^* の求め方には少し注意が必要である。(8.4) において、$\hat{\theta}$ と $SE[\hat{\theta}]$ はそれぞれ、ブートストラップ標本を用いた推定量である $\hat{\theta}^*$ と $SE[\hat{\theta}^*]$ で置き換えればよいのだが、θ_0 はオリジナルの標本を用いた推定量である $\hat{\theta}$ で置き換える。つまり、

$$T_n^*=\frac{\hat{\theta}^*-\hat{\theta}}{SE[\hat{\theta}^*]}$$

をブートストラップ統計量として用いる[5)]。なぜ θ_0 ではなく $\hat{\theta}$ で中心化するかというと、中心化する値は真の分布 F ではなく経験分布 F_n の下での真のパラメータの値になっていなければならないからである。

[例 8.4.1]

$\{X_1,\ldots,X_n\}$ は分布 F からの無作為標本で、$E[X_i]=\mu$、$\mathrm{Var}[X_i]=\sigma^2$ とす

5）$SE[\hat{\theta}^*]$ と $SE^*[\hat{\theta}^*]$ の違いに注意。$SE[\hat{\theta}^*]$ は、これまで求めてきたいわゆる普通の標準誤差を、ブートストラップ標本を用いて計算したものである。これは、シミュレーションで求める $SE^*[\hat{\theta}^*]$ とは異なる。

る。帰無仮説を $H_0 : \mu = \mu_0$ とすると、t 統計量は

$$T_n = \frac{\bar{X} - \mu_0}{S/\sqrt{n}}$$

である。ブートストラップの t 統計量は、X_i の期待値 μ_0 ではなく、X_i^* の期待値によって中心化せねばならない。

$$E^*[X_i^*] = \frac{1}{n}X_1 + \cdots + \frac{1}{n}X_n = \bar{X}$$

なので、

$$T_n^* = \frac{\bar{X}^* - \bar{X}}{S^*/\sqrt{n}}$$

となる。ただし、$S^{*2} = \sum_{i=1}^{n}(X_i^* - \bar{X}^*)^2/(n-1)$ である。□

検定の手続きをまとめると以下のようになる。

ブートストラップによる t 検定

1. オリジナルの標本 $\{X_1, \ldots, X_n\}$ を用いて、T_n を計算する。
2. ブートストラップ標本 $\{X_1^*, \ldots, X_n^*\}$ を用いて、$\hat{\theta}^*$ と $SE[\hat{\theta}^*]$ を計算し
$$T_n^* = \frac{\hat{\theta}^* - \hat{\theta}}{SE[\hat{\theta}^*]}$$
を求める。
3. ステップ 2 を B 回繰り返し、$|T_n^{*1}|, \ldots, |T_n^{*B}|$ を小さい順にソートし、$B(1-\alpha)$ 番目の値によって、$|T_n^*|$ の $1-\alpha$ 分位点 $q_{n,1-\alpha}^*$ を求める（近似する）。
4. $|T_n| > q_{n,1-\alpha}^*$ であれば、帰無仮説を棄却する。

漸近分布もブートストラップ分布も厳密分布の近似なので、それらに基づく検定の帰無仮説の下での棄却確率は、厳密には α にはなっておらず、誤差が

生じる。漸近的にピボタルな統計量を用いて検定を行う場合、ブートストラップを用いた検定の棄却確率のほうが、漸近分布を用いた検定の棄却確率よりも、漸近的にαに近くなる、つまり、漸近的なリファインメントがあることが知られている[6)]。その意味において、ブートストラップを用いたほうが、より正確な検定を行うことができる。このことは、本章の最後でシミュレーションによって確認する。

これまでは両側検定を考えたが、片側検定でも手続きはほとんど同じである。次のような帰無仮説と対立仮説を考えよう。

$$H_0 : \theta = \theta_0 \quad \text{vs.} \quad H_1 : \theta < \theta_0$$

$T_n \leq c_\alpha$のときに帰無仮説は棄却されるものとする。漸近分布を用いれば、有意水準αで検定を行うには、$\alpha = \Phi(c_\alpha)$を満たすように臨界値を選べばよく、c_αは標準正規分布のα分位点z_αである。一方、ブートストラップ分布を用いれば、$\alpha = G_n(c_\alpha, F_n)$を満たすように臨界値を選べばよく、$c_\alpha$は$T_n^*$の$\alpha$分位点$q_{n,\alpha}^*$である。両側検定の場合は$|T_n^*|$の分位点だったが、今度は$T_n^*$の分位点である点に注意してほしい。

8.5 区間推定

8.5.1　パーセンタイル信頼区間

次に、未知パラメータθの信頼係数$1-\alpha$の信頼区間を求める問題を考える。$\hat{\theta}$をθの推定量とし、$T_n = \hat{\theta}$とすると、$1-\alpha = P(q_{n,\alpha/2} \leq T_n \leq q_{n,1-\alpha/2} \mid F)$が成り立つ。ただし、$q_{n,\alpha/2}$と$q_{n,1-\alpha/2}$はそれぞれ、$T_n$の厳密分布の$\alpha/2$分位点と$1-\alpha/2$分位点である。これより、ブートストラップを用いた次のような信頼区間が考えられる。

$$C_1 = [q_{n,\alpha/2}^*, q_{n,1-\alpha/2}^*]$$

ただし、$q_{n,\alpha/2}^*$と$q_{n,1-\alpha/2}^*$はブートストラップ統計量$T_n^* = \hat{\theta}^*$の分位点であ

6）漸近的なリファインメントの正確な意味については、8.9節で解説する。

る。信頼区間 C_1 を**パーセンタイル信頼区間**（percentile confidence interval）という。パーセンタイル信頼区間は一見もっともらしく、実証研究でもしばしば用いられているようだが、実は性質はあまりよくない。計算は省略するが、$\hat{\theta}$ が対称に分布していない限り、この信頼区間は正しい被覆確率をもたらさない。被覆確率とは、信頼区間が真のパラメータを含む確率である。

パーセンタイル信頼区間を修正した信頼区間は、次のようにして得られる。$T_n=\hat{\theta}-\theta$ とすると

$$\begin{aligned}1-\alpha &= P(q_{n,\alpha/2}\leq T_n\leq q_{n,1-\alpha/2}|F)\\ &= P(\hat{\theta}-q_{n,1-\alpha/2}\leq\theta\leq\hat{\theta}-q_{n,\alpha/2}|F)\end{aligned}$$

が成り立つ。$q_{n,\alpha/2}$ と $q_{n,1-\alpha/2}$ は T_n の分位点である。これより、次のようなブートストラップを用いた信頼区間が示唆される。

$$C_2=[\hat{\theta}-q^*_{n,1-\alpha/2},\hat{\theta}-q^*_{n,\alpha/2}]$$

ただし、$q^*_{n,\alpha/2}$ と $q^*_{n,1-\alpha/2}$ は $T^*_n=\hat{\theta}^*-\hat{\theta}$ の分位点である。C_2 は（漸近的に）正しい被覆確率を与える。

C_2 のメリットは、信頼区間を求めるために $\hat{\theta}$ の標準誤差を求める必要がない点にある。よって、7章で考察した Koenker and Bassett（1978）の分位点回帰推定量のように、漸近分散を推定するのが困難であるような場合には便利である。

8.5.2 ブートストラップ-t 信頼区間

未知パラメータの信頼区間は、検定によって棄却されないパラメータの値の集合によって求めることができる。再び(8.3)の帰無仮説と対立仮説を考える。θ の信頼係数 $1-\alpha$ の信頼区間を求めるには、有意水準 α の両側検定で棄却されないパラメータの値の集合を求めればよい。有意水準 α の t 検定の臨界値を c_α とすれば、

$$\left|\frac{\hat{\theta}-\theta_0}{SE[\hat{\theta}]}\right|\leq c_\alpha$$

を満たすようなθ_0の集合である。したがって、信頼区間は

$$C=[\hat{\theta}-c_\alpha SE[\hat{\theta}],\hat{\theta}+c_\alpha SE[\hat{\theta}]]$$

となる。

8.4節の議論から、ブートストラップに基づけば

$$C_3=[\hat{\theta}-q^*_{n,1-\alpha}SE[\hat{\theta}],\hat{\theta}+q^*_{n,1-\alpha}SE[\hat{\theta}]]$$

によって信頼区間が求められる。ただし、$q^*_{n,1-\alpha}$は$|T^*_n|=|\hat{\theta}^*-\hat{\theta}|/SE[\hat{\theta}^*]$の$1-\alpha$分位点である。信頼区間の中の標準誤差は$SE[\hat{\theta}]$であり、$SE[\hat{\theta}^*]$ではないことに注意しよう。$C_3$は**対称ブートストラップ-$t$信頼区間**（symmetric bootstrap-t confidence interval）や**対称パーセンタイル-t信頼区間**（symmetric percentile-t confidence interval）などと呼ばれる。

その他の方法としては、両端で別々の分位点を用いて

$$C_4=[\hat{\theta}-q^*_{n,1-\alpha/2}SE[\hat{\theta}],\hat{\theta}-q^*_{n,\alpha/2}SE[\hat{\theta}]]$$

により信頼区間を求めることもできる。ただし、$q^*_{n,\alpha/2}$と$q^*_{n,1-\alpha/2}$は$T^*_n=(\hat{\theta}^*-\hat{\theta})/SE[\hat{\theta}^*]$の分位点である。これは2つの片側検定（$H_1:\theta<\theta_0$と$H_1:\theta>\theta_0$）で、それぞれ有意水準$\alpha/2$で棄却されないパラメータの値の共通集合を求めているのと同じである。C_4を**ブートストラップ-t信頼区間**や**パーセンタイル-t信頼区間**という。

対称ブートストラップ-t信頼区間

1. オリジナルの標本$\{X_1,\dots,X_n\}$を用いて、$\hat{\theta}$と$SE[\hat{\theta}]$を求める。
2. ブートストラップ標本$\{X^*_1,\dots,X^*_n\}$を用いて、$\hat{\theta}^*$と$SE[\hat{\theta}^*]$を計算し
$$T^*_n=\frac{\hat{\theta}^*-\hat{\theta}}{SE[\hat{\theta}^*]}$$
を求める。
3. ステップ2をB回繰り返し、$|T^{*1}_n|,\dots,|T^{*B}_n|$を小さい順にソートし、$B(1-\alpha)$番目の値によって、$|T^*_n|$の$1-\alpha$分位点$q^*_{n,1-\alpha}$を求める

（近似する）。

4 信頼区間 $C_3 = [\hat{\theta} - q^*_{n,1-\alpha}SE[\hat{\theta}], \hat{\theta} + q^*_{n,1-\alpha}SE[\hat{\theta}]]$ を求める。

8.5.1項と8.5.2項の信頼区間の大きな違いは、後者は漸近的にピボタルな統計量である t 統計量に基づいて信頼区間が求められているという点である。ブートストラップは漸近的にピボタルな統計量を用いたほうが近似精度がよくなることが知られているので、一般には C_3 と C_4 のほうが C_1 と C_2 よりも良い信頼区間をもたらす。ただし、良い信頼区間とは、被覆確率が $1-\alpha$ に近いという意味である。

8.6 バイアスの推定

ブートストラップは推定量のバイアスを求めるためにも用いられる。$\hat{\theta}$ を未知パラメータ θ の推定量とし、$T_n = \hat{\theta} - \theta$ とする。$E[T_n] = E[\hat{\theta}] - \theta$ が推定量のバイアスである。$\hat{\theta}^*$ をブートストラップ標本を用いた θ の推定量とすれば、ブートストラップ統計量は $T^*_n = \hat{\theta}^* - \hat{\theta}$ となる。バイアスは $b_n \equiv E^*[T^*_n]$ によって求められる。

ブートストラップによるバイアス推定

1 オリジナルの標本 $\{X_1, ..., X_n\}$ を用いて、$\hat{\theta}$ を求める。

2 ブートストラップ標本 $\{X^*_1, ..., X^*_n\}$ を用いて、$\hat{\theta}^*$ を計算し

$$T^*_n = \hat{\theta}^* - \hat{\theta}$$

を求める。

3 ステップ2を B 回繰り返し、$T^{*1}_n, ..., T^{*B}_n$ を求め、

$$b_n = \frac{1}{B}\sum_{b=1}^{B} T^{*b}_n$$

によって、$E^*[T^*_n]$ を求める（近似する）。

推定量のバイアスが求められたならば、バイアスを修正した次のような推定

量を考えるのが自然であろう。

$$\tilde{\theta} = \hat{\theta} - b_n$$

ところが、$\tilde{\theta}$ は $\hat{\theta}$ よりも常に優れているとは限らない。なぜなら、バイアスを正確に推定することは、一般に非常に難しいからである。そのため、実際には上記のような方法でバイアス修正をした推定量が使われることは稀である。また、バイアスを小さくすることができたとしても、その引き換えに推定量の分散を大きくしてしまうこともあり、バイアス修正が常に望ましい結果をもたらすとは限らない。

8.7 線形回帰

$\{(Y_1, \boldsymbol{X}_1), \ldots, (Y_n, \boldsymbol{X}_n)\}$ を母集団 $F_{Y,X}$ からの無作為標本とし、次のような線形回帰モデルを考える。

$$Y_i = \boldsymbol{X}_i'\boldsymbol{\beta} + u_i$$
$$E[u_i | \boldsymbol{X}_i] = 0$$

本節では、線形回帰モデルの分析に適したリサンプリングの方法を検証する。

直感的に自然な方法は、次のような経験分布からブートストラップ標本を抽出するものであろう。

$$F_n(y, \boldsymbol{x}) = \frac{1}{n}\sum_{i=1}^{n} 1\{Y_i \leq y\} 1\{\boldsymbol{X}_i \leq \boldsymbol{x}\}$$

これは、n 個の被説明変数と説明変数のペア $\{(Y_1, \boldsymbol{X}_1), \ldots, (Y_n, \boldsymbol{X}_n)\}$ からペアを崩さず $(Y_i^*, \boldsymbol{X}_i^*)$ をランダムに抽出することと同じである。この方法はペアワイズ・ブートストラップ（pairwise bootstrap）などと呼ばれる。このブートストラップにおける誤差項は

$$u_i^* = Y_i^* - \boldsymbol{X}_i^{*\prime}\hat{\boldsymbol{\beta}}$$

である。ただし、$\hat{\boldsymbol{\beta}}$ はオリジナルの標本から求めた OLS 推定量である。ブー

トストラップ標本においては、$\hat{\boldsymbol{\beta}}$ が真のパラメータとなる。よって、$(Y_i^*, \boldsymbol{X}_i^*) = (Y_j, \boldsymbol{X}_j)$ ならば、u_i^* は j 番目の OLS 残差 $\hat{u}_j$ に等しい。

このリサンプリング方法は応用範囲が広いが、誤差項 u_i^* が条件付期待値の制約 $E^*[u_i^* | \boldsymbol{X}_i^*] = 0$ を満たさないという弱点がある。なぜなら

$$E^*[u_i^* | \boldsymbol{X}_i^* = \boldsymbol{X}_j] = \hat{u}_j$$

だからである。母集団において $E[u_i | \boldsymbol{X}_i] = 0$ が満たされているならば、ペアワイズ・ブートストラップは母集団の重要な情報を反映していないことになる。ただし、OLS の正規方程式より

$$E^*[\boldsymbol{X}_i^* u_i^*] = \frac{1}{n}\sum_{i=1}^{n} \boldsymbol{X}_i \hat{u}_i = \boldsymbol{0}$$

なので、誤差項と説明変数の直交性は満たされる。

この問題の解決方法のひとつは、残差ブートストラップ（residual bootstrap）を用いることである。残差ブートストラップでは、説明変数 $\boldsymbol{X}_i$ を固定しておいて、誤差項をランダムに抽出する。手続きは以下のとおりである。まず、u_i^* を OLS 残差 $\hat{u}_1, \ldots, \hat{u}_n$ からランダムに抽出する。次に、

$$Y_i^* = \boldsymbol{X}_i' \hat{\boldsymbol{\beta}} + u_i^*$$

により Y_i^* を求める。このリサンプリングでは、常に $\boldsymbol{X}_i^* = \boldsymbol{X}_i$ である。このようにサンプリングすれば、u_i^* の取りうる値は $\boldsymbol{X}_i^*$ の値とは無関係なので、

$$E^*[u_i^* | \boldsymbol{X}_i^*] = E^*[u_i^*] = \frac{1}{n}\sum_{i=1}^{n} \hat{u}_i = 0$$

が満たされる。ただし、誤差項を説明変数の値とは無関係にランダムに抽出するため、結果的に誤差項と説明変数の独立性というかなり強い条件を課すことになってしまう。

ペアワイズ・ブートストラップと残差ブートストラップのある種中間に位置するのが、ワイルド・ブートストラップ（wild bootstrap）である。ワイルド・ブートストラップは、条件付期待値の制約を満たしつつ、誤差項と説明変

数の非独立性を許容する。具体的には、残差ブートストラップと同様に $\boldsymbol{X}_i$ を固定しておいて、

$$E^*[u_i^* \mid \boldsymbol{X}_i] = 0$$
$$E^*[u_i^{*2} \mid \boldsymbol{X}_i] = \hat{u}_i^2$$
$$E^*[u_i^{*3} \mid \boldsymbol{X}_i] = \hat{u}_i^3$$

を満たすように誤差項 u_i^* を抽出する。これは次のような2点分布から u_i^* をサンプリングすることで満たされる。

$$P^*\left(u_i^* = \left(\frac{1+\sqrt{5}}{2}\right)\hat{u}_i\right) = \frac{\sqrt{5}-1}{2\sqrt{5}}$$
$$P^*\left(u_i^* = \left(\frac{1-\sqrt{5}}{2}\right)\hat{u}_i\right) = \frac{\sqrt{5}+1}{2\sqrt{5}}$$

誤差項がたった2つの値しか取りえないのは不自然なように思われるかもしれないが、ワイルド・ブートストラップは多くの場合において良いパフォーマンスを示すことが知られている。

8.8 GMMとEL

$\{\boldsymbol{Z}_1, \ldots, \boldsymbol{Z}_n\}$ を母集団 F からの無作為標本とし、次のような直交条件によって定式化されるモデルを考える。

$$E[\boldsymbol{g}(\boldsymbol{Z}_i; \boldsymbol{\theta}_0)] = \boldsymbol{0}$$

ただし、$\boldsymbol{g}(\cdot\,;\cdot)$ の関数形は既知で、$\boldsymbol{\theta}_0 = (\theta_{10} \cdots \theta_{K0})'$ は未知パラメータである。直交条件によって定式化されるモデルについても、ブートストラップを適用することは可能であるが、少し工夫が必要である。

GMM推定量を基にした t 統計量の分布を求めるという問題を考えることにする。$\hat{\boldsymbol{\theta}}$ を $\{\boldsymbol{Z}_1, \ldots, \boldsymbol{Z}_n\}$ から求められた効率的なGMM推定量とする。また、$\{\boldsymbol{Z}_1, \ldots, \boldsymbol{Z}_n\}$ の経験分布からのブートストラップ標本を $\{\boldsymbol{Z}_1^*, \ldots, \boldsymbol{Z}_n^*\}$ とし、これを用いた効率的なGMM推定量を $\hat{\boldsymbol{\theta}}^*$ とする。すると、帰無仮説 $H_0: \theta_k = \theta_{k0}$

のブートストラップ t 統計量は

$$T_n^* = \frac{\hat{\theta}_k^* - \hat{\theta}_k}{SE[\hat{\theta}_k^*]}$$

となる。8.4節でも述べたように、GMM 推定量 $\hat{\theta}_k$ によって中心化していることに注意してほしい。t 統計量は漸近的にピボタルなので、通常ならブートストラップによって漸近分布よりも良い近似分布が得られるはずだが、実はこの方法ではリファインメントがない。その原因は、経験分布の下では直交条件が満たされないことにある。モデルが過剰識別されているときには、一般には $n^{-1}\sum_{i=1}^{n}\boldsymbol{g}(\boldsymbol{Z}_i;\boldsymbol{\theta})=\mathbf{0}$ を満たすような $\boldsymbol{\theta}$ の値は存在しないので、

$$E^*[\boldsymbol{g}(\boldsymbol{Z}_i^*;\hat{\boldsymbol{\theta}})] = \frac{1}{n}\sum_{i=1}^{n}\boldsymbol{g}(\boldsymbol{Z}_i;\hat{\boldsymbol{\theta}}) \neq \mathbf{0}$$

となり、ブートストラップ標本は直交条件を満たさない。

この問題に対し、Hall and Horowitz（1996）は、次のようなモーメント関数を用いてブートストラップ GMM 推定量を求めることを提案している。

$$\boldsymbol{g}^*(\boldsymbol{Z}_i^*;\boldsymbol{\theta}) = \boldsymbol{g}(\boldsymbol{Z}_i^*;\boldsymbol{\theta}) - \frac{1}{n}\sum_{i=1}^{n}\boldsymbol{g}(\boldsymbol{Z}_i;\hat{\boldsymbol{\theta}})$$

このモーメント関数の下、

$$E^*[\boldsymbol{g}^*(\boldsymbol{Z}_i^*;\hat{\boldsymbol{\theta}})] = \frac{1}{n}\sum_{i=1}^{n}\boldsymbol{g}(\boldsymbol{Z}_i;\hat{\boldsymbol{\theta}}) - \frac{1}{n}\sum_{i=1}^{n}\boldsymbol{g}(\boldsymbol{Z}_i;\hat{\boldsymbol{\theta}}) = \mathbf{0}$$

となり、経験分布の下で直交条件は満たされる。ブートストラップ GMM 推定量は

$$\hat{\boldsymbol{\theta}}^* = \arg\min_{\boldsymbol{\theta}}\left(\frac{1}{n}\sum_{i=1}^{n}\boldsymbol{g}^*(\boldsymbol{Z}_i^*;\boldsymbol{\theta})\right)'\hat{\boldsymbol{W}}^*\left(\frac{1}{n}\sum_{i=1}^{n}\boldsymbol{g}^*(\boldsymbol{Z}_i^*;\boldsymbol{\theta})\right)$$

によって求める。ただし、$\hat{\boldsymbol{W}}^*$ は適当なウエイト行列である。

Brown and Newey（2002）はモーメント関数を変えるのではなく、経験分

布以外の分布からリサンプリングすることで、ブートストラップ標本が直交条件を満たすようにしている。先ほどと同様に、$\hat{\boldsymbol{\theta}}$ は $\{\boldsymbol{Z}_1, \ldots, \boldsymbol{Z}_n\}$ から求められた GMM 推定量とする。ブートストラップ標本 $\{\boldsymbol{Z}_1^*, \ldots, \boldsymbol{Z}_n^*\}$ は

$$\hat{p}_i \equiv P^*(\boldsymbol{Z}_i^* = \boldsymbol{Z}_i) = \frac{1}{n(1+\boldsymbol{\lambda}(\hat{\boldsymbol{\theta}})'\boldsymbol{g}(\boldsymbol{Z}_i\,;\hat{\boldsymbol{\theta}}))}$$

を満たすように $\{\boldsymbol{Z}_1, \ldots, \boldsymbol{Z}_n\}$ から抽出する。ただし、

$$\boldsymbol{\lambda}(\boldsymbol{\theta}) = \arg\max_{\lambda \in \mathbb{R}^L} \sum_{i=1}^{n} \log(1+\boldsymbol{\lambda}'\boldsymbol{g}(\boldsymbol{Z}_i\,;\boldsymbol{\theta}))$$

である。これは5.4節で求めた EL の確率(5.16)に他ならない。ただし、今の場合、$\hat{\boldsymbol{\theta}}$ は EL 推定量ではなく GMM 推定量である。EL の確率は直交条件を満たすように求められているので、

$$E^*[\boldsymbol{g}(\boldsymbol{Z}_i^*\,;\hat{\boldsymbol{\theta}})] = \sum_{i=1}^{n} \hat{p}_i \boldsymbol{g}(\boldsymbol{Z}_i\,;\hat{\boldsymbol{\theta}}) = \boldsymbol{0}$$

が満たされる。

8.9 近似の精度とリファインメント

漸近分布が厳密分布の近似であるのと同様に、ブートストラップ分布もあくまでも厳密分布の近似に過ぎない。本節では、漸近分布とブートストラップ分布の近似の精度を評価するとともに、漸近的なリファインメントという言葉の意味について説明することにする。なお、かなり議論を単純化しているので、厳密な内容が知りたい場合には、Horowitz（2001）などを参考にしてほしい。

ノーテーションを導入する。数列 $\{a_n\}_{n=1}^{\infty}$ について、ある定数 $C>0$ が存在して、すべての n について

$$\left|\frac{a_n}{n^r}\right| < C$$

を満たすとき、$a_n = O(n^r)$ と書く。例えば、$a_n = O(n^{-2})$ であれば、n が大きくなるにつれ、a_n は n^{-2} と同じくらいのスピードかそれよりも早く 0 に近づ

く。$a_n = O(n^r)$ のとき、a_n の**オーダー**は $O(n^r)$ であるという。

まず、漸近分布による近似精度を評価しよう。T_n を漸近正規性を満たす統計量とし、その厳密分布と漸近分布をそれぞれ $G_n(u, F)$ と $G_\infty(u, F)$ で表す。すると、

$$G_n(u, F) = G_\infty(u, F) + O(n^{-1/2}) \tag{8.5}$$

が成り立つ。つまり、厳密分布と漸近分布の差（近似誤差）のオーダーは $O(n^{-1/2})$ である。当然のことながら、サンプルサイズが大きいほど、漸近分布は厳密分布の良い近似を与えることがわかる。

エッジワース展開（Edgeworth expansion）という分布関数の展開を用いれば、さらに精度の高い $G_n(u, F)$ の近似表現を得ることができる。適当な条件の下で、

$$G_n(u, F) = G_\infty(u, F) + \frac{1}{n^{1/2}} g_1(u, F) + \frac{1}{n} g_2(u, F) + O(n^{-3/2}) \tag{8.6}$$

と表されることが知られている。ただし、一般に g_1 と g_2 を明示的に求めるのは困難である。(8.6)は(8.5)において単に $O(n^{-1/2})$ と表した部分について、詳細な情報を与えてくれる。イメージとしては、テイラー展開でより高次の項まで求めているようなものである。

ブートストラップ分布 $G_n(u, F_n)$ についても、同様の展開を行うことが可能で

$$G_n(u, F_n) = G_\infty(u, F_n) + \frac{1}{n^{1/2}} g_1(u, F_n) + \frac{1}{n} g_2(u, F_n) + O(n^{-3/2}) \tag{8.7}$$

が成り立つ。ただし、(8.7)の両辺は経験分布に依存するため確率変数なので、確率1で等式が成り立つと解釈する。

(8.6)と(8.7)からブートストラップ分布と厳密分布の差を評価する。両辺の差をとると

$$G_n(u,F_n)-G_n(u,F)=[G_\infty(u,F_n)-G_\infty(u,F)]$$
$$+\frac{1}{n^{1/2}}[g_1(u,F_n)-g_1(u,F)]$$
$$+\frac{1}{n}[g_2(u,F_n)-g_2(u,F)]+O(n^{-3/2})$$

と書ける。ここで右辺第１項のオーダーは、適当な条件の下で $O(n^{-1/2})$ となる。また、

$$g_j(u,F_n)-g_j(u,F)=O(n^{-1/2}),\quad j=1,2 \tag{8.8}$$

が成り立つ。よって、ブートストラップ分布と厳密分布の差のオーダーも $O(n^{-1/2})$ となる。したがって、近似誤差のオーダーの観点からは、漸近理論を使おうがブートストラップを使おうが同じことである。漸近分布の代わりにブートストラップ分布を使って失うことはないが、特に得ることもない。

ブートストラップを使うメリットは、T_n が漸近的にピボタルであるときに発揮される。T_n が漸近的にピボタルであるとき、$G_\infty(u,F)$ は F に依存しないので、$G_\infty(u,F)=G_\infty(u,F_n)$ が成り立つ。このとき

$$G_n(u,F_n)-G_n(u,F)=\frac{1}{n^{1/2}}[g_1(u,F_n)-g_1(u,F)]$$
$$+\frac{1}{n}[g_2(u,F_n)-g_2(u,F)]+O(n^{-3/2})$$

なので、(8.8) より近似誤差のオーダーは $O(n^{-1})$ となる。n^{-1} のほうが $n^{-1/2}$ より早く0に収束するので、ブートストラップ分布のほうが漸近分布よりも良い近似を与えることになる。このようにオーダーの意味で近似精度が改善することを、漸近的なリファインメントという。これがブートストラップを用いる理論的根拠のひとつである。

8.10 モンテカルロ・シミュレーション

ブートストラップの締めくくりとして、簡単なシミュレーションによって、漸近理論とブートストラップを用いた検定結果の比較を行うことにする。具体的には、設定した有意水準と実際の棄却確率がどれだけ近いかを比較する。コンピュータによって乱数を発生させて行う確率的なシミュレーションのことを、**モンテカルロ・シミュレーション**（Monte Carlo simulation）という。モンテカルロ・シミュレーションは、有限標本での推定量や検定統計量の性質を調べるためによく用いられる。

実験のデザインは以下のとおりである。サンプルサイズ30の無作為標本$\{X_1, \ldots, X_{30}\}$を期待値$\mu=3$の指数分布から発生させ、帰無仮説$H_0: \mu=3$を検定する。検定統計量はt統計量

$$t_n = \frac{\bar{X}-3}{S/\sqrt{n}} \tag{8.9}$$

で、$|t_n|$が臨界値c_αより大きいときに帰無仮説を棄却する。臨界値の決め方は、8.4節で説明したとおりである。漸近理論の場合は標準正規分布から臨界値を求め、ブートストラップの場合には$B=1000$回のブートストラップ複製を用いて臨界値を求めることにする。

漸近的にピボタルな統計量とそうでない統計量を用いた場合でブートストラップのパフォーマンスがどのように変わるかを調べるため、次のような統計量も用いて検定を行う。

$$u_n = \sqrt{n}(\bar{X}-3) \tag{8.10}$$

つまり、$|u_n|$のブートストラップ統計量$|u_n^*| = |\sqrt{n}(\bar{X}^*-\bar{X})|$の分位点から臨界値を求め、$|u_n|$が臨界値より大きければ、帰無仮説を棄却する。$u_n$の漸近分布も正規分布ではあるが、漸近分散が$X_i$の分散に依存するため、$u_n$は漸近的にピボタルではない。

シミュレーション結果は、表8.1にまとめてある。0.10、0.05、0.01の3通り

表8.1　シミュレーション結果

有意水準	0.10	0.05	0.01
漸近理論	0.1302	0.0822	0.0355
ブートストラップ1	0.1068	0.0593	0.0178
ブートストラップ2	0.1367	0.0882	0.0389

の有意水準で実験を行った。棄却確率は、それぞれの場合について検定を10000回行い、何回棄却されたかをカウントし、相対頻度から計算している。ブートストラップ1は(8.9)を用いた場合の棄却確率、ブートストラップ2は(8.10)を用いた場合の棄却確率を表す。

表8.1より、いずれの有意水準においても、t_nを用いたブートストラップによる検定のパフォーマンスが最も良いことがわかる。実際の棄却確率が理論的な有意水準にかなり近い値になっている。漸近理論に基づく検定では、意図した有意水準よりやや過剰に帰無仮説を棄却してしまっている。例えば、有意水準0.05の場合、臨界値は1.96であるが、この臨界値を用いると、実際には8.2%も帰無仮説を棄却してしまっている。これは、指数分布というかなり歪みの大きい分布からデータを発生させているため、中心極限定理による近似の精度が低いためである。ブートストラップ2は、漸近理論に基づく検定よりもさらに悪くなっている。原因は、検定統計量が漸近的にピボタルではないからである。

第9章 ノンパラメトリック法

最終章のテーマはノンパラメトリック推定である。ノンパラメトリックという言葉はこれまでにも何度か用いてきたが、ノンパラメトリック推定とは何らかの関数を推定する際に、事前に関数形を特定せずに推定する方法を指す。例えば、密度関数を推定する問題を考えてみよう。統計学で最初に習う密度関数の推定方法は、正規分布や指数分布など、観測値が既知の分布に従うことを仮定したうえで、未知パラメータを推定するものである。このような推定方法は、パラメトリックな推定方法と呼ばれる。正規分布ならば、期待値と分散さえ決まれば分布は一意に定まる。よって、パラメトリック法の場合、関数を推定すると言っても、実際には有限個のパラメータを推定するだけである。それに対し、密度関数 $f(x)$ の関数形に仮定を置かないノンパラメトリック法では、$f(x)$ を各 x の値についてそれぞれ推定してやる必要がある。言うなれば、無限個のパラメータが存在する。

本章では密度関数と回帰関数の推定方法を紹介するが、ノンパラメトリックな手法を用いる状況はいくつか考えられる。まず、当然ではあるが、密度関数や回帰関数そのものに興味がある場合である。密度関数や回帰関数を推定する際、経済理論からは関数形までは特定できないことが多い。ノンパラメトリック法を用いれば、それらの関数の定式化の誤りを回避することができるし、関数についての詳細な情報を得ることができる。また、本格的な分析の前段階として、経済変数の大まかな特徴を捉えるために、密度関数をノンパラメトリックに推定することもある。あるいは、別の状況として、密度関数や回帰関数それ自体には必ずしも興味はなくても、別の興味のあるパラメータに関する推測のために、ノンパラメトリック推定が必要となることがある。例えば、7章で分位点回帰推定量を扱ったが、この係数推定量の漸近分散は誤差項の密度関数に依存していた。そのため、ブートストラップを用いずに標準誤差を求めようとすると、密度関数を推定する必要が生じる。

9.1 密度関数推定

9.1.1 なぜノンパラメトリックか

手法の解説に入る前に、どのような状況においてノンパラメトリック推定が必要になるかを考えることにしよう。以下の例は、DiNardo and Tobias (2001) から抜粋したものである。

アメリカでは、1979年から1989年の10年間に、女性の間での賃金格差が拡大したとされており、その特徴を1979年と1989年での女性の実質対数賃金の分布を比較することで検証したい。そのために、パラメトリックとノンパラメトリックの2つのアプローチを考える。

パラメトリック推定のためには、分布形の仮定が必要である。一般に、対数賃金の分布は正規分布によって良く近似できるとされている。そこで、正規分布を仮定したもとで推定を行ったのが図9.1である。縦に引かれた線は、1979年と1989年における最低賃金を表している。1989年のほうが賃金の分散が大きくなっていることはわかるが、どのような階層の賃金に特に変化が生じたのかなど、詳しいことまではわからない。

図9.2はノンパラメトリックな推定結果である。こちらは、密度関数の関数形に仮定を置かず推定されている。図9.2からは、パラメトリックモデルではわからなかった賃金分布の特徴が見て取れる。まず、1979年の賃金分布のピークは、最低賃金のところにあることがわかる。それが、1989年になると、最低賃金が大幅に下がった結果、1979年のようなピークはなくなり、最低賃金が賃金の引き下げを防ぐ役割を実質上果たしていないことがわかる。このことから、最低賃金の変化が格差の拡大を生み出したひとつの要因であることが推測される。

図9.1　パラメトリック推定

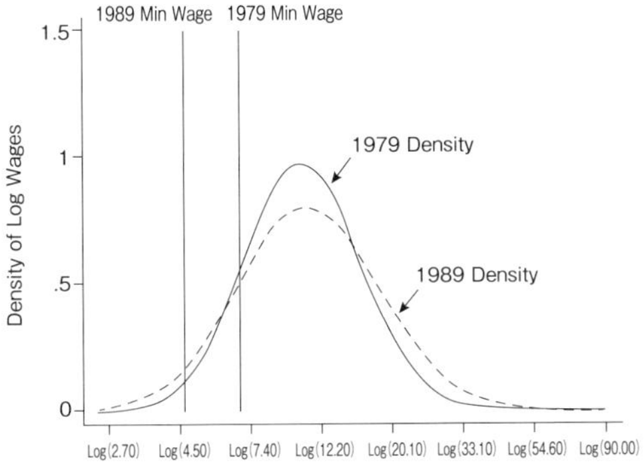

出所）DiNardo and Tobias（2001）より引用

図9.2　ノンパラメトリック推定

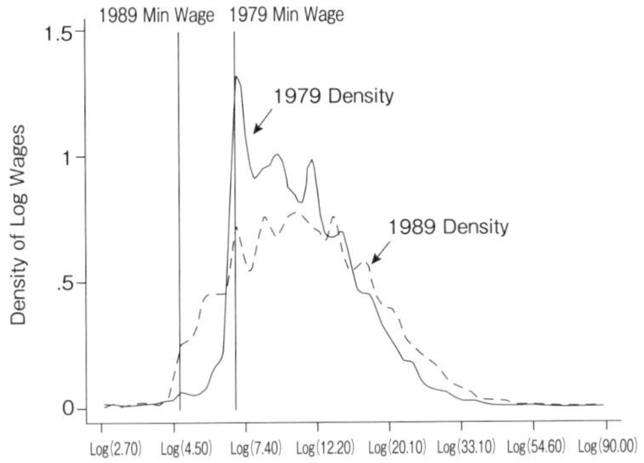

出所）DiNardo and Tobias（2001）より引用

この例が示すことは、パラメトリック法は、関数形の仮定がある程度良い近似になっている場合には強力なツールであるが、仮定が不適切な場合には分布の重要な特徴を見落とし、誤った理解をしてしまう恐れがあるということである。

9.1.2　ナイーブ推定量

以下では、密度関数の推定方法について考察する。$\{X_1, \ldots, X_n\}$ を分布 F からの無作為標本とする。経験分布関数は次のように定義された。

$$F_n(x) = \frac{1}{n}\sum_{i=1}^{n} 1\{X_i \leq x\}$$

真の分布 F に特定の仮定を置いていないので、経験分布関数もノンパラメトリック推定量の一種である。8 章で述べたが、$F_n(x)$ は $F(x)$ の不偏かつ一致推定量になっている。$F_n(x)$ はある点 x を固定したときの $F(x)$ の推定量であるが、これを x のすべての取りうる値について計算してやることで、関数としての $F(\cdot)$ を推定できる。

密度関数は分布関数の導関数であるので、経験分布関数を微分することで密度関数を推定することが考えられる。しかしながら、経験分布関数は不連続点を持つ階段状の関数なので、この方法はうまくいかない。ただし、微分の定義より

$$f(x) = \lim_{h \to 0} \frac{F(x+h) - F(x-h)}{2h}$$

が成り立つので、十分小さな $h > 0$ について

$$f(x) \approx \frac{F(x+h) - F(x-h)}{2h} \tag{9.1}$$

という近似が成り立つ。したがって、F を F_n で置き換えることにより

$$f_n(x) = \frac{F_n(x+h) - F_n(x-h)}{2h}$$

によって $f(x)$ を推定できる。この推定量は、**ナイーブ推定量**（naive estimator）と呼ばれたり、Rosenblatt 推定量と呼ばれたりする。h は**バンド幅**（bandwidth）や平滑化パラメータ（smoothing parameter）などと呼ばれ、この大きさは分析者が自分で決める必要がある。

ナイーブ推定量は

$$f_n(x) = \frac{1}{2nh}\sum_{i=1}^{n} 1\{x-h \leq X_i \leq x+h\}$$
$$= \frac{1}{2nh} \times [\text{区間}[x-h, x+h]\text{に含まれる観測値の数}]$$

と書き換えられる。x を固定したもとでバンド幅を広げると、区間 $[x-h, x+h]$ に含まれる観測値の数が増える。推定に用いる観測値の数が増えると、推定量の分散は小さくなると考えられる。一方で、あまりバンド幅が大きいと、今度は(9.1)による微分の近似が不正確になり、推定量にバイアスが生じることが予想される。このようなバイアスと分散のトレードオフの関係は、ノンパラメトリック推定には常に生じる。両者のバランスをうまくとるようにバンド幅を選ぶことが重要になる。

9.1.3　カーネル密度推定量

ナイーブ推定量は漸近的には良い振る舞いをすることが知られているが、見た目にはややいびつな形をした関数になる。図9.3は、標準正規分布に従う乱数を100個発生させて、ナイーブ推定量により密度関数を推定した結果である。$f_n(x)$ を連続な x について数値計算することは不可能なので、実際には細かく刻んだ離散的な点において $f_n(x)$ を計算している。バンド幅は $h=0.3$ とした。ナイーブ推定量はかなりデコボコとした関数になっている。しかし、密度関数というとき、通常はある程度滑らかな関数を想定しているので、その推定量もできれば滑らかな関数であってほしいと思うのは自然である。そこで、ナイーブ推定量を拡張し、滑らかな密度関数の推定量を得る方法を考察する。

ナイーブ推定量が滑らかでないのは、定義関数の和になっているからである。定義関数を滑らかな関数で置き換えてやれば、推定量も滑らかになる。そこで、次のような形式の推定量を考える。

$$\hat{f}(x) = \frac{1}{nh}\sum_{i=1}^{n} k\left(\frac{X_i - x}{h}\right) \tag{9.2}$$

ただし、$k(\cdot)$ は

図9.3　ナイーブ推定量

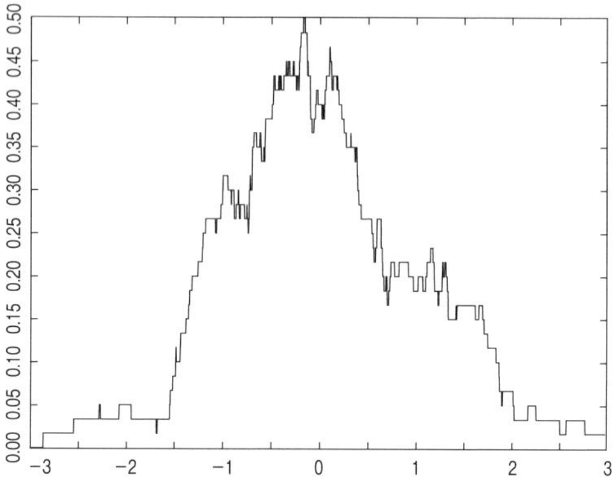

図9.4　カーネル密度推定量

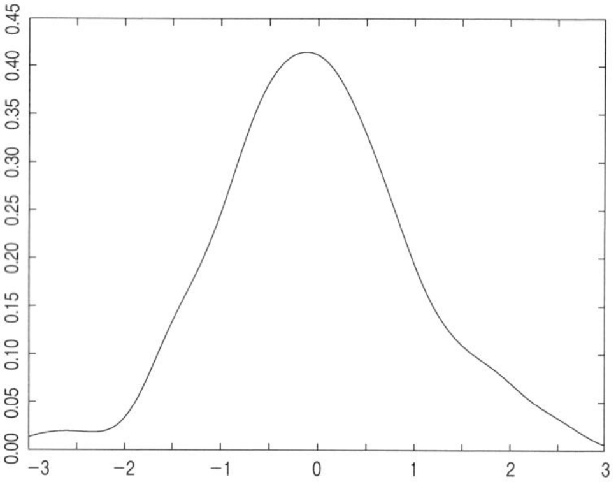

$$\int k(u)du = 1 \tag{9.3}$$

を満たす関数である[1]。$k(\cdot)$ を**カーネル関数**（kernel function）といい、(9.2) を**カーネル密度推定量**（kernel density estimator）という。$k(u) = \frac{1}{2}1\{|u| \leq 1\}$ のとき、(9.2) はナイーブ推定量と一致する。バンド幅と同様に、どのようなカーネルを用いるかも、分析者が自分で決める必要がある。

1）本章では、広義積分 $\int_{-\infty}^{\infty}$ はすべて $\int$ と略記する。

カーネルが必ず満たさなければならない条件は(9.3)のみであるが、多くの場合、原点について対称（$k(u)=k(-u)$）で非負（$k(u)\geq 0$）のカーネルが用いられる。標準正規分布の密度関数のように、対称な密度関数はこれらの性質を満たすので、カーネルとして使われることが多い。代表的なカーネルをいくつか挙げると、次のようになる。

- Gaussian kernel：$k(u)=\frac{1}{\sqrt{2\pi}}\exp\left(-\frac{u^2}{2}\right)$
- Epanechnikov kernel：$k(u)=\frac{3}{4}(1-u^2)1\{|u|\leq 1\}$
- Biweight kernel：$k(u)=\frac{15}{16}(1-u^2)^2 1\{|u|\leq 1\}$
- Rectangular kernel：$k(u)=\frac{1}{2}1\{|u|\leq 1\}$

図9.4はGaussian kernelを用いた密度関数の推定結果である。図9.3のときと同様に、100個の標準正規乱数を発生させ、バンド幅は$h=0.3$とした。ナイーブ推定量よりもかなり滑らかな関数になっている。

カーネルのj次モーメントを

$$\kappa_j=\int u^j k(u)du$$

で表すことにする。カーネルがある確率変数の密度関数であれば、κ_jはまさに確率変数のj次モーメントである。対称なカーネルを用いると、奇数次のモーメントはすべて0となる。カーネルの**オーダー**νは最初の0ではないモーメントの次数で定義される。例えば、$\kappa_1=0$、$\kappa_2>0$であれば$\nu=2$で、2次カーネル（second-order kernel）と呼ばれる。以下では、2次カーネルだけを考えることにする[2)]。

9.1.4　カーネル密度推定量の評価

次に、カーネル密度推定量の漸近的な性質を調べる。推定量のパフォーマンスを測る指標としてよく用いられるのは、**平均2乗誤差**（MSE；mean squared error）である。点xを固定したとき、$\hat{f}(x)$のMSEは

2）$\nu>2$のとき、カーネルは高次カーネル（higher-order kernel）と呼ばれる。$\nu>2$であるためには、$\kappa_2=0$でなければならないので、$k(u)$はどこかで負の値を取る必要がある。したがって、$\hat{f}(x)$も負の値を取る可能性がある。

$$
\begin{aligned}
\mathrm{MSE}[\hat{f}(x)] &= E[(\hat{f}(x)-f(x))^2] \\
&= (E[\hat{f}(x)]-f(x))^2+E[(\hat{f}(x)-E[\hat{f}(x)])^2] \\
&= \mathrm{Bias}^2[\hat{f}(x)]+\mathrm{Var}[\hat{f}(x)]
\end{aligned}
$$

で定義される。ただし、$\mathrm{Bias}[\hat{f}(x)]=E[\hat{f}(x)]-f(x)$ は推定量のバイアスを表す。当然、MSE は小さければ小さいほど望ましい。以下で見るように、MSE が 0 に近づくためには、$n \to \infty$ だけでは不十分で、サンプルサイズが大きくなるにつれ、バンド幅は 0 に近づいていかねばならない。よって、$n \to \infty$ かつ $h \to 0$ という設定の下で、バイアスと分散の漸近的な表現を求める。

まず、無作為標本の仮定より

$$
\begin{aligned}
E[\hat{f}(x)] &= \frac{1}{h}E\left[k\left(\frac{X_i-x}{h}\right)\right] \\
&= \frac{1}{h}\int k\left(\frac{z-x}{h}\right)f(z)dz \\
&= \int k(u)f(x+hu)du
\end{aligned}
$$

が成り立つ。ただし、$u=(z-x)/h$ という変数変換を行った。次に、$f(x+hu)$ を x まわりでテイラー展開すると、$\kappa_1=0$ と $h \to 0$ の仮定より、

$$
\begin{aligned}
\int k(u)f(x+hu)du &\approx \int k(u)\left\{f(x)+f'(x)hu+\frac{f''(x)}{2}h^2u^2\right\}du \\
&= f(x)+\frac{h^2}{2}f''(x)\kappa_2
\end{aligned}
$$

が成り立つ。したがって、バイアスは近似的に

$$
\mathrm{Bias}[\hat{f}(x)]=\frac{h^2}{2}f''(x)\kappa_2
$$

と表される。一方、分散については

$$\mathrm{Var}[\hat{f}(x)] = \frac{1}{nh^2}E\left[k^2\left(\frac{X_i - x}{h}\right)\right] - \frac{1}{n}\left(\frac{1}{h}E\left[k\left(\frac{X_i - x}{h}\right)\right]\right)^2$$

となるが、バイアスの計算で示したように、$E[k((X_i-x)/h)]/h = f(x)+O(h^2)$ なので、分散の第２項のオーダーは $O(n^{-1})$ となる。また、積分の変数変換とテイラー展開から

$$\begin{aligned}\frac{1}{nh^2}E\left[k^2\left(\frac{X_i - x}{h}\right)\right] &= \frac{1}{nh}\int k^2(u)f(x+hu)du \\ &\approx \frac{1}{nh}\int k^2(u)\{f(x)+f'(x)hu\}du \\ &= \frac{f(x)R(k)}{nh} + O\left(\frac{1}{n}\right)\end{aligned}$$

となる。ただし、

$$R(k) = \int k^2(u)du$$

である。この分野の慣例で、関数の２乗の積分を $R(\cdot)$ という記号を用いて表すことがある。R は roughness の頭文字で、関数の変動の大きさの度合いを表している。$n \to \infty$ かつ $h \to 0$ のとき、n^{-1} のほうが $(nh)^{-1}$ よりも早く０に収束する。よって、分散は近似的に

$$\mathrm{Var}[\hat{f}(x)] = \frac{f(x)R(k)}{nh}$$

と表される。

以上の計算からわかることは、ナイーブ推定量のところでも述べたとおり、バイアスと分散はバンド幅についてトレードオフの関係にある。バイアスは h を小さくすればするほど小さくできるのに対し、分散は h を小さくすればするほど大きくなる。また、MSE が０に収束するためには、単に $n \to \infty$ と $h \to 0$ という条件だけでは不十分で、$nh \to \infty$ という条件が必要である。つま

り、バンド幅は0に近い値でなければならないが、サンプルサイズと比較してあまりに小さいと、分散が大きくなりすぎてしまう。カーネル密度推定においては、nh が実質的なサンプルサイズを表していると考えることもできる。なお、MSEが0に収束するならば、Chebyshevの不等式から

$$P(|\hat{f}(x)-f(x)|>\epsilon)\leq\frac{E[(\hat{f}(x)-f(x))^2]}{\epsilon^2}\to 0$$

なので、$\hat{f}(x)$ は $f(x)$ の一致推定量となる。

MSEはある1点 x における $\hat{f}(x)$ のパフォーマンスを評価する指標である。しかし、今は関数を推定したいので、関数全体としての推定量の良さに関心がある場合もある。そのようなときに使われるのが、平均積分2乗誤差（MISE；mean integrated squared error）である。MISEの定義は

$$\mathrm{MISE}[\hat{f}]=\int \mathrm{MSE}[\hat{f}(x)]dx=\int E[(\hat{f}(x)-f(x))^2]dx$$

である。先ほどのバイアスと分散の表現から、2次カーネルを用いた場合、MISEは近似的に

$$\mathrm{MISE}[\hat{f}]=\frac{h^4}{4}\kappa_2^2R(f'')+\frac{R(k)}{nh} \tag{9.4}$$

となる。ただし、$R(f'')=\int(f''(x))^2dx$ である。

9.1.5 バンド幅の選び方

カーネル密度推定を行う際には、使用するカーネルとバンド幅を自分で決める必要がある。カーネルに関しては、どのようなカーネルを使ってもあまり推定の精度に影響を与えないのだが、バンド幅は推定結果に大きな影響を与える。一般に、バンド幅を小さくし過ぎると、$\hat{f}(x)$ はギザギザになってしまい、バンド幅を大きくし過ぎると、$\hat{f}(x)$ は滑らかになりすぎてしまう。図9.5はバンド幅を変えたときのカーネル密度推定量の変化を示している。実線が真の密度関数である。カーネルはGaussian kernelで、サンプルサイズは500とした。長い破線は $h=0.1$ のときで、$\hat{f}(x)$ はかなり波打っている。一方、短い破線

図9.5　バンド幅の違い

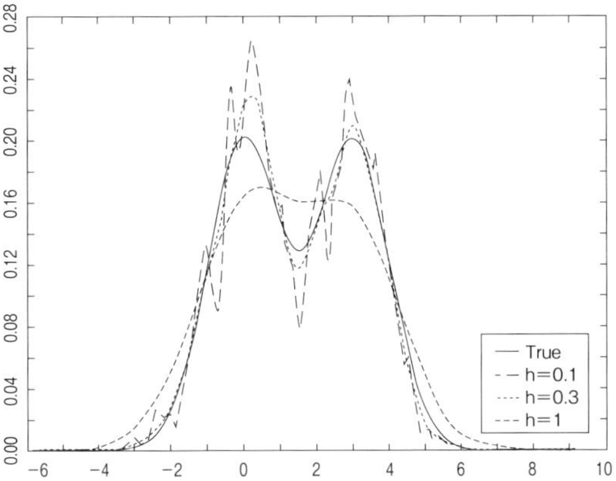

は $h = 1$ のときで、今度は滑らかになりすぎて、山が2つあるという真の密度関数の特徴が消えてしまっている。点線は $h = 0.3$ で、このときはうまく推定できているように見える。この図からも、バンド幅を適切に選ぶことが重要であることがわかるであろう。

そこでまず、理論上の最適なバンド幅を求める。最適というからには、何らかの基準が必要で、ここでは MISE を最小にするようなバンド幅を求める。そのためには、MISE の漸近表現(9.4)を h に関して微分して、1階条件を解けばよい。すると、最適なバンド幅 h_{opt} は

$$h_{opt} = \left(\frac{R(k)}{\kappa_2^2 R(f'')}\right)^{1/5} n^{-1/5} \tag{9.5}$$

となる。

$R(f'')$ は未知なので、(9.5)は実際には計算できないが、バンド幅は $n^{-1/5}$ に比例するように求めればよいことはわかる。つまり、最適なバンド幅のオーダーは $h_{opt} = O(n^{-1/5})$ である。また、(9.5)を(9.4)に代入すれば、最適なバンド幅を使ったときの MISE のオーダーは $O(n^{-4/5})$ である。ちなみに、分布形の仮定が正しいとき、パラメトリック推定量の MISE のオーダーは $O(n^{-1})$ である。よって、同等の精度で推定がしたければ、パラメトリック法よりノンパラ

メトリック法のほうが、より大きな標本を必要とする。

実行可能なバンド幅選びの方法として、$R(f'')$ を推定することで、最適なバンド幅を推定するという方法が考えられる。このような方法を**プラグイン法**（plug-in method）という。ここでは最も単純で良く知られた方法であるSilverman（1986）の方法を紹介する。

まず、$f(x)$ が既知の分布によって表されると仮定する。例えば、$f(x)$ が $N(0, \sigma^2)$ の密度関数であるとすると、$R(f'')$ は具体的に計算でき、

$$R(f'') = \int (f''(x))^2 dx \approx 0.212\sigma^{-5}$$

が成り立つ。また、カーネルとしてGaussian kernelを使えば、κ_2 と $R(k)$ も計算できて、これらを(9.5)に代入すれば

$$h_{opt} \approx 1.06\sigma n^{-1/5}$$

となる。σ は未知であるが、これは簡単に推定できる。このようなバンド幅の決定方法を、Silvermanのrule of thumbという。もし真の密度関数の形状が正規分布に近ければ、このバンド幅はよい推定結果をもたらすであろう[3)]。

バンド幅選びの他のポピュラーな方法に、**クロスバリデーション**（cross-validation）がある。プラグイン法が最適なバンド幅を直接推定していたのに対し、クロスバリデーションでは与えられたバンド幅のもとでMISEを推定し、推定されたMISEを最も小さくするバンド幅を求める。ここでは、クロスバリデーションの概略だけを紹介する。

まず、MISEは

$$\mathrm{MISE}(h) = E\left[\int \hat{f}^2(x)dx\right] - 2E\left[\int \hat{f}(x)f(x)dx\right] + \int f^2(x)dx$$

と分解できる。バンド幅 h に依存することを強調するため、$\mathrm{MISE}(h)$ という記号を用いることにする。右辺第3項はバンド幅に依存しないので、バンド幅選択の観点からはこれは無視してかまわない。第1項は $\int \hat{f}^2(x)dx$ で推定でき

3）Silvermanのrule of thumbよりも洗練されたプラグイン法としては、Sheather and Jones（1991）が有名であり、よく用いられている。

る。第2項の期待値の中身は、未知の密度関数 $f(x)$ に依存するので計算できない。しかし、もし $\hat{f}(x)$ がランダムでない確定的な関数ならば、$\int \hat{f}(x)f(x)dx = E[\hat{f}(X_i)]$ なので、期待値を標本平均で置き換えて推定できる。実際には

$$\frac{1}{n}\sum_{i=1}^{n}\hat{f}_{-i}(X_i)$$

で推定される。ただし、$\hat{f}_{-i}(x)$ は

$$\hat{f}_{-i}(x) = \frac{1}{(n-1)h}\sum_{j \neq i}k\left(\frac{X_j - x}{h}\right)$$

で、i 番目の観測値を除く $n-1$ 個の観測値を用いたカーネル密度推定量である。これを leave-one-out 推定量という。$\hat{f}_{-i}(x)$ は $f(x)$ の推定量と X_i を独立にするために用いられている。

以上から、MISE は

$$\mathrm{CV}(h) = \int \hat{f}^2(x)dx - \frac{2}{n}\sum_{i=1}^{n}\hat{f}_{-i}(X_i)$$

によって推定できる。CV(h) をクロスバリデーション基準という。MISE と CV の間には

$$E[\mathrm{CV}(h)] = \mathrm{MISE}(h) - \int f^2(x)dx$$

という関係が成り立つことが知られている。つまり、バンド幅に依存しない定数部分を除き、CV(h) は MISE(h) の不偏推定量になっている。バンド幅を選ぶときには、CV(h) を最小にするような h を選ぶが、これは解析的には求められないので、数値的に求める必要がある。

9.1.6　多変量密度関数と次元の呪い

これまでは一変量の密度関数の推定のみを考えてきたが、多変量へと拡張することも可能である。$\{\boldsymbol{X}_1, \ldots, \boldsymbol{X}_n\}$ を無作為標本とし、$\boldsymbol{X}_i = (X_{1i} \cdots X_{qi})'$ とす

る。$\boldsymbol{X}_i$ の密度関数 $f(\boldsymbol{x}) = f(x_1, \ldots, x_q)$ は

$$\hat{f}(\boldsymbol{x}) = \frac{1}{nh_1 \cdots h_q} \sum_{i=1}^{n} K\left(\frac{\boldsymbol{X}_i - \boldsymbol{x}}{\boldsymbol{h}}\right)$$

によって推定できる。ただし、$\boldsymbol{h} = (h_1 \cdots h_q)'$ は q 個のバンド幅のベクトルで

$$K\left(\frac{\boldsymbol{X}_i - \boldsymbol{x}}{\boldsymbol{h}}\right) = k\left(\frac{X_{1i} - x_1}{h_1}\right) \times \cdots \times k\left(\frac{X_{qi} - x_q}{h_q}\right) \tag{9.6}$$

である。$k(\cdot)$ は一変量のカーネルで、$K(\cdot)$ はプロダクトカーネル（product kernel）と呼ばれる。

一変量と多変量の場合での大きな違いは、推定量の MISE のオーダーである。一般の q 変数のケースでは、MISE は近似的に次のように表される。

$$\mathrm{MISE}[\hat{f}] = \frac{\kappa_2^2}{4} \int_{\mathbb{R}^q} \left(\sum_{s=1}^{q} \frac{\partial^2 f(\boldsymbol{x})}{\partial x_s^2} h_s^2\right)^2 d\boldsymbol{x} + \frac{R^q(k)}{nh_1 \cdots h_q}$$

ここで、$h_1 = \cdots = h_q = h$ とすると、最適なバンド幅のオーダーは $h = O(n^{-1/(q+4)})$ で、MISE のオーダーは $O(n^{-4/(q+4)})$ となる。したがって、q が大きくなるにつれ、MISE が 0 に収束するスピードは遅くなる。つまり、変数の次元が大きくなればなるほど、密度関数を正確に推定することが困難になる。このような現象は、**次元の呪い**（curse of dimensionality）と呼ばれ、密度関数の推定に限らず、ノンパラメトリック推定量には常につきまとう問題である。

9.2 ノンパラメトリック回帰

9.2.1 Nadaraya-Watson 推定量

今度は回帰関数の推定方法を考える。$\{(Y_1, \boldsymbol{X}_1), \ldots, (Y_n, \boldsymbol{X}_n)\}$ を分布 $F_{Y,X}$ からの無作為標本とする。Y_i の $\boldsymbol{X}_i$ への回帰関数は

$$g(\boldsymbol{x}) = E[Y_i | \boldsymbol{X}_i = \boldsymbol{x}]$$

で定義される。誤差項を $u_i = Y_i - g(\boldsymbol{X}_i)$ と定義すれば、

$$Y_i = g(\boldsymbol{X}_i) + u_i$$
$$E[u_i | \boldsymbol{X}_i] = 0$$

と書いても同じである。我々がこれまで考えてきた線形回帰モデルはこの特殊ケースで、$g(\boldsymbol{x})$ に線形性を仮定し

$$Y_i = \boldsymbol{X}_i'\boldsymbol{\beta} + u_i$$
$$E[u_i | \boldsymbol{X}_i] = 0$$

と表された。本節では、$g(\boldsymbol{x})$ のノンパラメトリックな推定方法である **Nadaraya-Watson**（NW）**推定量**と**局所線形**（LL；local linear）**推定量**を紹介する。

NW 推定量のアイデアは以下のとおりである。回帰関数は定義より

$$g(\boldsymbol{x}) = \int y f_{Y|X}(y | \boldsymbol{x})dy = \int y \frac{f_{Y,X}(y, \boldsymbol{x})}{f_X(\boldsymbol{x})}dy \tag{9.7}$$

と表される。2つの同時密度関数は、前節のカーネル密度推定量を用いて推定可能である。$\boldsymbol{X}_i$ を q 次のベクトルとすれば、それらの推定量は

$$\hat{f}_{Y,X}(y, \boldsymbol{x}) = \frac{1}{nh_0h_1\cdots h_q}\sum_{i=1}^{n} k\left(\frac{Y_i - y}{h_0}\right)K\left(\frac{\boldsymbol{X}_i - \boldsymbol{x}}{\boldsymbol{h}}\right)$$
$$\hat{f}_X(\boldsymbol{x}) = \frac{1}{nh_1\cdots h_q}\sum_{i=1}^{n} K\left(\frac{\boldsymbol{X}_i - \boldsymbol{x}}{\boldsymbol{h}}\right)$$

となる。ただし、h_0 と $\boldsymbol{h} = (h_1 \cdots h_q)'$ はバンド幅で、$K(\cdot)$ は(9.6)のプロダクトカーネルである。これらのカーネル密度推定量を(9.7)における $f_{Y,X}(y, \boldsymbol{x})$ と $f_X(\boldsymbol{x})$ に置き換えて整理すれば、次のような回帰関数の推定量が得られる。

$$\hat{g}^{NW}(\boldsymbol{x}) = \frac{\sum_{i=1}^{n} K\left(\frac{\boldsymbol{X}_i - \boldsymbol{x}}{\boldsymbol{h}}\right)Y_i}{\sum_{i=1}^{n} K\left(\frac{\boldsymbol{X}_i - \boldsymbol{x}}{\boldsymbol{h}}\right)}$$

これが回帰関数の NW 推定量である。y に関して積分を取ることにより、

$$\frac{1}{h_0}\int yk\left(\frac{Y_i-y}{h_0}\right)dy=\frac{1}{h_0}\int(Y_i-h_0u)k(u)\frac{dy}{du}du=Y_i$$

となるので、$k(\cdot)$ と h_0 は消えていることに注意してほしい。

密度関数の推定と同様に、NW 推定量のバイアスと分散はバンド幅についてトレードオフの関係にある。NW 推定量のバイアスと分散の導出はやや複雑なので省略する。その代わり、直感的な理解を得るため、X_i がスカラーで、$k(u)=\frac{1}{2}1\{|u|\leq 1\}$ という単純なケースを考えることにする。このとき、

$$\hat{g}^{NW}(x)=\frac{\sum_{i=1}^{n}1\{x-h\leq X_i\leq x+h\}Y_i}{\sum_{i=1}^{n}1\{x-h\leq X_i\leq x+h\}}$$

となる。これは、$X_i\in[x-h,x+h]$ となるような Y_i について、標本平均を求めているのと同じである。このことから、バンド幅を広げれば、推定に用いる観測値が増えるため、分散は小さくなると考えられる。一方、バンド幅を広げると、x から離れた観測値も使って $E[Y_i|X_i=x]$ を推定することになるため、バイアスが大きくなることが予想される。

9.2.2 NW 推定量の問題点と LL 推定量

NW 推定量は次のような最小化問題の解としても得られる。

$$\hat{g}^{NW}(\boldsymbol{x})=\arg\min_{\alpha}\sum_{i=1}^{n}(Y_i-\alpha)^2K\left(\frac{\boldsymbol{X}_i-\boldsymbol{x}}{\boldsymbol{h}}\right)$$

カーネルがなければ、これは Y_i を定数項だけに回帰して、OLS で推定しているのと同じである。NW 推定量は、$g(\boldsymbol{x})$ を局所的に定数で近似する推定量となっている。このような NW 推定量の性質から、NW 推定量は局所定数（local constant）推定量とも呼ばれる。

局所的に定数で近似するという NW 推定量の性質により、NW 推定量は $\boldsymbol{X}_i$ のサポートの境界近くでのパフォーマンスが悪くなってしまう。そのことを図9.6によって示すため、X_i がスカラーのケースを考える。図9.6において、実線は $g(x)$ を表し、丸い点は観測値を表している。今、$x<\min\{X_1,\ldots,X_n\}$ となる

図9.6　NW推定量のイメージ

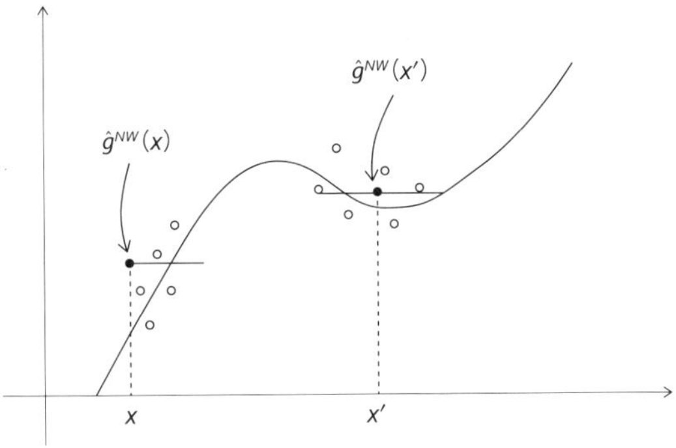

x について、$g(x)$ を推定したいとしよう。このとき、x より大きな値の X_i に対応する Y_i のみを用いて $g(x)$ を推定することになる。そのため、$g(x)$ が x の周辺で正の傾きを持つならば、Y_i は平均的に $g(x)$ よりも大きな値をとるので、$\hat{g}^{NW}(x)$ は大きな正のバイアスを持つ。一方、サポートの内点 x' においては、そのような問題は生じない。

NW 推定量の自然な拡張として、$g(\boldsymbol{x})$ を定数によって近似するのではなく、多項式で近似することが考えられる。特に一次式で近似する場合、LL 推定量と呼ばれる。LL 推定量は次の最小化問題を解くことで得られる。

$$\min_{\alpha,\beta}\sum_{i=1}^{n}(Y_i-\alpha-\boldsymbol{\beta}'(\boldsymbol{X}_i-\boldsymbol{x}))^2K\left(\frac{\boldsymbol{X}_i-\boldsymbol{x}}{\boldsymbol{h}}\right)$$

上記の最小化問題の解を $(\hat{\alpha}(\boldsymbol{x}),\hat{\boldsymbol{\beta}}(\boldsymbol{x}))$ で表すことにする。$\boldsymbol{Z}_i=(1\ (\boldsymbol{X}_i-\boldsymbol{x})')'$ とすると

$$\begin{pmatrix}\hat{\alpha}(\boldsymbol{x})\\ \hat{\boldsymbol{\beta}}(\boldsymbol{x})\end{pmatrix}=\left(\sum_{i=1}^{n}K\left(\frac{\boldsymbol{X}_i-\boldsymbol{x}}{\boldsymbol{h}}\right)\boldsymbol{Z}_i\boldsymbol{Z}_i'\right)^{-1}\sum_{i=1}^{n}K\left(\frac{\boldsymbol{X}_i-\boldsymbol{x}}{\boldsymbol{h}}\right)\boldsymbol{Z}_iY_i$$

となる。$\hat{\alpha}(\boldsymbol{x})$ が $g(\boldsymbol{x})$ の LL 推定量 $\hat{g}^{LL}(\boldsymbol{x})$ である。$\hat{\boldsymbol{\beta}}(\boldsymbol{x})$ は $dg(\boldsymbol{x})/d\boldsymbol{x}$ の推定量となっている。LL 推定量は $g(\boldsymbol{x})$ を局所的に直線で近似するため、NW 推定量のような問題は生じず、サポート境界付近でも大きなバイアスが生じることはない（図9.7）。

図9.7 LL推定量のイメージ

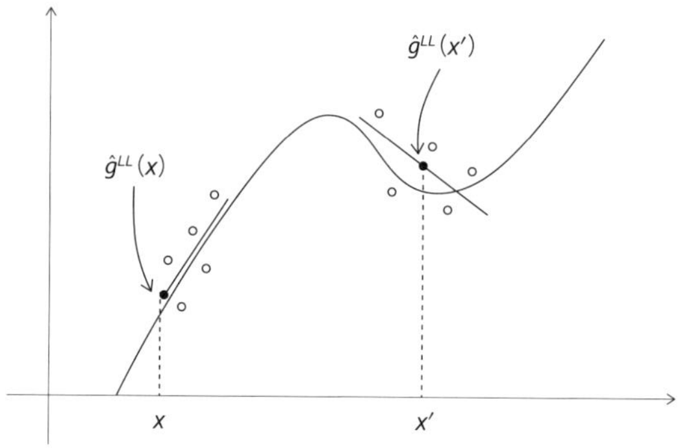

NW 推定量と LL 推定量を比較すると、漸近的な分散は両者で等しくなる。しかし、バイアスは異なり、多くの場合において、LL 推定量のバイアスのほうがNW 推定量のバイアスより小さくなるとされている。

9.2.3 クロスバリデーション

回帰関数の推定においても、バンド幅はクロスバリデーションによって選択できる。密度関数の推定において、クロスバリデーション基準は MISE の定数を除いて不偏な推定量であると述べたが、ここでは少し違った角度からクロスバリデーションについて説明することにする。以下、説明変数 X_i はスカラーとする。

残差 2 乗和

$$\mathrm{SSR} = \sum_{i=1}^{n} \hat{u}_i^2 = \sum_{i=1}^{n} (Y_i - \hat{g}(X_i))^2$$

は推定された回帰関数のフィットの良さを測る指標の一つである。そこで、SSR を最も小さくするようにバンド幅を選ぶということが考えられる。ところが、SSR はバンド幅を小さくすればするほど、いくらでも小さくすることができてしまう。実際、サンプルサイズが一定のままで $h \to 0$ とすると、NW 推定量は $\hat{g}^{NW}(X_i) \to Y_i$ となり、$\hat{g}(\cdot)$ は観測された点 $(Y_1, X_1), \ldots, (Y_n, X_n)$ をすべて通るギザギザの曲線になってしまう。つまり、観測されたデータに対して過剰にフィットした関数を求めてしまう。これは線形回帰モデルにおける変数選択の問題と似ている。OLS の SSR は、説明変数の数を増やせば増やすほど小さくできるので、SSR（あるいは R^2）に基づいて変数を選択すると、常に最大のモデルが選ばれてしまう。

残差2乗和に基づくバンド幅選択の問題点は、点 X_i における $\hat{g}(\cdot)$ のフィットの良さを $(Y_i - \hat{g}(X_i))^2$ で評価しているのに、(Y_i, X_i) を $\hat{g}(\cdot)$ の推定に使ってしまっている点にある。$\hat{g}(X_i)$ を Y_i の予測値と考えると、SSR を最小化することは予測誤差を最小にすることを意味するが、Y_i の予測をするのに Y_i の値そのものの情報を使ってしまっている。あまり良い例えではないが、後出しジャンケンみたいなもので、予測すべきものを知ったうえで予測をするわけなので、Y_i と $\hat{g}(X_i)$ の差はいくらでも小さくでき、観測されたデータに過剰にフィットする様なバンド幅が選ばれてしまう。よって、適切にバンド幅を選ぶためには、推定に使う観測値とフィットの良さの評価に使う観測値は区別しなければならない。そこで考えられるのが、次のようなクロスバリデーション基準である。

$$\mathrm{CV}(h) = \sum_{i=1}^{n} (Y_i - \hat{g}_{-i}(X_i))^2 \tag{9.8}$$

ただし、$\hat{g}_{-i}(\cdot)$ は leave-one-out 推定量で、NW 推定量であれば

$$\hat{g}_{-i}^{NW}(x) = \frac{\sum_{j \neq i} k\left(\frac{X_j - x}{h}\right) Y_j}{\sum_{j \neq i} k\left(\frac{X_j - x}{h}\right)}$$

である。このように、点 X_i におけるフィットの良さを評価する際に、(Y_i, X_i) を推定量から除くことで、過剰フィットの問題を回避し、適切なバンド幅を選ぶことができる。

ちなみに、$\mathrm{CV}(h)$ を n で割ったものは、$f(x)$ で重みをつけた MISE（weighted MISE）である

$$\mathrm{WMISE}(h) = \int E[(\hat{g}(x) - g(x))^2] f(x) dx$$

の近似的に不偏な推定量となっている。

9.2.4 セミパラメトリックモデル

ここまで解説しておいて何ではあるが、線形モデルと比べると、ノンパラメトリックモデルの実証研究における使用頻度はずっと低い。それには様々な理由が考えられる。例えば、経済モデルの推定では内生性が問題となることが多いが、内生性が存在する場合には、推定対象は条件付期待値ではなくなってしまう。そのため、NW や LL 推定量をそのまま用いることはできない。また、次元の呪いも深刻な問題のひとつである。経済モデルを推定する際、説明変数が１つや２つ程度しかないということはほとんどないので、ノンパラメトリック推定量の推定の精度は悪くなってしまう。さらに、ノンパラメトリックモデルには、解釈上の問題もある。これまでにも何度か述べてきたことだが、実証研究においては $g(\boldsymbol{X}_i)$ の値そのものよりも、$\boldsymbol{X}_i$ の変化が $g(\boldsymbol{X}_i)$ にどのような影響を与えるかに関心があることが多い。そのようなときには、線形性を仮定したほうが、結果の解釈はずっと明瞭になる。

次元の呪いと解釈の問題を回避する方法のひとつは、パラメトリックモデルとノンパラメトリックモデルを組み合わせることである。例えば、次のようなモデルが考えられる。

$$
\begin{aligned}
Y_i &= \boldsymbol{X}_i'\boldsymbol{\beta} + g(\boldsymbol{Z}_i) + u_i \\
E[u_i | \boldsymbol{X}_i, \boldsymbol{Z}_i] &= 0
\end{aligned}
$$

ただし、$g(\cdot)$ は未知の関数である。完全にノンパラメトリックなモデルであれば、$Y_i = g(\boldsymbol{X}_i, \boldsymbol{Z}_i) + u_i$ となるのだが、ここでは $\boldsymbol{X}_i$ の部分については回帰関数の線形性を仮定してしまう。回帰関数が部分的に線形関数になっているので、このようなモデルを**部分線形モデル**（partially linear model）という。ノンパラメトリックモデルと線形モデルを組み合わせることで、未知関数 $g(\cdot)$ の変数の次元を減らすことができ、次元の呪いを部分的に回避できる。また、$\boldsymbol{X}_i$ が Y_i に与える影響に興味がある場合、係数ベクトル $\boldsymbol{\beta}$ によって表されるので、推定結果の解釈も明瞭になる。ただし、もちろん良いことばかりではなく、線形モデルが正しいという保障はないので、定式化の誤りの可能性はある。

部分線形モデルのように、パラメトリックモデルとノンパラメトリックモデルを組み合わせたモデルを**セミパラメトリックモデル**（semiparametric model）

という。セミパラメトリックモデルは、パラメトリックモデルの解釈の明瞭さを残しつつも、ノンパラメトリックモデルの柔軟性も兼ね備えており、経済モデルとして使い勝手がよい。部分線形モデルの他には、Ichimura（1993）の**シングルインデックスモデル**（single-index model）などが有名である。

9.2.5　応用例

Engle, Granger, Rice and Weiss（1986）は部分線形モデルの初期の応用例として有名である。この論文では、月次データを用いて、家計における電力消費と気温の関係を分析している。この問題の特徴は、気温と電力需要の関係は明らかに非線形であるということである。なぜなら、電力需要は気温が低いときと高いときの双方で高まるからである。そこで、気温が電力消費に与える影響については、あまりパラメトリックな仮定を課したくない。一方で、電力消費に影響を与えるのは気温だけではなく、電気料金や家計の所得、あるいは月によっても違ってくる可能性がある。これらの説明変数をすべて含むノンパラメトリックモデルを推定するのは大変である。そこで、次のようなモデル化を考える[4)]。

$$Y_i = \boldsymbol{X}_i'\boldsymbol{\beta} + g(Z_i) + u_i$$

ただし、$g(\cdot)$ は未知の関数で、Z_i は気温を表している。Y_i が電力消費で、$\boldsymbol{X}_i$ には電力価格、所得、各月のダミーが含まれる。一般に、部分線形モデルを使うときには、線形部分にダミー変数が含まれることが多い。

Engle, Granger, Rice and Weiss（1986）では、本書では紹介しなかったノンパラメトリック推定の手法を応用することで、このモデルを推定している。この論文は計量理論の面からはやや不完全な論文だが、これ以後、Robinson（1988）などにより優れた推定方法が提案されるとともに、厳密な理論分析も行われることとなる。

4）厳密には論文で分析されているモデルはこれとは異なるが、話を単純化するため詳細には立ち入らないことにする。

付録A 確率の復習

A.1　条件付期待値

はじめに、**条件付確率関数**と**条件付密度関数**を定義する。

定義 A.1.1（条件付確率と条件付密度）

確率ベクトル (X, Y) の同時確率関数（同時密度関数）を $f_{X,Y}(x, y)$ とする。$X = x$ が与えられたときの Y の条件付確率関数（条件付密度関数）は

$$f_{Y|X}(y \mid x) = \frac{f_{X,Y}(x, y)}{f_X(x)}$$

である。ただし、$f_X(x)$ は X の周辺確率関数（周辺密度関数）である。

本によっては確率関数と密度関数の記号を区別する場合もあるが、本書ではどちらも同一の記号を用いることにする。

次に、**条件付期待値**と**条件付分散**を離散の場合と連続の場合でそれぞれ定義する。

定義 A.1.2（離散の場合）

Y を $y_1, \dots, y_l$ の l 個の値を取る離散確率変数とする。$X=x$ を条件としたときの Y の条件付期待値と条件付分散は以下のように定義される。

$$E[Y \mid X=x] = \sum_{j=1}^{l} y_j f_{Y|X}(y_j \mid x)$$

$$\mathrm{Var}[Y \mid X=x] = \sum_{j=1}^{l} (y_j - E[Y \mid X=x])^2 f_{Y|X}(y_j \mid x)$$

定義 A.1.3（連続の場合）

Y を連続確率変数とする。$X=x$ を条件としたときの Y の条件付期待値と条件付分散は以下のように定義される。

$$E[Y \mid X=x] = \int_{-\infty}^{\infty} y f_{Y|X}(y \mid x) dy$$

$$\mathrm{Var}[Y \mid X=x] = \int_{-\infty}^{\infty} (y - E[Y \mid X=x])^2 f_{Y|X}(y \mid x) dy$$

次の**繰り返し期待値の法則**は、本書を通じて繰り返し用いられる。

定理 A.1.1（繰り返し期待値の法則）

(X, Y) を確率ベクトルとし、$E[|Y|] < \infty$ とする。このとき、条件付期待値と通常の期待値について

$$E[Y] = E[E[Y \mid X]]$$

が成り立つ。

$E[Y|X]$ と $E[Y|X=x]$ の違いに注意せよ。前者は確率変数なのに対して、後者は確率変数の実現値の取りうる値を表している。例えば、X を $x_1, \ldots, x_k$ の k 個の値を取る離散確率変数とすると、$E[Y|X]$ は $E[Y|X=x_1], \ldots, E[Y|X=x_k]$ の k 個の値を取る離散確率変数である。また、$E[Y|X]=E[Y|X=x_i]$ となる確率は、X の周辺確率 $f_X(x_i)$ と等しい。したがって、Y も離散確率変数なら、$E[Y|X]$ の期待値は

$$\begin{aligned} E[E[Y|X]] &= \sum_{i=1}^{k} E[Y|X=x_i] f_X(x_i) \\ &= \sum_{i=1}^{k}\sum_{j=1}^{l} y_j f_{Y|X}(y_j|x_i) f_X(x_i) \\ &= \sum_{j=1}^{l} y_j f_Y(y_j) \\ &= E[Y] \end{aligned}$$

となり、定理の結果が得られる。連続の場合も同様にして示すことができる。

繰り返し期待値の法則は、複数の確率変数に条件付けても成立する。例えば、X、Y、Z を3つの確率変数とすれば

$$E[Y] = E[E[Y|X,Z]]$$
$$E[Y|X] = E[E[Y|X,Z]|X]$$

が成り立つ。最初の等式の右辺の外側の期待値は、(X,Z) の同時分布について取られている。

次の条件付期待値の性質もよく用いられる。

定理 A.1.2

$g(\cdot)$ を $E[g(X)Y] < \infty$ を満たす X の任意の関数とする。このとき

$$E[g(X)Y|X] = g(X)E[Y|X]$$

が成り立つ。

定理より、$E[X \mid X]=X$、$E[g(X) \mid X]=g(X)$ が成り立つことがわかる。また、繰り返し期待値の法則と組み合わせると

$$E[g(X)Y]=E[E[g(X)Y \mid X]]=E[g(X)E[Y \mid X]]$$

が成り立つ。

条件付期待値の最良予測量としての性質も重要である。X の情報を基にして、Y の値を予測するという問題を考える。$g(\cdot)$ を X の関数として、$g(X)$ を用いたときの予測誤差を平均2乗誤差

$$E[(Y-g(X))^2]$$

で評価することにする。すると、次の結果が成り立つ。

定理 A.1.3

$g(\cdot)$ を X の任意の関数とする。このとき

$$E[(Y-g(X))^2] \geq E[(Y-E[Y \mid X])^2]$$

が成り立つ。

つまり、条件付期待値 $E[Y \mid X]$ は、X のすべての関数の中で、平均2乗誤差の意味で Y の最良近似を与える。

A.2 大数の法則と中心極限定理

$\{Y_1, \ldots, Y_n\}$ をある母集団からの標本とする。**標本平均**は

$$\bar{Y}=\frac{1}{n}\sum_{i=1}^{n} Y_i$$

で定義される。計量経済学の理論では、標本平均の分布を求めることは非常に重要であり、そのために役に立つのが**大数の法則**と**中心極限定理**である。

大数の法則は、サンプルサイズが大きくなるにつれて、標本平均 $\bar{Y}$ は期待

値 $E[Y_i]$ に収束するという定理である。しかし、標本平均は確率変数であるので、ランダムに様々な値を取りうる。したがって、収束の意味合いが通常の数列の収束とは異なる。そこで、次のような確率変数の収束概念を導入する。

定義 A.2.1（確率収束）

確率変数列 $\{X_n\}_{n=1}^{\infty}$ が定数 c に**確率収束**するとは、任意の $\epsilon > 0$ について

$$\lim_{n\to\infty} P(|X_n - c| > \epsilon) = 0$$

が成り立つことをいう。

$\{X_n\}_{n=1}^{\infty}$ が c に確率収束することを

$$X_n \xrightarrow{p} c, \quad \mathrm{plim}_{n\to\infty} X_n = c$$

などと表す。

大数の法則は以下のとおりである。

定理 A.2.1（大数の法則）

$Y_1, \ldots, Y_n$ は i.i.d.で、$E[|Y_i|] < \infty$ とする。このとき、標本平均 $\bar{Y}$ は $\mu = E[Y_i]$ に確率収束する。

正確には、上記の定理は大数の弱法則（weak law of large numbers）と呼ばれるが、単に大数の法則と呼ばれることが多い。確率収束の定義より、任意の定数 $\epsilon > 0$ について、

$$\lim_{n\to\infty} P(|\bar{Y} - \mu| > \epsilon) = 0$$

が成り立つ。つまり、どんなに小さな ϵ に対しても、n を大きくしてやることで、標本平均が区間 $[\mu - \epsilon, \mu + \epsilon]$ の外に出る確率をいくらでも小さくできると

いうことを意味している。したがって、サンプルサイズが十分大きいときには、標本平均の取りうる値は高い確率で期待値の近くに集中している。推定量が真のパラメータに確率収束するとき、その推定量は**一致性**を持つという。

大数の法則より、標本平均の分布はサンプルサイズが大きくなるにつれ1点μに集中していくことがわかる。それ自身は非常に重要な結果であるが、標本平均の近似分布を求めるという観点からは、あまり有益な情報を与えてくれない。そこで、標本平均を適当に標準化してやることにより、分布が1点に退化しないようにすることを考える。

中心極限定理を紹介する前に、もうひとつの収束概念を導入する。

定義 A.2.2（分布収束）

確率変数列$\{X_n\}_{n=1}^{\infty}$が確率変数Xに**分布収束**するとは、Xの分布関数$F_X(x)$のすべての連続な点について

$$\lim_{n\to\infty} F_{X_n}(x) = F_X(x)$$

が成り立つことをいう。ただし、$F_{X_n}(x)$はX_nの分布関数を表す。

$\{X_n\}_{n=1}^{\infty}$がXに分布収束することを

$$X_n \xrightarrow{d} X$$

のように表す。また、Xがある分布Lに従うときには、

$$X_n \xrightarrow{d} L$$

のようにも書き、X_nは分布Lに分布収束するともいう。

定理 A.2.2（中心極限定理）

$Y_1, \ldots, Y_n$は i.i.d で、$E[Y_i] = \mu$、$\mathrm{Var}[Y_i] = \sigma^2 < \infty$とする。標本平均$\bar{Y}$を標準化した統計量

$$Z=\frac{\bar{Y}-E[\bar{Y}]}{\sqrt{\mathrm{Var}[\bar{Y}]}}=\frac{\bar{Y}-\mu}{\sigma/\sqrt{n}}$$

は標準正規分布に分布収束する。つまり、

$$\lim_{n\to\infty}P(Z\leq z)=\Phi(z)$$

が成り立つ。ただし、$\Phi(\cdot)$ は標準正規分布の分布関数である。

上記の結果を、$Z\xrightarrow{d}N(0,1)$ と表すことが多い。また、中心極限定理の結果は

$$\frac{1}{\sqrt{n}}\sum_{i=1}^{n}(Y_i-\mu)\xrightarrow{d}N(0,\sigma^2)$$

と表しても同じである。

中心極限定理より、n が十分大きいとき、Z の分布は標準正規分布で近似できる。それはつまり、$\bar{Y}$ の分布が期待値 μ、分散 σ^2/n の正規分布で近似できるのと同じである。中心極限定理の重要な点は、結果が Y_i の分布に依存していないことにある。Y_i がどんな分布に従っていようが、$\bar{Y}$ の分布は正規分布によって近似できる。

付録B 行列計算の復習

行列計算の基礎的な事項について述べる。線形代数について詳しくは、Abadir and Magnus（2005）が計量経済学への応用を意識して書かれておりわかりやすい。

B.1 行列

$m \times n$ 個の数 $a_{ij}\,(i=1,\dots,m\,;\,j=1,\dots,n)$ を、次のように長方形に並べたものを m 行 n 列の**行列**、$m \times n$ 型の行列、$m \times n$ 行列などという。

$$\boldsymbol{A} = \begin{pmatrix} a_{11} & a_{12} & \cdots & a_{1n} \\ a_{21} & a_{22} & \cdots & a_{2n} \\ \vdots & \vdots & \ddots & \vdots \\ a_{m1} & a_{m2} & \cdots & a_{mn} \end{pmatrix}$$

$\boldsymbol{A}=(a_{ij})$ のように略記することも多い。a_{ij} を行列 $\boldsymbol{A}$ の (i,j) **成分**、または、(i,j) **要素**という。行列 $\boldsymbol{A}$ の成分の横の並び

$$\boldsymbol{\alpha}_i = (a_{i1}\; a_{i2} \cdots a_{in})$$

を**行**といい、行列 $\boldsymbol{A}$ の成分の縦の並び

$$\boldsymbol{a}_j = \begin{pmatrix} a_{1j} \\ a_{2j} \\ \vdots \\ a_{mj} \end{pmatrix}$$

を**列**という。

$1 \times n$ 行列を n 次の**行ベクトル**、$m \times 1$ 行列を m 次の**列ベクトル**という。以下、特に断りのない限り、ベクトルといえば列ベクトルを指すものとする。行列やベクトルと対比して、普通の数のことを**スカラー**ということもある。

行と列の数が等しい行列を**正方行列**という。$n \times n$ 型の正方行列のことを、n 次の正方行列という。n 次の正方行列

$$\boldsymbol{A} = \begin{pmatrix} a_{11} & a_{12} & \cdots & a_{1n} \\ a_{21} & a_{22} & \cdots & a_{2n} \\ \vdots & \vdots & \ddots & \vdots \\ a_{n1} & a_{n2} & \cdots & a_{nn} \end{pmatrix}$$

において、$a_{11}, a_{22}, \ldots, a_{nn}$ を $\boldsymbol{A}$ の**対角成分**という。対角成分以外がすべて 0 の正方行列を**対角行列**という。対角成分が $a_{11}, a_{22}, \ldots, a_{nn}$ である対角行列は、$\mathrm{diag}(a_{11}, a_{22}, \ldots, a_{nn})$ という記号で表すこともある。つまり、

$$\mathrm{diag}(a_{11}, a_{22}, \ldots, a_{nn}) = \begin{pmatrix} a_{11} & 0 & \cdots & 0 \\ 0 & a_{22} & \cdots & 0 \\ \vdots & \vdots & \ddots & \vdots \\ 0 & 0 & \cdots & a_{nn} \end{pmatrix}$$

である。

対角成分がすべて 1 の対角行列を**単位行列**といい、$\boldsymbol{I}$ で表す。例えば、3 次の単位行列は

$$\boldsymbol{I} = \begin{pmatrix} 1 & 0 & 0 \\ 0 & 1 & 0 \\ 0 & 0 & 1 \end{pmatrix}$$

である。単位行列は、スカラーにおける1に相当するものである。

行列 $\boldsymbol{A}$ の行と列を入れ替えた行列を、$\boldsymbol{A}$ の**転置行列**といい、$\boldsymbol{A}'$ と書く。$m \times n$ 行列 $\boldsymbol{A} = (a_{ij})$ の転置行列は $n \times m$ 行列で、

$$\boldsymbol{A}' = (a_{ji}) = \begin{pmatrix} a_{11} & a_{21} & \cdots & a_{m1} \\ a_{12} & a_{22} & \cdots & a_{m2} \\ \vdots & \vdots & \ddots & \vdots \\ a_{1n} & a_{2n} & \cdots & a_{mn} \end{pmatrix}$$

である。$\boldsymbol{A} = \boldsymbol{A}'$ を満たすとき、$\boldsymbol{A}$ を**対称行列**という。

B.2　行列の演算

$\boldsymbol{A}$ と $\boldsymbol{B}$ を $m \times n$ 行列とする。$\boldsymbol{A}$ と $\boldsymbol{B}$ の和 $\boldsymbol{A}+\boldsymbol{B}$ と差 $\boldsymbol{A}-\boldsymbol{B}$ は次のように定義される。

$$\boldsymbol{A} \pm \boldsymbol{B} = \begin{pmatrix} a_{11} \pm b_{11} & a_{12} \pm b_{12} & \cdots & a_{1n} \pm b_{1n} \\ a_{21} \pm b_{21} & a_{22} \pm b_{22} & \cdots & a_{2n} \pm b_{2n} \\ \vdots & \vdots & & \vdots \\ a_{m1} \pm b_{m1} & a_{m2} \pm b_{m2} & \cdots & a_{mn} \pm b_{mn} \end{pmatrix}$$

行列の型が異なるときには、和や差は定義されない。また、行列 $\boldsymbol{A}$ とスカラー c について

$$c\boldsymbol{A} = \begin{pmatrix} ca_{11} & ca_{12} & \cdots & ca_{1n} \\ ca_{21} & ca_{22} & \cdots & ca_{2n} \\ \vdots & \vdots & & \vdots \\ ca_{m1} & ca_{m2} & \cdots & ca_{mn} \end{pmatrix}$$

と定義する。

$\boldsymbol{A} = (a_{ij})$ を $m \times n$ 行列、$\boldsymbol{B} = (b_{jk})$ を $n \times r$ 行列とする。$\boldsymbol{A}$ と $\boldsymbol{B}$ の積 $\boldsymbol{AB}$ は $m \times r$ 行列で

$$\boldsymbol{AB} = \begin{pmatrix} \sum_{j=1}^{n} a_{1j} b_{j1} & \sum_{j=1}^{n} a_{1j} b_{j2} & \cdots & \sum_{j=1}^{n} a_{1j} b_{jr} \\ \sum_{j=1}^{n} a_{2j} b_{j1} & \sum_{j=1}^{n} a_{2j} b_{j2} & \cdots & \sum_{j=1}^{n} a_{2j} b_{jr} \\ \vdots & \vdots & & \vdots \\ \sum_{j=1}^{n} a_{mj} b_{j1} & \sum_{j=1}^{n} a_{mj} b_{j2} & \cdots & \sum_{j=1}^{n} a_{mj} b_{jr} \end{pmatrix}$$

で定義される。$\boldsymbol{A}$ の列の数と $\boldsymbol{B}$ の行の数が異なるときには、$\boldsymbol{AB}$ は定義されない。また、$\boldsymbol{AB}$ が定義されても $\boldsymbol{BA}$ が定義されるとは限らない。

行列の積の特殊ケースとして、$\boldsymbol{a}$ と $\boldsymbol{b}$ を n 次のベクトルとすると、$\boldsymbol{a}$ と $\boldsymbol{b}$ の**内積**は

$$\boldsymbol{a}'\boldsymbol{b} = (a_1\ a_2 \cdots a_n) \begin{pmatrix} b_1 \\ b_2 \\ \vdots \\ b_n \end{pmatrix} = \sum_{i=1}^{n} a_i b_i$$

で定義される。

B.3　トレースとノルム

n 次正方行列 $\boldsymbol{A}$ の対角成分の和を $\boldsymbol{A}$ の**トレース**といい、$\mathrm{tr}(\boldsymbol{A})$ で表す。つまり

$$\mathrm{tr}(\boldsymbol{A}) = \sum_{i=1}^{n} a_{ii}$$

である。次のトレースの性質はしばしば用いられる。

$$\mathrm{tr}(\boldsymbol{AB}) = \mathrm{tr}(\boldsymbol{BA})$$

n 次のベクトル $\boldsymbol{a} = (a_1\ a_2 \cdots a_n)'$ の**ユークリッドノルム**は

$$\|\boldsymbol{a}\| = \sqrt{\boldsymbol{a}'\boldsymbol{a}} = \sqrt{\sum_{i=1}^{n} a_i^2}$$

で定義される。また、$m \times n$ 行列 $\boldsymbol{A} = (a_{ij})$ の**フロベニウスノルム**は

$$\|\boldsymbol{A}\| = \sqrt{\mathrm{tr}(\boldsymbol{A}'\boldsymbol{A})} = \sqrt{\sum_{i=1}^{m}\sum_{j=1}^{n} a_{ij}^2}$$

で定義される。

B.4　ランクと逆行列

同じ次数のベクトル $\boldsymbol{a}_1, \boldsymbol{a}_2, \ldots, \boldsymbol{a}_n$ とスカラー $c_1, c_2, \ldots, c_n$ に対して

$$c_1\boldsymbol{a}_1 + c_2\boldsymbol{a}_2 + \cdots + c_n\boldsymbol{a}_n$$

で表されるベクトルを、$\boldsymbol{a}_1, \boldsymbol{a}_2, \ldots, \boldsymbol{a}_n$ の **1 次結合**（線形結合）という。ゼロベクトル $\mathbf{0}$（すべての成分が 0 のベクトル）ではないベクトル $\boldsymbol{a}_1, \boldsymbol{a}_2, \ldots, \boldsymbol{a}_n$ について

$$c_1\boldsymbol{a}_1 + c_2\boldsymbol{a}_2 + \cdots + c_n\boldsymbol{a}_n = \mathbf{0}$$

を満たすスカラー $c_1, c_2, \ldots, c_n$ が $c_1 = c_2 = \cdots = c_n = 0$ に限られるとき、$\boldsymbol{a}_1, \boldsymbol{a}_2, \ldots, \boldsymbol{a}_n$ は **1 次独立**（線形独立）であるといい、さもなくば、$\boldsymbol{a}_1, \boldsymbol{a}_2, \ldots, \boldsymbol{a}_n$ は **1 次従属**（線形従属）であるという。ベクトルの集合 $X = \{\boldsymbol{a}_1, \boldsymbol{a}_2, \ldots, \boldsymbol{a}_n\}$ の中に r 個の 1 次独立なベクトルがあり、X のどの $r+1$ 個のベクトルも 1 次従属であるとき、r を集合 X のベクトルの 1 次独立な最大個数という。

$m \times n$ 行列 $\boldsymbol{A}$ の m 個の列ベクトル、または、n 個の行ベクトルのうち、1 次独立な最大個数を $\boldsymbol{A}$ の**階数**、または、**ランク**といい、$\mathrm{rank}(\boldsymbol{A})$ と書く。列ベクトルの 1 次独立な最大個数と行ベクトルの 1 次独立な最大個数は必ず等しくなる。定義より、$0 \leq \mathrm{rank}(\boldsymbol{A}) \leq \min\{m, n\}$ が成り立つ。$\mathrm{rank}(\boldsymbol{A}) = m$（$\mathrm{rank}(\boldsymbol{A}) = n$）のとき、$\boldsymbol{A}$ は行フルランク（列フルランク）行列であるという。

ランクについて

$$\mathrm{rank}(\boldsymbol{A}) = \mathrm{rank}(\boldsymbol{A}') = \mathrm{rank}(\boldsymbol{A}\boldsymbol{A}') = \mathrm{rank}(\boldsymbol{A}'\boldsymbol{A})$$

が成り立つ。また、列フルランク行列 $\boldsymbol{B}$ と行フルランク行列 $\boldsymbol{C}$ について、

$$\mathrm{rank}(\boldsymbol{B}\boldsymbol{A}) = \mathrm{rank}(\boldsymbol{A})$$
$$\mathrm{rank}(\boldsymbol{A}\boldsymbol{C}) = \mathrm{rank}(\boldsymbol{A})$$

が成り立つ。

n 次正方行列 $\boldsymbol{A}$ に対し、$\boldsymbol{BA} = \boldsymbol{AB} = \boldsymbol{I}$ となる行列 $\boldsymbol{B}$ が存在するとき、$\boldsymbol{B}$ を $\boldsymbol{A}$ の**逆行列**といい、$\boldsymbol{A}^{-1}$ で表す。正方行列は逆行列を持つとき**正則**であるという。n 次正方行列が正則であるための必要十分条件は、$\mathrm{rank}(\boldsymbol{A}) = n$ である。

正則行列 $\boldsymbol{A}$、$\boldsymbol{B}$ と 0 ではないスカラー c について

$$(c\boldsymbol{A})^{-1} = \frac{1}{c}\boldsymbol{A}^{-1}$$
$$(\boldsymbol{AB})^{-1} = \boldsymbol{B}^{-1}\boldsymbol{A}^{-1}$$
$$(\boldsymbol{A}^{-1})' = (\boldsymbol{A}')^{-1}$$

が成り立つ。

B.5　2 次形式と行列の平方根

$\boldsymbol{A}$ を n 次対称行列、$\boldsymbol{x}$ を n 次のベクトルとする。スカラー関数

$$\boldsymbol{x}'\boldsymbol{A}\boldsymbol{x}$$

を $\boldsymbol{x}$ の**2 次形式**という。

ゼロベクトルではない任意のベクトル $\boldsymbol{x}$ について、$\boldsymbol{x}'\boldsymbol{A}\boldsymbol{x} > 0$ が成り立つとき、$\boldsymbol{A}$ は**正値定符号行列**であるといい、このとき $\boldsymbol{A} > 0$ と書く。また、任意のベクトル $\boldsymbol{x}$ について、$\boldsymbol{x}'\boldsymbol{A}\boldsymbol{x} \geq 0$ が成り立つとき、$\boldsymbol{A}$ は**非負値定符号行列**であるといい、$\boldsymbol{A} \geq 0$ と書く。不等号が反対の場合には、それぞれ、**負値定符号行列**、**非正値定符号行列**という。

$\boldsymbol{A} \geq 0$ のとき、$\boldsymbol{A} = \boldsymbol{BB}'$ を満たすような行列 $\boldsymbol{B}$ が存在し、$\boldsymbol{B}$ は $\boldsymbol{A}$ の**平方根**と呼ばれる。$\boldsymbol{A}$ の平方根は $\boldsymbol{A}^{1/2}$ という記号で表す。$\boldsymbol{A}^{1/2}$ は必ずしも一意に定まらない。しかし、$\boldsymbol{A}^{1/2} \geq 0$ となる平方根が必ず存在し、かつ、一意に定まる。また、$\boldsymbol{A} > 0$ ならば、$(\boldsymbol{A}^{-1})^{1/2} = (\boldsymbol{A}^{1/2})^{-1}$ が成り立ち、そのような行列は $\boldsymbol{A}^{-1/2}$ と表される。

B.6 微分

$\boldsymbol{x} = (x_1\, x_2 \cdots x_n)'$ を n 次のベクトル、$g(\boldsymbol{x}) = g(x_1, x_2, \ldots, x_n)$ を $g : \mathbb{R}^n \to \mathbb{R}$ の関数とする。このとき

$$\frac{\partial g(\boldsymbol{x})}{\partial \boldsymbol{x}} = \begin{pmatrix} \frac{\partial g(\boldsymbol{x})}{\partial x_1} \\ \frac{\partial g(\boldsymbol{x})}{\partial x_2} \\ \vdots \\ \frac{\partial g(\boldsymbol{x})}{\partial x_n} \end{pmatrix}$$

$$\frac{\partial g(\boldsymbol{x})}{\partial \boldsymbol{x}'} = \left(\frac{\partial g(\boldsymbol{x})}{\partial x_1}\ \frac{\partial g(\boldsymbol{x})}{\partial x_2} \cdots \frac{\partial g(\boldsymbol{x})}{\partial x_n} \right)$$

と定義される。特に、n 次のベクトル $\boldsymbol{a}$ と n 次正方行列 $\boldsymbol{A}$ について

$$\frac{\partial}{\partial \boldsymbol{x}} \boldsymbol{a}' \boldsymbol{x} = \boldsymbol{a}$$

$$\frac{\partial}{\partial \boldsymbol{x}'} \boldsymbol{A} \boldsymbol{x} = \boldsymbol{A}$$

$$\frac{\partial}{\partial \boldsymbol{x}} \boldsymbol{x}' \boldsymbol{A} \boldsymbol{x} = (\boldsymbol{A} + \boldsymbol{A}')\boldsymbol{x}$$

が成り立つ。

付録C 最尤法

C.1 最尤推定量

確率ベクトル $\boldsymbol{Y}_1, \ldots, \boldsymbol{Y}_n$ の同時確率（密度）関数を $f_{\boldsymbol{Y}_1,\ldots,\boldsymbol{Y}_n}(\boldsymbol{y}_1, \ldots, \boldsymbol{y}_n ; \boldsymbol{\theta}_0)$ で表すことにする。ただし、$\boldsymbol{\theta}_0$ は未知パラメータのベクトル $\boldsymbol{\theta}$ の真の値である。真のパラメータの値と一般的なパラメータの値を区別するため、真のパラメータは0をつけて表すことにする。$\{\boldsymbol{Y}_1, \ldots, \boldsymbol{Y}_n\}$ の実現値 $\{\boldsymbol{y}_1, \ldots, \boldsymbol{y}_n\}$ が与えられたとき、$\boldsymbol{\theta}$ の関数である

$$L(\boldsymbol{\theta} \mid \boldsymbol{y}_1, \ldots, \boldsymbol{y}_n) = f_{\boldsymbol{Y}_1,\ldots,\boldsymbol{Y}_n}(\boldsymbol{y}_1, \ldots, \boldsymbol{y}_n ; \boldsymbol{\theta})$$

を**尤度関数**という。尤度関数と同時確率（密度）関数は基本的には同じものであるが、同時確率（密度）関数という場合には、$\boldsymbol{\theta}$ の値を固定して、$\boldsymbol{y}_1, \ldots, \boldsymbol{y}_n$ を変数とみなし、尤度関数という場合には、$\boldsymbol{y}_1, \ldots, \boldsymbol{y}_n$ を固定して、$\boldsymbol{\theta}$ を変数として考える。

$\boldsymbol{Y}_i$ が離散確率ベクトルであれば、$L(\boldsymbol{\theta} \mid \boldsymbol{y}_1, \ldots, \boldsymbol{y}_n)$ は $\boldsymbol{Y}_1 = \boldsymbol{y}_1, \ldots, \boldsymbol{Y}_n = \boldsymbol{y}_n$ が観測される確率を表しており、確率の大小は $\boldsymbol{\theta}$ の値に依存する。2つのパラメータの値 $\boldsymbol{\theta}_1$ と $\boldsymbol{\theta}_2$ で尤度関数の大小関係を比較して

$$L(\boldsymbol{\theta}_1 \mid \boldsymbol{y}_1, \ldots, \boldsymbol{y}_n) > L(\boldsymbol{\theta}_2 \mid \boldsymbol{y}_1, \ldots, \boldsymbol{y}_n)$$

が成り立つとする。これは、$\boldsymbol{\theta} = \boldsymbol{\theta}_1$ であるときのほうが、$\boldsymbol{\theta} = \boldsymbol{\theta}_2$ であるときよりも、高い確率で観測値 $\{\boldsymbol{y}_1, \ldots, \boldsymbol{y}_n\}$ が実現することを意味している。このとき、真のパラメータの値として、$\boldsymbol{\theta}_1$ のほうが $\boldsymbol{\theta}_2$ よりも妥当であると解釈され

る。観測されたデータは、生起する確率が小さい状態から観測されたと考えるよりも、生起する確率が大きい状態から、起こるべくして起こったと考えるほうが自然であろうというわけである。

最尤推定量は尤度関数 $L(\boldsymbol{\theta} \mid \boldsymbol{Y}_1, \ldots, \boldsymbol{Y}_n)$ を最大にするような $\boldsymbol{\theta}$ の値である。推定量と言うときは、実現値ではなく、確率ベクトル $\boldsymbol{Y}_1, \ldots, \boldsymbol{Y}_n$ を用いる。以下、$L(\boldsymbol{\theta} \mid \boldsymbol{Y}_1, \ldots, \boldsymbol{Y}_n)$ を単に $L(\boldsymbol{\theta})$ と表記する。$\boldsymbol{Y}_1, \ldots, \boldsymbol{Y}_n$ が i.i.d.であれば、

$$L(\boldsymbol{\theta}) = \prod_{i=1}^{n} f_{\boldsymbol{Y}}(\boldsymbol{Y}_i ; \boldsymbol{\theta})$$

が成り立つ。ただし、$f_{\boldsymbol{Y}}(\boldsymbol{y} ; \boldsymbol{\theta})$ は $\boldsymbol{Y}_i$ の周辺確率（密度）関数である。

$L(\boldsymbol{\theta})$ を最大化するよりも、対数を取ったものを最大化するほうが容易であることが多い。対数尤度関数は

$$\log L(\boldsymbol{\theta}) = \sum_{i=1}^{n} \log f_{\boldsymbol{Y}}(\boldsymbol{Y}_i ; \boldsymbol{\theta})$$

である。対数関数は厳密な増加関数なので、$L(\boldsymbol{\theta})$ の最大値を与える $\boldsymbol{\theta}$ の値と $\log L(\boldsymbol{\theta})$ の最大値を与える $\boldsymbol{\theta}$ の値は同じであることに注意せよ。なお、最尤推定量は解析的に求められない場合もあるので、そのときにはコンピュータを用いて数値計算により求める必要がある。

[例 C.1.1 (正規分布)]

$Y_1, \ldots, Y_n$ は i.i.d.で、$N(\mu_0, \sigma_0^2)$ に従うとする。未知パラメータは $\boldsymbol{\theta}_0 = (\mu_0, \sigma_0^2)'$ である。尤度関数は

$$L(\boldsymbol{\theta}) = \prod_{i=1}^{n} \frac{1}{\sqrt{2\pi\sigma^2}} \exp\left\{-\frac{(Y_i - \mu)^2}{2\sigma^2}\right\}$$

であり、対数尤度関数は

$$\log L(\boldsymbol{\theta}) = -\frac{n}{2}\log 2\pi - \frac{n}{2}\log \sigma^2 - \sum_{i=1}^{n} \frac{(Y_i - \mu)^2}{2\sigma^2}$$

となる。最大化の 1 階条件は

$$0 = \left.\frac{\partial \log L(\boldsymbol{\theta})}{\partial \mu}\right|_{\boldsymbol{\theta}=\hat{\boldsymbol{\theta}}} = \frac{1}{\hat{\sigma}^2}\sum_{i=1}^{n}(Y_i - \hat{\mu})$$
$$0 = \left.\frac{\partial \log L(\boldsymbol{\theta})}{\partial \sigma^2}\right|_{\boldsymbol{\theta}=\hat{\boldsymbol{\theta}}} = -\frac{n}{2\hat{\sigma}^2} + \frac{1}{2\hat{\sigma}^4}\sum_{i=1}^{n}(Y_i - \hat{\mu})^2$$

であるから、これを解けば、最尤推定量は

$$\hat{\mu} = \bar{Y}$$
$$\hat{\sigma}^2 = \frac{1}{n}\sum_{i=1}^{n}(Y_i - \bar{Y})^2$$

である。□

適当な条件の下で、最尤推定量は一致性、漸近正規性を持つことが示される。特に、

$$\sqrt{n}(\hat{\boldsymbol{\theta}} - \boldsymbol{\theta}_0) \xrightarrow{d} N(\mathbf{0}, \boldsymbol{I}(\boldsymbol{\theta}_0)^{-1})$$

が成り立つ。ただし

$$\begin{aligned}\boldsymbol{I}(\boldsymbol{\theta}_0) &= -E\left[\left.\frac{\partial^2 \log f_{\boldsymbol{Y}}(\boldsymbol{Y}_i;\boldsymbol{\theta})}{\partial \boldsymbol{\theta} \partial \boldsymbol{\theta}'}\right|_{\boldsymbol{\theta}=\boldsymbol{\theta}_0}\right] \\ &= E\left[\left.\frac{\partial \log f_{\boldsymbol{Y}}(\boldsymbol{Y}_i;\boldsymbol{\theta})}{\partial \boldsymbol{\theta}}\right|_{\boldsymbol{\theta}=\boldsymbol{\theta}_0} \left.\frac{\partial \log f_{\boldsymbol{Y}}(\boldsymbol{Y}_i;\boldsymbol{\theta})}{\partial \boldsymbol{\theta}'}\right|_{\boldsymbol{\theta}=\boldsymbol{\theta}_0}\right]\end{aligned}$$

であり、$\boldsymbol{I}(\boldsymbol{\theta}_0)$ は Fisher 情報行列と呼ばれる。適当な条件の下、最尤推定量は、漸近正規性を満たすすべての $\boldsymbol{\theta}_0$ の推定量の中で、最も漸近分散の小さい推定量であることが知られている。

C.2　条件付最尤推定量

実証研究で最尤法を用いる際、観測されるすべての変数の同時分布を定式化することは稀である。例えば、次のような正規誤差項を持つ回帰モデルを考えよう。

$$Y_i = \boldsymbol{X}_i{}'\boldsymbol{\beta}_0 + u_i$$
$$u_i \mid \boldsymbol{X}_i \sim N(0, \sigma_0^2)$$

未知パラメータは $\boldsymbol{\theta}_0 = (\boldsymbol{\beta}_0{}', \sigma_0^2)'$ である。観測可能な変数は $(Y_i, \boldsymbol{X}_i)$ なので、最尤法を用いるには $(Y_i, \boldsymbol{X}_i)$ の同時密度関数が必要である。しかし、このモデルで特定化されているのは、$\boldsymbol{X}_i$ を条件とした Y_i の条件付密度関数

$$f_{Y|X}(y \mid \boldsymbol{X}_i ; \boldsymbol{\theta}) = \frac{1}{\sqrt{2\pi\sigma^2}} \exp\left\{-\frac{(y - \boldsymbol{X}_i{}'\boldsymbol{\beta})^2}{2\sigma^2}\right\}$$

のみである。

実はこのことは大きな問題ではない。$(Y_i, \boldsymbol{X}_i)$ の同時密度関数は

$$f_{Y,X}(y, \boldsymbol{x} ; \boldsymbol{\theta}) = f_{Y|X}(y \mid \boldsymbol{x} ; \boldsymbol{\theta}) f_X(\boldsymbol{x})$$

のように、条件付密度関数と $\boldsymbol{X}_i$ の周辺密度関数の積で表される。$f_X(\boldsymbol{x})$ が $\boldsymbol{\theta}$ に依存しないならば、$\boldsymbol{X}_i$ の密度関数は推定においては無視できて、

$$\hat{\boldsymbol{\theta}} = \arg\max_{\theta} \sum_{i=1}^{n} \log f_{Y|X}(Y_i \mid \boldsymbol{X}_i ; \boldsymbol{\theta})$$

によってパラメータを推定することができる。

この推定量は**条件付最尤推定量**と呼ばれる。適当な条件の下で、一致性や漸近正規性が満たされる。条件付最尤推定量の性質については、Wooldridge（2010）が詳しい。

● 参考文献

本書を執筆するにあたり、特に次の3冊を参考にした。

◆ Stock J. H. and M. M. Watson（2011）*Introduction to Econometrics*, Pearson.

◆ Angrist, J. D. and J. Pischke（2008）*Mostly Harmless Econometrics: An Empiricist's Companion*, Princeton University Press.

◆ Hansen, B. E.（2015）Econometrics（http://www.ssc.wisc.edu/~bhansen/econometrics/）.

Stock and Watson（2011）は学部初級から中級向けの非常に優れた教科書である。Angrist and Pischke（2008）は大学院レベルの授業で副読本として使われることが多い。数学的にはそれほど難しくないので、ひととおり基礎を学んだ人ならば読めなくはないが、深いレベルで理解しようと思うと、それなりの知識が必要となる。Hansen（2015）は著者の指導教官でもあるウィスコンシン大学の Hansen 教授のレクチャーノートであり、ウェブ上に公開されている。Ph.D. の1年生を対象に書かれており、内容は毎年更新されている。一部かなり高度な内容も含んでいるが、本書を読み終えた後にチャレンジしてみるとよいだろう。

上記3冊以外で、標準的な教科書をいくつか挙げると、次のようになる。

◆ Wooldridge, J. M.（2013）*Introductory Econometrics: A Modern Approach*, Cengage Learning.

◆ Wooldridge, J. M.（2010）*Econometric Analysis of Cross Section and Panel Data*, The MIT Press.

◆ Hayashi, F.（2000）*Econometrics*, Princeton University Press.

Wooldridge（2013）は難易度としては Stock and Watson（2011）と同程度である。

Wooldridge（2010）は大学院生向けのミクロ計量の教科書で、大学院生向けの本の中では、個人的に最もスタイルが気に入っている本である。Hayashi（2000）も標準的な大学院の教科書として、多くの大学で採用されている。こちらはマクロ計量寄りである。

以下、本書の各章の内容をさらに学習するうえで参考になるであろう文献を、上に挙げたものとも重複するが、いくつか挙げておく。

【3章】

◇ 市村英彦（2010）「ミクロ実証分析の進展と今後の展望」日本経済学会編『日本経済学会75年史：回顧と展望』有斐閣

◇ Cameron, A. C. and P. K. Trivedi（2005）*Microeconometrics: Methods and Applications*, Cambridge University Press, 25章.

◇ Wooldridge（2010）21章.

【4章】

◇ White, H.（2001）*Asymptotic Theory for Econometricians: Revised Edition*, Academic Press.

【5章】

◇ Hayashi（2000）

◇ Hall, A. R.（2005）*Generalized Method of Moments*, Oxford University Press.

◇ Kitamura, Y.（2007）"Empirical Likelihood Methods in Econometrics: Theory and Practice," in *Advances in Economics and Econometrics*, ed. by R. Blundell, W. K. Newey and T. Persson, pp.174–237, Cambridge University Press.

◇ Newey, W. K. and D. McFadden（1994）"Large Sample Estimation and Hypothesis Testing," in *Handbook of Econometrics*, vol. 4, ed. by R. F. Engle and D. L. McFadden, pp.2111–2245, Elsevier.

【6章】

◇ Amemiya, T.（1985）*Advanced Econometrics*, Harvard University Press, 9–10章.

◇ Cameron and Trivedi（2005）14–16章.

◇ Wooldridge（2010）15–19章.

【7章】

◇ Angrist and Pischke（2008）7章.

◇ Koenker, R.（2005）*Quantile Regression*, Cambridge University Press.

【8章】
◇ Hansen（2015）10章.
◇ Horowitz, J. L.（2001）"The Bootstrap," in *Handbook of Econometrics*, vol.5, ed. by J. J. Heckman and E. Leamer, pp.3159–3228, Elsevier.

【9章】
◇ Li, Q. and J. S. Racine（2007）*Nonparametric Econometrics: Theory and Practice*, Princeton University Press.
◇ Pagan, A. and A. Ullah（1999）*Nonparametric Econometrics*, Cambridge University Press.

【関連図書】
Abadie, A., J. Angrist and G. Imbens（2002）"Instrumental Variable Estimates of the Effect of Subsidized Training on the Quantile of Trainee Earnings," *Econometrica*, 70(1), pp.91–117.

Abadir, K. M. and J. R. Magnus（2005）*Matrix Algebra*, Cambridge University Press.

Altonji, J. G. and L. M. Segal（1996）"Small-Sample Bias in GMM Estimation of Covariance Structures," *Journal of Business & Economic Statistics*, 14(3), pp.353–366.

Angrist, J. D.（1990）"Lifetime Earnings and the Vietnam Era Draft Lottery: Evidence from Social Security Administrative Records," *American Economic Review*, 80(3), pp.313–336.

Angrist, J. D., V. Chernozhukov and I. Fernández-Val（2006）"Quantile Regression under Misspecification, with an Application to the U. S. Wage Structure," *Econometrica*, 74(2), pp.539–563.

Angrist, J. D. and A. B. Krueger（1991）"Does Compulsory School Attendance Affect Schooling and Earnings?" *Quarterly Journal of Economics*, 106(4), pp.979–1014.

——— and ———（2001）"Instrumental Variables and the Search for Identification: From Supply and Demand to Natural Experiments," *Journal of Economic Perspectives*, 15(4), pp.69–85.

Bound, J., D. A. Jaeger and R. M. Baker（1995）"Problems with Instrumental Variable Estimation When the Correlation Between the Instruments and the Endogenous Variable is Weak," *Journal of the American Statistical Association*, 90(430), pp.443–450.

Brown, B. W. and W. K. Newey（2002）"Generalized Method of Moments, Efficient Bootstrapping, and Improved Inference," *Journal of Business & Economic Statistics*, 20(4), pp.507–517.

Buchinsky, M.（1994）"Changes in the U.S. Wage Structure 1963–1987: Application of

Quantile Regression," *Econometrica*, 62(2), pp.405-458.
Card, D. (1999) "The Causal Effect of Education on Earnings," in *Handbook of Labor Economics*, vol.3, ed. by O. Ashenfelter and D. Card, pp.1801-1863, Elsevier.
Chamberlain, G. (1987) "Asymptotic Efficiency in Estimation with Conditional Moment Restrictions," *Journal of Econometrics*, 34(3), pp.305-334.
——— (1994) "Quantile Regression, Censoring and the Structure of Wages," in *Advances in Econometrics*, ed. by C. A. Sims, pp.171-208, Cambridge University Press.
Chernozhukov, V. and C. Hansen (2005) "An IV Model of Quantile Treatment Effect," *Econometrica*, 73(1), pp.245-261.
DiNardo, J. and J. L. Tobias (2001) "Nonparametric Density and Regression Estimation," *Journal of Economic Perspectives*, 15(4), pp.11-28.
Domínguez, M. A. and I. N. Lobato (2004) "Consistent Estimation of Models Defined by Conditional Moment Restrictions," *Econometrica*, 72(5), pp.1601-1615.
Efron, B. (1979) "Bootstrap Method: Another Look at the Jacknife," *Annals of Statistics*, 7(1), pp.1-26.
Efron, B. and R. J. Tibshirani (1993) *An Introduction to the Bootstrap*, Chapman & Hall/CRC.
Engle, R. F., C. W. J. Granger, J. Rice and A. Weiss (1986) "Semiparametric Estimates of the Relation Between Weather and Electricity Sales," *Journal of the American Statistical Association*, 81(394), pp.310-320.
Hall, A. (2000) "Covariance Matrix Estimation and the Power of the Overidentifiying Restrictions Test," *Econometrica*, 68(6), pp.1517-1527.
Hall, P. and J. L. Horowitz (1996) "Bootstrap Critical Values for Tests Based on Generalized-Method-of-Moments Estimators," *Econometrica*, 64(4), pp.891-916.
Hansen, L. P. (1982) "Large Sample Properties of Generalized Method of Moments Estimators," *Econometrica*, 50(4), pp.1029-1054.
Hausman, J. A. and D. A. Wise (1977) "Social Experimentation, Truncated Distribution, and Efficient Estimation," *Econometrica*, 45(4), pp.919-938.
Heckman, J. J. (1979) "Sample Selection Bias as a Specification Error," *Econometrica*, 47(1), pp.153-161.
Horowitz, J. L. (2001) "The Bootstrap," in *Hanbook of Econometrics*, vol.5, ed. by J. J. Heckman and E. Leamer, pp.3159-3228, Elsevier.
Ichimura, H. (1993) "Semiparametric Least Squares (SLS) and Weighted SLS Estimation of Single-Index Models," *Journal of Econometrics*, 58(1-2), pp.71-120.
Imbens, G. W. and J. D. Angrist (1994) "Identification and Estimation of Local Average Treatment Effects," *Econometrica*, 62(2), pp.467-475.
Khan, S. and J. L. Powell (2001) "Two-Step Estimation of Semiparametric Censored

Regression Models," *Journal of Econometrics*, 103(1-2), pp.73-110.
Koenker, R. (2005) *Quantile Regression*, Cambridge University Press.
Koenker, R. and G. Bassett (1978) "Regression Quantiles," *Econometrica*, 46(1), pp. 33-50.
Leung, S. F. and S. Yu (1996) "On the Choice Between Sample Selection and Two-Part Models," *Journal of Econometrics*, 72(1-2), pp.197-229.
Levitt, S. D. and J. A. List (2009) "Field Experiments in Economics: The Past, the Present, and the Future," *European Economic Review*, 53(1), pp.1-18.
List, J. A. and I. Rasul (2011) "Field Experiments in Labor Economics," in *Handbook of Labor Economics*, vol. 4a, ed. by O. Ashenfelter and D. Card, pp. 103-228, Elsevier.
Manski, C. F. (2007) *Identification for Prediction and Decision*, Harvard University Press.
Newey, W. K. and J. L. Powell (1990) "Efficient Estimation of Linaer and Type I Censored Regression Models Under Conditional Quantile Restrictions," *Econometric Theory*, 6(3), pp.295-317.
Newey, W. K. and R. J. Smith (2004) "Higher Order Properties of GMM and Generalized Empirical Likelihood Estimators," *Econometrica*, 72(1), pp.219-255.
Powell, J. L. (1984) "Least Absolute Deviations Estimation for the Censored Regression Model," *Journal of Econometrics*, 25(3), pp.303-325.
——— (1986) "Censored Regression Quantiles," *Journal of Econometrics*, 32(1), pp. 143-155.
Puhani, P. A. (2000) "The Heckman Correction for Sample Selection and Its Critique," *Journal of Economic Surveys*, 14(1), pp.53-68.
Qin, J. and J. Lawless (1994) "Empirical Likelihood and General Estimating Equations," *Annals of Statistics*, 22(1), pp.300-325.
Robinson, P. M. (1988) "Root-N-Consistent Semiparametric Regression," *Econometrica*, 56(4), pp.931-954.
Ross, H. L. (1970) "An Experimental Study of the Negative Income Tax," Ph.D. Dissertation, MIT.
Sheather, S. J. and M. C. Jones (1991) "A Reliable Data-Based Bandwidth Selection Method for Kernel Density Estimation," *Journal of the Royal Statistical Society*, Series B, 53(3), pp.683-690.
Silverman, B. W. (1986) *Density Estimation for Statistics and Data Analysis*, Chapman & Hall/CRC.
Staiger, D. and J. H. Stock (1997) "Instrumental Variables Regression with Weak Instruments," *Econometrica*, 65(3), pp.557-586.
Stock, J. H. and M. M. Watson (2011) *Introduction to Econometrics*, Pearson.

Stock, J. H. and M. Yogo (2005) "Testing for Weak Instruments in Linear IV Regression," in *Identification and Inference in Econometric Models: Essays in Honor of Thomas Rothenberg*, ed. by D. W. K. Andrews and J. H. Stock, pp.80–108, Cambridge University Press.

Thistlethwaite, D. L. and D. T. Campbell (1960) "Regression-Discontinuity Analysis: An Alternative to the Ex Post Facto Experiment," *Journal of Educational Psychology*, 51(6), pp.309–317.

Tobin, J. (1958) "Estimation of Relationships for Limited Dependent Variables," *Econometrica*, 26(1), pp.24–36.

Train, K. (2003) *Discrete Choice Methods with Simulation*, Cambridge University Press.

White, H. (1980) "A Heteroskedasticity-Consistent Covariance Matrix Estimator and a Direct Test for Heteroskedasticity," *Econometrica*, 48(4), pp.817–838.

Wooldridge, J. M. (2010) *Econometric Analysis of Cross Section and Panel Data*, The MIT Press.

奥井亮（2009）「モーメント条件が多い場合の推定と検定」『経済論叢』第183巻第2号、55–65頁

国友直人（2011）『構造方程式モデルと計量経済学（シリーズ 多変量データの統計科学10）』朝倉書店

森棟公夫（1985）『経済モデルの推定と検定（応用統計数学シリーズ）』共立出版

●索　引

英　字

ア　行

タ　行

ナ　行

ハ　行

マ　行

ヤ　行

ラ　行

ワ　行

● 著者紹介

末石直也（すえいし・なおや）

1979年生まれ。京都大学大学院経済学研究科修士課程修了。ウィスコンシン大学経済学部博士課程修了（Ph.D. in Economics）。京都大学大学院経済学研究科講師、神戸大学大学院経済学研究科准教授を経て、2019年より同研究科教授。専門は計量経済学、統計学。

計量経済学——ミクロデータ分析へのいざない

●————2015年7月25日　第1版第1刷発行
2024年10月20日　第1版第5刷発行

著　者——末石直也
発行所——株式会社　日本評論社
〒170-8474　東京都豊島区南大塚3-12-4　振替 00100-3-16
電話 03-3987-8621（販売），03-3987-8595（編集）
https://www.nippyo.co.jp/
印刷所——精文堂印刷株式会社
製本所——株式会社難波製本
装　幀——林　健造
検印省略　©SUEISHI Naoya, 2015
Printed in Japan
ISBN 978-4-535-55816-8